ちくま新書

昭和史

古川隆久
Furukawa Takahisa

1184

昭和史【目次】

はじめに　011
昭和という時代区分／昭和史をみる三つの観点

第1章　昭和の幕開け　改元時点の日本　017

1　植民地を持つ「帝国」　021
改元時の日本の領土

2　憲法と国家と政治　025
天皇主権の大日本帝国憲法／国民の権利義務の定め／改元当時の衆議院と貴族院／すべてを超越した天皇による統治

3　官僚制度と地方制度　036
改元当時の中央官庁／一道三府四三県の地方制度

4　教育　039
国家至上主義的な学校教育／格段に低い進学率

5　軍事　043

天皇に直属する軍隊／日本軍の階級制度／日本軍の規模
6 経済 051
国内総支出と国家予算の使い途／農業中心の産業人口
7 国際関係 055
国際連盟とアメリカという主軸
8 交通と通信 058
鉄道と海運中心の交通事情／はりめぐらされる海運網
9 人びとの暮らし 061
当時の平均寿命／庶民とエリートの大きな格差／根強く残る男尊女卑／厳しい労働環境と進む都市化／服装・住居・社会保障・信教の自由
10 娯楽 068
環境で変わる娯楽のあり方／存在感のあった劇映画
第2章 混沌の時代 1926-1937 075
1 昭和恐慌 077
混迷を深める政党内閣／広がる金融パニック

2　**田中義一内閣の迷走**　084
初の男子普通選挙の開催／三・一五事件による大量検挙／張作霖爆殺事件
3　**世界恐慌と軍縮**　092
金解禁の実施／統帥権をめぐる大論争／浜口雄幸の狙撃事件
4　**満州事変と満州国**　098
具体化する満州領有計画／黙認される侵略行為／関東軍による満州国の建国
5　**五・一五事件と連盟脱退**　107
五・一五事件の勃発／満州国承認と連盟脱退論
6　**天皇機関説事件と陸軍の抗争**　114
天皇機関説事件／激化する陸軍の派閥争い
7　**二・二六事件**　120
日本近現代史上最大規模のクーデター／再燃する世界の軍備拡張競争
8　**社会と文化**　126
広がる格差／トーキー化する映画／レコードと大衆音楽の出現／野球人気と技術の発展

第3章 戦争の時代 1937-1945 137

1 日中戦争の勃発 139

盧溝橋事件／神聖化される戦争／国家総動員計画の発動

2 苦境に陥る日本 146

激化する上海戦／従軍慰安婦問題／乱れる兵士たちの規律／南京虐殺事件／張鼓峰事件／東亜新秩序声明／日米通商航海条約の破棄

3 三国同盟と大政翼賛会 158

反軍演説事件／アメリカの対日経済制裁／日独伊三国同盟／大政翼賛会の創設

4 太平洋戦争の開戦 166

日米諒解案／東条英機内閣成立／太平洋戦争の開始／止まらない侵略戦争

5 日中戦争期の社会と文化 175

軍需景気による娯楽の盛況／強化される統制体制

6 初期の戦況と翼賛選挙 185

戦勝気分の中の総選挙

7　傾く戦局　188
隠蔽される敗北の事実／悪化する戦況
8　一撃講和論の誤算　196
サイパン島陥落／本土空襲はじまる
9　敗戦　202
沖縄陥落／ポツダム宣言と無条件降伏／莫大な戦争犠牲者数
10　太平洋戦争期の社会と文化　208
強まる戦時色／荒廃する人びとの生活
11　敗戦の要因　214
国体論という理念／日本軍の戦力／戦時下の政治情勢
第4章　民主化と復興　1945-1960　225
1　日本敗戦と世界　228
敗戦後の日本／流動化するアジア情勢／国際連合の創設
2　戦後政治と戦争責任　234
天皇のマッカーサー訪問／GHQ統治下の生活／終戦後の政治状況／戦犯裁判

3　**日本の民主化**　245
日本国憲法の制定／民主主義教育への転換／広がる民主化の影響
4　**朝鮮戦争**　257
韓国と北朝鮮の分立／朝鮮特需による好況
5　**講和**　259
戦争終結への合意形成／講和条約・安保条約・行政協定の締結
6　**占領期の文化**　266
ＧＨＱによる民主化政策／同人誌の氾濫
7　**独立回復**　272
メーデー事件と天皇巡幸／吉田対反吉田の政界再編／第五福竜丸事件
8　**保守合同**　278
自由民主党の結成／日ソ共同宣言／住宅公団の創立／形成される党内派閥
9　**安保改定問題**　284
ジラード事件／六〇年安保闘争
10　**経済成長の開始**　289
神武景気と岩戸景気／三池炭鉱争議／洞爺丸事故

第5章　成長と成熟　1960-1989　297

1　自民党単独政権の継続　300
なぜ自民党単独政権が続いたか

2　高度成長の軌跡　303
驚異的な成長率／豊かになる人びとの生活

3　新幹線と東京オリンピック　307
東海道新幹線と名神高速道路／東京オリンピック開催／日本万国博覧会

4　成長のひずみ　314
都市圏の人口増加／交通機関の事故の増加／広がる公害問題

5　沖縄返還　323
韓国との国交樹立／沖縄返還交渉始まる／沖縄返還の実現／貿易摩擦と皇室外交

6　学生運動と大学紛争　331
過激化する学生運動／「よど」号事件から浅間山荘事件へ／大学紛争

7　テレビ時代　341
娯楽番組の普及

8　**田中角栄と石油ショック**　344
日本列島改造論／第四次中東戦争勃発／ロッキード事件
9　**成長を取り戻した経済**　351
ジャパン・アズ・ナンバーワン
10　**中曽根康弘と国鉄民営化**　355
公営三社の民営化／社会問題化する校内暴力
11　**改元前後の政治と経済**　359
相次ぐ首相スキャンダル
12　**多様化と成熟**　362
進む洋風化と小型化／男女雇用機会均等法の成立／日航ジャンボ機墜落事故と過激派のその後
13　**昭和天皇の死去**　368
最長寿・最長在位期間の天皇の死去
おわりに　371
主要参考文献　379
あとがき　387
索引　389

はじめに

†昭和という時代区分

昭和という元号《げんごう》は、一九二六年一二月二五日から一九八九年一月七日まで使われた。つまり、今年（二〇一六年）は、昭和に改元されてから九〇年になる。

本書では、その時期、つまり昭和時代の日本の歴史のすがた（昭和史）を、できるだけわかりやすく描き出してみたい。それをとおして、日本語という制約のもとではあるが、できるだけたくさんの方に、またいままであまり歴史に関心がなかった方々にも、近現代の日本の歴史に関心を持っていただき、よりよき日本、よりよき世界をつくっていく手がかりにしていきたいという願いを込めて。

ところで、昭和時代という時代の区切り方（時代区分）は、非常にわざとらしいものである。元号とは、そもそも中国の歴代皇帝が自分は時間さえも支配できるほど大きな権力を持っていることを示すために発案されたものだった。

だから、時代の流れの実態に合っているとはいえない面もある。たとえば、一九四五年夏には敗戦という歴史上大変重要なできごとがあった。これを契機に一九四七年春には現行憲法が施行され、国のあり方が根本的に変化した。そのため、高校の日本史教科書では、敗戦までを近代、敗戦以後を現代として時期区分をしていることが多い。あるいは、電化製品の普及によって日常生活の風景が一変したのは一九六〇年代から一九七〇年代のことであり、生活のあり方という視点からは昭和という時期区分はベストとはいいがたい。

しかし、昭和史、あるいは昭和史のなになに、なになにの昭和史、といった書名の本が書店にも図書館にも多数あることからわかるように、昭和時代という時代区分は、明治時代や大正時代と同じく、あるいはそれ以上に、現代の日本の人びとに親しまれている。しかも、偶然ではあるが、昭和時代とほぼ重なる一九二〇年代後半から一九八〇年代末までの時期は、見方によってはひとまとまりの時代と考えてみることも可能である。

たとえば、政治という視点でいえば、この時期は、共産主義運動が日本を含む世界各国で危険視されはじめてから、東欧の共産圏が崩壊し、冷戦が終了するまでとほぼ一致するし、政党内閣時代がはじまり、その中断をへて、戦後の自民党長期政権が終わりを迎えるまでともほぼ一致する。文化のあり方でいえば、映画やレコード、ラジオのような、ひとつの作品をみんなで楽しむ、一斉大量消費の形の文化である大衆文化が本格的に展開しはじめ、カラオケやウォークマンのような個別消費が新しい大衆文化の楽しみ方として登場してきたころまでとほぼ一致する。

ということで、あくまで日本という地域に視点をおいた歴史の流れを、昭和時代という時代区分をひとつの目安にして見ていくということにしたい。

ただし、昭和時代は足かけ六四年ある。昭和という元号は、四五年あった明治をはるかに超えて日本史上最も長く使われたことになる。当然、この時期をさらにいくつかに時期区分しなければ、歴史の動きを認識するのはむずかしい。

一九三七年から一九四五年は大きな戦争が継続していたので、ひとまとまりの時期と見ることが適当である。また、戦後については、経済成長が政治や社会の主な関心になるようになった起点として一九六〇年が重要な区切りである。以上の理由から、戦前、戦中、戦後前半、戦後後半という形で四章に区切ることにした。

ただし、その前に、昭和時代がはじまる時点での日本の姿を説明する章を設けた。昭和がはじまる時点の日本は、政治や教育の制度や、人びとの社会や人生についての考え方など、さまざまな面で現在とは大きく異なっている。そうしたことをふまえて歴史を見ていかないと、思わぬ誤解を生じる可能性があるからである。

†昭和史をみる三つの観点

また、昭和史といっても、限られた紙数と私の能力ではすべてのことがらをとりあげることはとうてい不可能である。そこである程度重視する観点を定めておきたい。これまで歴史に関心がなかった方々にも手に取っていただきたい、昭和史をめぐる調査研究の現在までの進展状況をできるだけ反映したい、現在の時点から振り返ってうきぼりとなってくる視点もふまえたい、という三つの理由から、三つの観点を重視することにしたい。

第一に、庶民の視点を重視したい。これまで歴史にあまり関心がなかった方々にも歴史にふれていただくためには、身近な目線が大事であるだけでなく、実際の歴史も、多くの庶民の日常の積み重ねが根底にあるからである。

次に、国際関係を重視したい。昭和時代がはじまった時点ですでに日本は政治的にも経済的にも文化的にも世界の動きと密接に関連しており、それは今も同じだからである。

最後に、少数派の視点を忘れないようにしたい。実際の政治や人々の社会意識は多数派優先になりがちである。その結果、少数派の人びとが抑圧されたり、犠牲を強いられたりすることが起きてきた。しかしその一方で、それでよいのかと思う人びとが常にいて、そういう人たちの努力により、少しずつではあれ、より多くの人びとが生きやすい形に社会が変化し、その積み重ねの上に今の日本社会、国際社会がある。限られた紙数でわかりやすく歴史を描こうとすれば、どうしても多数派の動向を重視せざるをえないが、少数派にも目配りはしていきたい。

こういう視点をもって昭和史を概観してみると、個人と全体のどちらをどのように重視するかという観点が浮き彫りになってくるので、各章でもそうした観点に注意しながら話を進めたい。

ふだん私は、たくさんの史料を引用して文章を書くことが多い。史料とは、過去の人が作成して今に伝えられた、歴史研究の材料になるもののことである。広い意味では、土木施設や建築物、写真や映像、道具類や芸術作品などを含む、過去の人が遺したすべてのものをさすが、狭い意味では文字で書かれたものをさす。史料を直接読んでいただくことで、その時代の人びとの息づかいに直接ふれることは、歴史を理解するうえで非常に大切なことだと私は考えているのである。

しかし、そういうスタイルで書くと、どうしても読みにくくなる。本書は、これまで歴史に関心のなかった方々にも手に取っていただきたいという意図があるので、史料を直接引用することはしないことにする。

また、一人で、昭和六四年間のすべてを、ナマの史料をもとに研究しつくすことなどとうてい不可能である。本書では自分のこれまでの研究を活用していることはもちろんだが、それだけではとても足りないので、実に多くの方々の調査研究の成果を利用させていただいた。先学のみなさんには心から感謝申し上げたい。それとともに、本書の内容についてさらに知りたい、あるいは本書の主張に疑問があるという方は、ぜひ巻末の参考文献をご参照いただきたい。

第１章

昭和の幕開け

改元時点の日本

大正天皇大喪の葬列の沿道。昼間から一般拝観者がつめかけ、夜の葬送をまった

（1927年2月7日／東京・虎ノ門）© 朝日新聞社／時事通信フォト

年代	出来事
1868　慶応 3／明治元年	1月、王政復古の大号令（明治維新）
1872　明治 5	10月、新橋―横浜間鉄道開通
1875　明治 8	5月、千島・樺太交換条約
1877　明治 10	1〜9月、西南戦争
1881　明治 14	10月、明治十四年の政変
1882　明治 15	1月、軍人勅諭
1889　明治 22	2月、大日本帝国憲法発布・皇室典範制定
1890　明治 23	10月、教育勅語発布
1894〜95　明治 27〜28	8〜4月、日清戦争
1900　明治 33	9月、立憲政友会発足
1904〜05　明治 37〜38	2〜9月、日露戦争
1910　明治 43	8月、韓国併合
1912　明治 45／大正元年	7月、大正天皇践祚、大正改元　12月、第一次護憲運動勃発
1914　大正 3	7月、第一次世界大戦勃発　8月、日本参戦
1915　大正 4	1月、対華二十一ヵ条要求
1918　大正 7	9月、原敬内閣発足　11月、第一次世界大戦終結
1920　大正 9	1月、国際連盟発足
1921〜22　大正 10〜11	11〜2月、ワシントン会議
1923　大正 12	9月、関東大震災
1924　大正 13	1月、第二次護憲運動勃発　6月、加藤高明（護憲三派）内閣成立　12月、『キング』創刊号発売
1925　大正 14	1月、日ソ基本条約締結　3月、ラジオ放送開始　4月、治安維持法公布　5月、普通選挙法公布
1926　大正 15／昭和元年	1月、第一次若槻礼次郎内閣成立　12月25日、大正天皇死去、昭和天皇践祚、昭和改元

一九二六年一二月二五日未明、長く病魔とたたかっていた大正天皇が四七歳の若さで死去した。まもなく天皇の位を引き継ぐ（践祚《せんそ》という）儀式が行われ、裕仁《ひろひと》皇太子が天皇となった。昭和天皇である。

新しい天皇の最初の仕事は昭和への改元だった。明治維新後の日本では、一世一元の制といって、天皇の代替わりの際に改元を行うことになっていたからである。いうまでもなく、大正天皇の病状悪化をふまえ、改元の準備は宮中で秘密裏に進められていた。

昭和という言葉の出典は、中国古典のひとつである『書経《しょきょう》』という書物の一節で、世界の平和と、天皇と国民が仲良くしていくことを願う意味が込められていた。この日の新聞の朝刊は大正一五年一二月二五日付だったが、天皇の代替わりと改元、昭和という元号の意味を報じる号外は昭和元年一二月二五日付となった。

践祚時新聞掲載の昭和天皇夫妻

もしこの時点の日本にタイムスリップできたとしたら、どのような世界が広がっているのだろうか。本章では、第2章以降の話を理解しやすくするための、いわば頭の準備体操として、昭和改元時点での日本のようす、日本に住む人びとのようすをみていきたい。一応アジアでは最先進国であり、経済的に豊かになりつつはあったが、国家の制度設計に問題があったこともあり、人びとがそれぞれの幸せを自由に追求できるような状況にはなかったことが浮き彫りになる。以下、本章で紹介するさまざまな数値や法令、制度は、特に断らないかぎり、一九二六年あるいは一九二六年度のものである。

なお、昭和天皇は、一九〇一（明治三四）年、大正天皇の長男迪宮《みちのみや》裕仁として東京で生まれ、一九一二（大正元）年の大正天皇践祚と同時に皇太子となった。一九一四年に学習院初等科卒業後、特別に設けられた東宮《とうぐう》御学問所で一九二一年まで学んだ。この年三月から半年にわたる欧州巡遊をへて父大正天皇の病状悪化にともない、一一月に摂政（天皇代行）に就任、一九二四年一月に久邇宮良子《くにのみやながこ》と結婚し、二六年一二月の践祚を迎えた。

昭和天皇は東宮御学問所において杉浦重剛《すぎうらじゅうごう》が講じた帝王学をつうじて正義感を身につけ、さらに欧州巡遊を通じて西欧的な合理主義に目ざめ、協調外交や議会政治に肯定的だった。趣味の生物学の研究の影響で天皇の神格化に内心は否定的だったが、国家統治の都合上やむをえないと考えていた。欧州巡遊時から近代皇室史上初めて平服でマスコミに登場したこと、スポーツマンだったことなどから、帰国後はアイドル的な人気があった。

1　植民地を持つ「帝国」

†改元時の日本の領土

日本の領土は、北海道、本州、四国、九州のほかに、明治維新後に編入した沖縄、樺太《からふと》(正確には樺太の南半分)、朝鮮、台湾、及びこれらの周辺の島々があった。現在よりはるかに広い領域を有していたのである。

このうち、北海道、本州、四国、九州は、明治維新(太陽暦で一八六八年一月)の前から日本の領土と見なされていた地域で、当時は内地《ないち》、戦後は本土《ほんど》と呼ばれた。ただし、そのなかでも、北海道にはアイヌという、別の言語や文化を持つ先住民がおり、同化の対象として差別的な扱いを受けていた。沖縄も本来は琉《りゆう》球《きゆう》王国という別の国で、言葉も文化も異なっていたが、明治維新後日本に編入され、この時点ではすでに制度上内地となっていた。しかし、実際には沖縄出身者は本土で差別的扱いを受けることが多かった。

樺太、朝鮮、台湾は法的には別扱いで、外地《がいち》と呼ばれた。樺太は一八七五(明治八)年にロシアから、台湾は日清戦争(一八九四、九五年)で中国(清朝)に勝利したことから一八九五年に獲得し、朝鮮は一九一〇年に大韓帝国を併合したものである。これらの地域は日本領土でありながら、法的には憲法や内地の法令は適用されなかった。その事情として、日本の支配領域であることを示し、かつ原住民の反発を避けたいとしながらも、内地の住民と同等の扱いはしたくないという日本の政府や指導層の考え方があった。ただし、樺太は一九四三（昭和一八）年に内地に編入された。

そのほか、領土に類するものとして、関東州租借地《そしゃくち》、南満州鉄道付属地、委任統治領（南洋群島）があった。租借地とは他国から借りて統治している地域のことで、史上有名なのは、一九九七年にイギリスから中国に返還された香港《ホンコン》である。当時の日本が持っていた租借地は、中国の遼東《りょうとう》半島に位置し、日露戦争（一九〇四、〇五年）でロシアに勝ってロシアから獲得した関東州租借地で、一九九七年までという約束で中国から借りていた。といっても地代を払っていたわけではなく、いずれ返すという約束をしていただけのことである。

南満州鉄道付属地は、日露戦争をきっかけに日本が獲得した区域で、地理的にも関東州租借地とつながっており、同鉄道の線路や駅の周辺の行政権の大部分を日本が持つというものだった。南満州鉄道は、日露戦争後に日本政府が設立した南満州鉄道株式会社が管理運営していた。同社は鉄道だけでなく、この地域で日本がロシアから引き継いだ権益（付

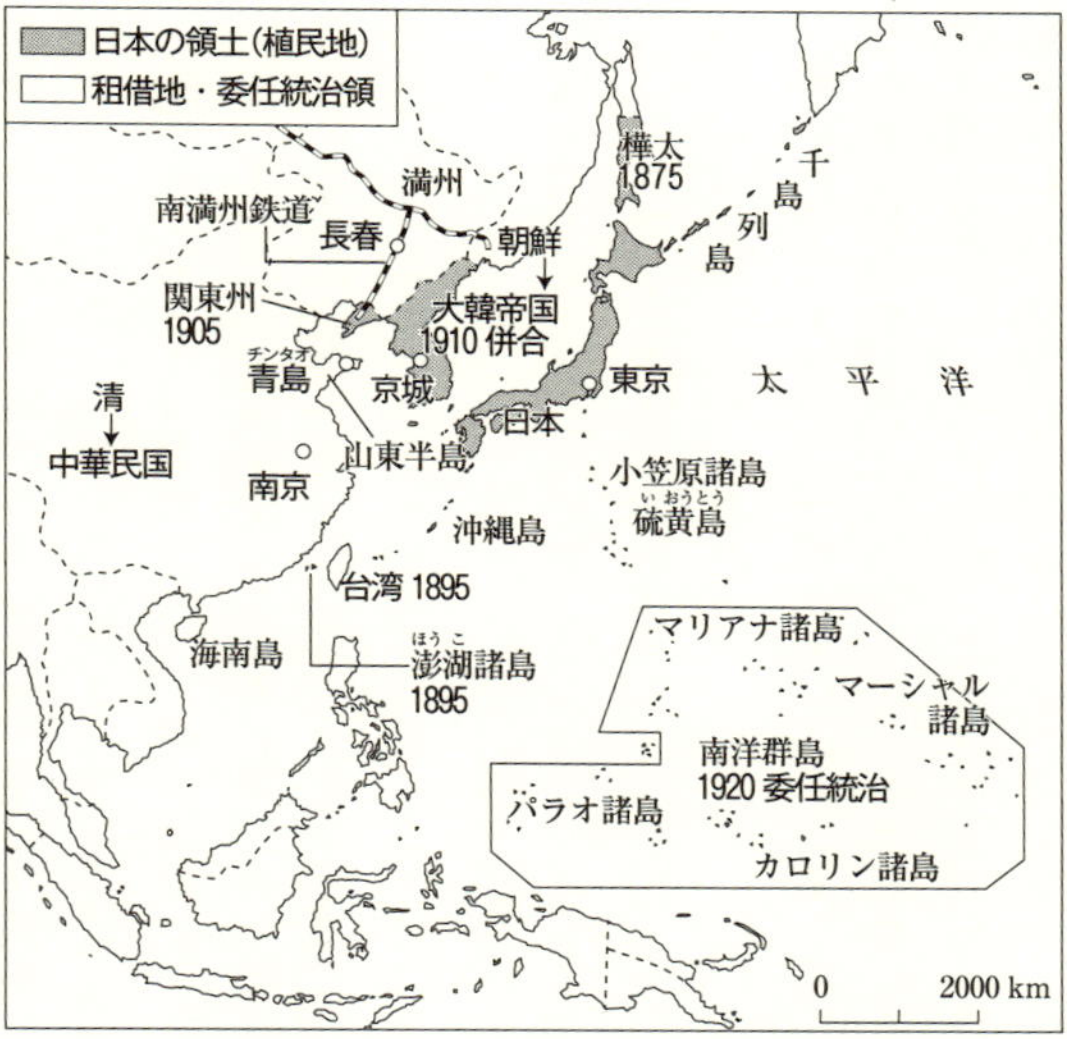

昭和改元当時の領域地図（『詳説日本史』山川出版社より）

属地の行政の大部分や炭鉱など）の管理運営も行っていた。このように、同社は単なる民間の鉄道会社ではなく、植民地管理機関の一面ももっていたので、社長（のちに総裁と改称）は政府が任命し、赤字が出ても日本政府が補塡した。

　南洋群島は、第一次世界大戦時に日本がドイツから奪い、第一次大戦後の一九二〇（大正九）年に発足した国際連盟から日本が統治を委任された地域である。もともとの住民は五万人程度で、委任統治領になってからは、経済的に貧しい沖縄から移住する人が増え、移住者は一九四〇年までに五万人をかぞえた。

さらに、領土とはみなされないが、他国の領土でありながら統治権がおよぶ場所として租界《そかい》があった。当時の日本の場合、明治中期から中国の天津《てんしん》と漢口《かんこう》にあり、ほかに中国有数の大都市である上海《シャンハイ》の共同租界（日本を含む列国が共同で管理）にも日本人がいた。いずれの場合も、本来ならば、経済活動に対する徴税は中国側が行うべきなのに日本側が行っており、地域で生じた経済利益が日本に取られていたことになるので、植民地の一種ということになる。なお、第一次大戦時にドイツから奪って一時期植民地としていた山《さん》東《とう》省にも日本人がいた。

人口は、昭和五（一九三〇）年の国勢調査によれば、内地が約六四四五万人で、うち朝鮮籍の人（当時の言葉で朝鮮人）が約四二万人いた。朝鮮は約二一〇五万人、台湾は約四六〇万人で、いずれも内地籍の人（内地人）は数十万人程度とごく少数だった。領土全体の人口は合計約九一七九万人、うち内地人は六五二六万人だった。

植民地を合わせれば一億人近い人口があったが、三分の一は言葉も文化も異なる人びとであり、しかもこの人たちは内地人に支配される存在だった。敗戦までの日本は正式には大日本帝国と称していたが、元来は外国であった異文化の人びとの居住地を領域として支配するようになっていたという点で、まさしく帝国だったのである。

2 憲法と国家と政治

†天皇主権の大日本帝国憲法

当時の日本国家の基本法規は、一八八九年発布、一八九〇年施行の大日本帝国憲法である。憲法発布の際の勅語《ちよくご》では、明治天皇が臣下である人びと(臣民《しんみん》)に対して憲法を与えたとされ、臣民(まわりくどいので以下国民とする)は国家に忠実にして国家に殉じる存在とされた。この憲法は天皇が国民にあたえたもので、国民は天皇の家来と位置づけられた。つまり、国民は国家のためにあるとされたのである。

憲法の本文に入ると、大日本帝国は、過去から将来までに続くただひとつの家系である天皇家の長男が最高権力者として代々治めていくと規定された。国家主権を行使するのは天皇、つまりは天皇主権ということになる。伊藤博文《いとうひろぶみ》の名義で出版され、事実上大日本帝国憲法の公定の解釈書となった『憲法義解《ぎかい》』では、天皇は、神の子孫であり、天皇と臣民の区別は絶対的なものとされた。

本文に戻ると、軍隊を動かすのは天皇の権限とされ、そのほか、官庁組織や官吏の給与、官吏《かんり》の任免、教育制度、宣戦・講和、条約の締結、戒厳令（非常時に人々の行動を制限できる法令）の発動、緊急時に天皇が全権を掌握すること（非常大権）も天皇の権限とされた。これらは天皇大権と呼ばれた。このうち、非常大権が発動されれば独裁国家になってしまう可能性があったが、結局一度も発動されることはなかった。

天皇が国政を処理する際には、天皇大権に含まれることがらの場合も、必ず国務大臣の助言を必要とすると定められていたが、国務大臣の助言に従う義務はなかった。

憲法の条文に内閣の文字はないが、実際には国務大臣の合議体としての内閣があり、内閣官制という法令（勅令《ちょくれい》）によって、内閣の首班として総理大臣（首相）という役職が設けられていた。首相の権限で他の閣僚と異なるのは、内閣のまとめ役ということだけだった。

首相を含む国務大臣の任免権は天皇にあったが、任免手続きの詳細は憲法には示されず、総理大臣は元老《げんろう》の推薦にもとづいて、首相以外の国務大臣は首相の推薦にもとづいて任命された。ただし首相には意に反する閣僚を解任する権限はなかった。

元老は法令上の根拠はなく、主に首相経験のある長老政治家の中から天皇が指名した。昭和改元時点では西園寺《さいおんじ》公望《きんもち》が元老だった。西園寺の意向により、以後新たに元老が指名されることはなく、一九四〇年夏に西園寺が事実上引退すると、内大臣が首相経験者（重臣）と合議して適任者を天皇に推薦する形になった。

天皇の法律顧問役として枢密院《すうみついん》が設けられていた。天皇の指示により、勅令案や条約の批准案、政府が議会に提出する予定の法律案の審査を行い、適正かどうかを判断してその結果を天皇に報告するという業務を行っていた。構成員は枢密顧問官と呼ばれ、責任者は枢密院議長だった。

枢密顧問官は、帝国議会の議員や国務大臣の経験者、中央官庁の次官経験者、帝国大学の元教授などから内閣が天皇に推薦して選ばれた。本会議は天皇臨席で行われ、現職閣僚も本会議には顧問官として参加した。枢密院議長は首相と同格の役職とされた。

西園寺公望

†国民の権利義務の定め

法令について、国民の権利義務にかかわることがらは、議会での多数決による可決をへて天皇の名で出される、法律と呼ばれる法令で定めることになっていた。天皇大権に含まれる分野については、担当大臣の助言のもとに天皇の名で出される勅令という法令で定められ、軍事に関しては、軍令という、軍部大臣の助言のもとに天皇の名で出される法令形式で定められた。

緊急時には、国民の権利義務に関しても、政府の判断で天皇の名による勅令（緊急勅令）を発することができたが、施行後最初の議会で可否の判断を受けることになっていた。

国民の権利については、法律の範囲内という制限つきではあるが、言論や思想の自由、居住や職業の自由など、ひととおりの権利が認められていた。ただし実際には、昭和改元の時点で、新聞紙法、出版法、治安警察法、治安維持法、軍機保護法などによって、言論や思想の自由に一定の制限が設けられていた。

このうち、治安維持法は、代々の天皇が治めてきたとされた日本の国のあり方（国体《こくたい》）を否定する思想を取り締まる法律である。一九二五（大正一四）年に制定されたが、具体的な取締対象としては君主制を否定する共産主義運動が想定されていた。すでに明治末期に、政治犯・思想犯を取り締まる組織として警察のなかに設けられていた特別高等警察（特高）が猛威をふるうようになるのは、これ以後のことである。国民の義務としては、納税や徴兵による兵役があった。裁判については、天皇の名のもとに、大審院を頂点とする裁判制度が設けられていた。

今の国会にあたるのが帝国議会である。公選制の衆議院と、一定の資格を持つ人びとからなる貴族院の二院制で、両院は対等、両院で意見が異なる場合は両院協議会で協議することになっていた。衆議院議員の任期は今と同じ四年だった。東京の永田町にある現在の議事堂はまだ工事中で、使用開始は一九三六年一一月のこと、それまでは日比谷に仮設の議事堂があった。

衆議院の選挙制度は、もともとは有権者の資格を納税額で決める制限選挙だったが、一九二五年の衆議院議員選挙法の改正（俗に普通選挙法の制定ともいう）により、昭和改元当時は二五歳以上の男性に選挙権、三〇歳以上の男性に被選挙権がある男子普通選挙となっていた。これにより国民の五分の一が有権者となった。ただし、この制度による総選挙はまだ行われていない。

当時の日本は、主権を行使するのは天皇という、いわゆる天皇主権というのが憲法の建前だったので、日本の政治に関して民主主義、民主化という言葉は使われず、大正期に政治学者吉野作造《よしのさくぞう》らが使い始めた「民本主義《みんぽんしゅぎ》」（民衆本位という意味）という言葉や「政治の民衆化」という言い回しが使われた。しかし、本書では話をわかりやすくするため、そして民主主義も民本主義も「デモクラシー」という英語の訳語であり、もとの意味に近いのは民主主義であるということもふまえ、特に必要のないかぎり、民主主義、民主化という言葉を使う。

吉野作造

なお、衆議院議員選挙法では、外地籍の人でも内地に転居すれば選挙権も被選挙権も持てることになっており、実際、一九二八年に行われる初の普通選挙で朝鮮籍の朴春琴《パクチュングム》が当選する。これは、植民地籍の人の権利義務のあり方を、日本政府や植民地統治機関の都合により、属地主義（居住地基準）と属人主義（戸籍基準）を使い分けていた狭間で生じた現象といえる。

法律のほか、国家予算も、帝国議会で可決されなければ効力がなかった。法令にはさきにみたように議会が関与できないもの（勅令、軍令、条約）もかなりあったが、国家の活動の基盤となる国家予算は、議会で審議して多数決で可決されなければ有効にならず、否決された場合は前年度の予算を執行するほかなかった。この点が議会の政治的な力の源になった。議会では、予算案との関係で、軍事・外交や教育など、実際にはかなり広範な議論を行うことができたし、時の政権は議会の支持なしには新規の政策や軍備拡大を行うことができなかったからである。

†改元当時の衆議院と貴族院

改元当時の衆議院はまだ制限選挙で選出された議員たちが在職中で、定数は四六四人、第一党は一六五議席の憲政会《けんせいかい》、第二党は一六一議席の立憲政友会《りっけんせいゆうかい》、第三党は九一議席の政《せい》友本党《ゆうほんとう》だった。

政友会の結党は一九〇〇(明治三三)年。自由民権運動の中心だった自由党の流れをくみ、たびたび政権与党となってきた、戦前日本の保守系政党の代表格である。憲政会の結党は一九一六(大正五)年。自由民権運動期の改進党の流れをくみ、反自由党、反政友会を掲げる、野党暮らしの長い人たちが紆余曲折《うよきょくせつ》をへて結成した保守系の政党である。

政友本党は、党総裁の人事問題の紛糾により政友会を飛び出した人たちが普選(普通選挙)反対を掲げて一九二四年に結成した。やはり保守系の政党だが、まもなく行われた総選挙で敗北し、脱党者が相次いで弱体化しつつあった。革新倶楽部は一九二五年に政友会に吸収された。

これらは衆議院議員や地方議会の議員を中心とする議会政党で、政友会や憲政会は一般党員数を数万人あるいは数十万人などと自称したが、実態は個々の議員の支持者集団で、選挙の投票以外に一般党員が活動する機会は少なかった。党首は党大会での選挙で選ぶと

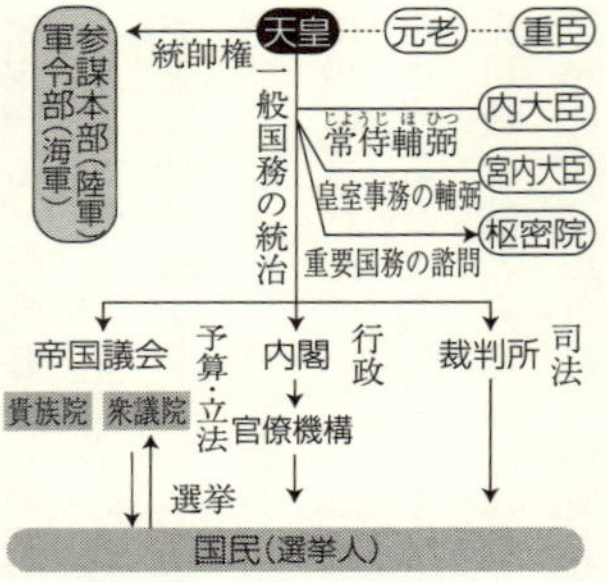

大日本帝国憲法下の国家機構
（『詳説日本史』山川出版社より）

定める党が多かったが、実際には党内有力者の協議で選ばれ、党首公選は建前だけだった。

改元当時は、普通選挙法の成立をふまえ、次期総選挙をにらんだ無産政党の結成が試みられていた。無産とは財産を持っていない人、労働者や小作農民のことで、要するに社会主義政党である。共産主義は違法だったが、天皇制を否定しない範囲で社会主義的な弱者救済を主張することは合法だった。ただし、実際に政党結成の中心になっていたのは、労働者や農民より、社会主義に共感を持つ弁護士や学者など高学歴のエリート層だった。

なお、こうした政界の背後には、頭山満《とうやまみつる》率いる黒龍会をはじめ、天皇至上主義を掲げる対外強硬的な政治団体（伝統右翼）が大小取り混ぜて存在しており、その構成員がテロ（暗殺）を行うこともあった。

貴族院議員は四〇〇名ほどおり、主に世襲の華族と、官僚経験者や学者などから政府の推薦で天皇が任命する勅選《ちょくせん》議員が中心で、爵位や就任事情に応じていくつかの院内会派に分かれていた。院内会派とは、議員の発言順、委員会の委員選定、議事日程などを決めるなど議院運営のために結成された、議会内のみで活動する議員団体のことである。

法律も予算も衆議院だけでなく両院を通過しないと有効にならず、貴族院制度の改正に衆議院は関与できないので、制度上は民意を完全には信用していない形になっていた。実際、貴族院は大正中期までは重要法案などで衆議院と対立することもあったが、護憲運動や普選運動など民主化運動が力を持つようになると、次第に衆議院の意向を尊重するようになっていった。

†すべてを超越した天皇による統治

憲法の最後には改正に関する規定があるが、発議権があるのは天皇だけで、議会両院でそれぞれ出席議員の三分の二以上の賛成が必要とされた。かなり改正しにくい規定である。

皇位継承や皇室に関しては皇室典範《こうしつてんぱん》という法令が制定された。これは形式上天皇が単独で制定し、改正には内閣も関与できない特殊な法令で、改正は男子成年皇族を構成員とする皇族会議をへて天皇の名で行われた。天皇の絶対性を示すためである。昭和天皇（裕仁皇太子）は、大正天皇が重病で執務困難のため一九二一年から摂政《せつしよう》（天皇の代理）を務めていたが、裕仁皇太子の摂政就任を決めたのはこの皇族会議である。

なお、男性皇族は軍人になることが義務づけられていた。優遇されているものほど危険な義務を果たすべきだという「ノーブレス・オブリージュ」という考え方である。実際、昭和期においては、日中戦争勃発以後、皇族将校が何人か出征しており、戦死と事故死が各一名出る。

皇室の管理運営のために宮内省《くないしょう》があり、責任者は宮内大臣と称した。大臣とはいっても内閣の構成員ではなく、国務大臣に相当する格の役職という意味である。そのほか、天皇の政治顧問役として内大臣《ない》という総理大臣級の役職もあり、主に国務大臣経験者のなかから選ばれた。これも内閣とは関係なく、宮内大臣と内大臣の任免権は天皇にあった。

結局のところ、大日本帝国憲法は、具体的な条文では欧米の諸憲法と似ていたが、基本原則は、すべてを超越した存在である天皇が永遠に統治するとなっていたことから、民意が反映しにくい構造になっていた。

憲法制定当時の事情として、欧米との不平等条約を対等条約に改正するための条件のひとつとして欧米並みの法制度を整える必要があった。だが、一方で、明治維新とその後の近代国家建設に携わってきた伊藤博文や山県有朋《やまがたありとも》ら有力者たち(藩閥《はんばつ》政治家)は、自由民権運動を、富国強兵路線を妨げる愚かな動きとみなし、自由民権運動が国家の運営になるべく影響を与えないように憲法を定めた。つまりは民意を反映しにくい憲法だったのである。

実は、それでは権力者が権力にしがみつくことになるからまずいのではないかと異論を唱えた有力者が一人だけいた。大隈重信《おおくましげのぶ》である。一八八一年、大隈は、議院内閣制を定めた憲法をすぐに定めるべきだという意見書を天皇に出して政府を追われた。明治一四年の政変である。大隈の提言は十分時宜《じぎ》にかなったものだったが、これを大隈が権力を独占するための手段とみた他の有力者たちによって大隈は政府を追われた。そして、伊藤博文は天皇権力を中心に議会の力を弱めた憲法の制定に乗り出し、山県は政権が自由民権派に奪われても軍隊が影響をうけないよう、軍隊の制度作りを進めた。

大隈の予言は結局六五年後に的中してしまった。大隈の提言を権力闘争のレベルでしかうけとれない程度の指導者たちしか持てなかった時点で、残念ながら日本はついていなかったといわざるをえない。大久保利通《おおくぼとしみち》が西南戦争直後に暗殺されず、長生きしていたら違った展開があったかもしれないが。

3　官僚制度と地方制度

†改元当時の中央官庁

中央官庁としては、軍人で構成された陸軍省、海軍省のほか、内務省、大蔵省、外務省、文部省、逓信《ていしん》省、鉄道省、農林省、商工省、拓務《たくむ》省などがあり、官僚にとっては各省の次官が出世の頂点ということになる。護憲三派内閣（第二次護憲運動で成立した憲友会、立憲政友会、革新倶楽部の三派連立内閣）の際に民主化の一環として政務官制度ができ、次官に相当する政務次官、本省局長級に相当する参与官が各一名各省に設けられ、貴族院または衆議院の議員が任命された。政務次官は事実上副大臣に相当する役職で、しばしば議会で大臣に代わって答弁した。

内務省は警察を含む地方行政一般を管轄するだけなく、道府県に知事や管理職も派遣していたので、中央官庁中もっとも規模が大きかった。全国の警察組織のトップである本省の警保局長、首都東京の警察責任者である警視総監は特に重要な役職とされ、警保局長をミスなく務めれば内務次官か貴族院の勅選議員のイスが待っていた。

鉄道省は国鉄の運営にくわえ民間運輸業の監督を、逓信省は郵便や電信電話の運営にくわえ放送事業の監督を管轄し、拓務省は植民地や海外移民関係の行政を管轄していた。

†一道三府四三県の地方制度

地方制度は、一道三府四三県の下に市町村があった。東京都と特別区が誕生するのは一九四三(昭和一八)年のことで、それまでの東京は東京府の下に東京市があった。それ以外は現在とほぼ同じで、道はいうまでもなく北海道である。

ただし、道府県知事(東京都誕生時点での東京都長官も)が公選制となったのは戦後のことで、当時は内務省で採用したエリート官僚が派遣された。道府県庁の管理職も同じだった。公選の道府県議会もあったが、その権限は県の予算と県独自の徴税に関連したことだけだった。つまり道府県は、半分は国の出先機関、半分は自治体だった。これはフランスなど、ヨーロッパの中央集権的な国にみられた仕組みと同じである。

市町村は完全な自治体だったが、市町村長は市町村議会で選挙する間接選挙制だった。ただし議員のなかから選ぶ必要はなく、地元の有力者から選んだり、行政能力や中央官庁への発言力を期待して内務官僚経験者を招くことが多かった。ちなみに道府県以下の地方議会の議員も、一九二六年に男子普通選挙となった。

植民地のうち、台湾と朝鮮については、それぞれ台湾総督府《そうとくふ》と朝鮮総督府が警察を含む行政全般を管理し、責任者の総督は、天皇の代理として、法令や諸制度のみならず教育内容にいたるまで大きな権限をもった。そのため、総督は日本の総理大臣とほぼ同格の役職とされた。関東州や樺太、南洋諸島については、それぞれ関東庁、樺太庁、南洋庁という行政管理機関が置かれ、責任者は長官で、各省の次官級とされた。総督や長官はもちろん、幹部職員のほぼすべてが日本人だった。台湾や朝鮮では自治運動もあったが、原住民の公選による自治議会が設けられることはなかった。

植民地を含む官僚の採用であるが、大卒を対象とする文官高等試験の合格者が、エリート官僚、つまり、本省の管理職や次官をめざす資格を得た。制度上出身校による差別はなかったが、実際は合格者の大半は東京帝国大学法学部の出身で、他大学出身者が次官までのぼりつめた例はきわめて少ない。また、植民地原住民出身の文官高等試験合格者も少数おり、出身地の総督府の管理職になった例はあるが、最高幹部に登用された例はない。

なお、旧憲法下の国家官僚は正式には官吏《かんり》と呼ばれ、「官吏服務紀律」によって、天皇の部下と位置づけられていた。

報道機関としては新聞が有力だった。唯一のラジオ放送局だった日本放送協会（NHK）に報道部門はまだなく、ニュースは通信社からの配信記事に頼っていた。各新聞社は、連載小説や懸賞クイズ、博覧会など、多様な企画で部数獲得を競っていた。朝日新聞（『東京朝日新聞』『大阪朝日新聞』）と毎日新聞（『東京日日新聞』『大阪毎日新聞』）が二大全国紙だったが、それぞれようやく一〇〇万部に届くかどうかで、その他の新聞や、各道府県単位で発行されていた地方新聞を購読する人も多かった。

海外情報については、多少とも海外に特派員を出しているのは朝日、毎日にほぼ限られ、多くの新聞社は、国内の通信社経由で外国の有力通信社（イギリスのロイター通信社など）から配信された記事を掲載していた。

言論は、一定の制限の上ではあるが、それなりの多様性はあったといえる。

4　教育

†国家至上主義的な学校教育

憲法と同じく、民意に冷たいということは、憲法だけでなく教育や軍事でもいえた。当時義務教育は六年制の尋常小学校だけだったが、この時点での義務教育六年制は諸外国でも同じである。三年生からはクラスが男女別となった。教科書は明治後半から国定で、日本史（当時は国史《こくし》といった）では、国家成立の事情を正当化するために神話を事実として記載した『日本書紀』の内容が事実として教えられた。日本は建国から二五〇〇年以上たつ世界最古の国で、しかも、一度も絶えたことのない天皇家が治めるという、世界に例のないありがたい国だと教えられたのである。

また、修身《しゅうしん》という科目があり、絶対的な天皇観をもとに、国家に命じられた場合には私利私欲を捨てて国家に尽すことが日本人として最も良い生き方だと教えられた。そもそも、大日本帝国憲法施行直前に発布された教育勅語は、天皇の名で、儒教的、あるいは天皇至上主義的な人生観、社会観を教育によって身につけるべきことを国民に命じている。当然、国語や唱歌でも国家至上主義的な題材が多く採用された。

つまり当時の日本の教育は、個人より国家を大事にし、国家の命令には必ず従うべきだとする国家至上主義的な性格が強く、自分たちで政治の仕組みをよりよくするように議論したり考えてみようという、民主主義的視点はまったくみられなかった。こうした視点を多少とも持った有権者教育は、普通選挙法の成立後にようやく実施に向けた検討が始まったところだった。ここが、革命や独立戦争を経た欧米諸国と日本が大きく異なるところで、このことは今後の昭和の日本の歴史の展開をみていく上でよく覚えておきたい。

昭和改元時点で尋常小学校卒業生のほぼ半数がそこで社会に出た。公的な統計では明治末に小学校の就学率がほぼ一〇〇％になったとされている。しかし、これは短期間でも通学したことがある子どもの率で、現在では、六年間通学して卒業した子どもがほぼ一〇〇パーセントになるのは一九三〇年代前半、つまり昭和初期だったことがわかっている。高等小学校（高小）をへて社会に出る人がその次に多かった。高小は現在の公立中学校に相当する学校で、尋常小学校に併設されていた。

小学校教員は各道府県に設けられた公立の師範学校で養成された。師範学校は高等小学校卒が受験資格の給費制の学校であったが、小学校教員の給与水準が低いためか、それでも教員不足で、農村部では正規の養成教育を受けていない代用教員がまだ残っていた。

†格段に低い進学率

高学歴を求める人の多くは、男性なら中学校、女性なら高等女学校に進学した。いずれも五年制なので、現在の中学高校一貫校に相当する。中学、高女への進学率は昭和改元時点で二割から三割程度、女性の方が進学率は格段に低かった。

さらなるエリートをめざすのであれば、専門学校、高等学校あるいは大学予科（三年制）がある。大学に進みたければ高等学校または大学予科に進学する必要がある。大学進学率は国公立、私立合わせて数パーセントにすぎない超エリートである。こうした学校は原則としてすべて男女別で、共学は芸術系の一部の学校に限られ、学歴の頂点に位置する帝国大学では、一部で女性の受講が認められていたにすぎなかった。

受験の競争率は、東京帝国大学の法学部や医学部に多数進学していた第一高等学校、第一高等学校に多数の合格者を出していた東京府立第一中学校など、ごく一部の学校では数倍から十数倍だったが、それ以外は倍率は低く、東京帝国大学や京都帝国大学でも文学部はなかなか定員に満たず、高等学校を卒業できれば希望者はほぼ無試験で入学できた。

大学は三年制で、帝国大学は植民地を含めて九つあったが、高等学校卒業が入学条件であり、高等学校も帝国大学も学費が高く、入れる人数も少なかったため、高学歴を求める人の多くは、主な私立大学に併設されていた三年制の専門部に進学した。専門部は中卒が入学資格で、学費もかなり安かったからである。そもそも私立大学は制度上は専門学校として出発した場合がほとんどだった。

また、尋常小学校を出て社会に出た人も、自治体が設けた青年学校（夜間に開設）や通信教育でさらに学んでいた人が少なくなかった。農林水産業に携わっている場合は増産技術を独学する力をつけるため、それ以外の場合は昇進や独立の機会を得るためである。

5 軍事

†天皇に直属する軍隊

軍隊は、明治初期に海軍と陸軍に分離し、徴兵制をとった。一八八二年に発布された軍人勅諭《ちょくゆ》によって、軍隊は天皇に直属するとされ、軍人は天皇の命令があれば命を捧げて勇敢に戦うことが求められた。軍人勅諭には有名な軍人の政治不干与の規定があるが、これは、軍人勅諭が自由民権運動が軍隊にも波及することを恐れて出されたものであることの証拠である。つまり、軍隊もやはり民意とはかけ離れた存在だった。

海軍は当時世界最大規模だったイギリス海軍を、陸軍は、はじめはフランス陸軍をお手本にしたが、一八七〇、七一年の普仏《ふふつ》戦争（フランスとプロイセンの戦争）でフランスが負けたことをきっかけに、プロイセンを中心に統一されたドイツの陸軍をお手本としてそれぞれ独自の発展を遂げた。昭和改元当時の規模は、陸軍が約二一万人、海軍が約八万人、海軍の艦艇数は二六七、陸軍と海軍を合せた軍用機の数は約四八〇機だった。

軍備計画の基本は、帝国国防方針というもので、日露戦争をきっかけに、数年ごとに陸海軍が極秘裏に作成し、天皇の認可をうけて決定された。しかし、首相さえ詳細は知らされず、ましてや報道されることもありえない極秘文書だった。国際協調に賛成の昭和天皇がこれを疑問に思わなかったのか不思議だが、明治時代からの慣例がある上、第一次大戦後、一九三〇年代前半までは比較的穏健な内容だったためと推測せざるを得ない。

当時陸海軍が、『帝国及列強之陸軍』や『海軍及海事要覧』などの広報資料で公表していた統計数値では、ソ連や中国との比較数値が欠けているが、日本の軍事力の規模は、金額(軍事費)でも、陸軍の人数、海軍の艦艇数でも、おおむね米、英、仏、伊に次ぐレベルとなっている。おそらくアジアでは第一位だったと思われるが、世界レベルでは五位以下だった。

徴兵制は二〇歳になった内地籍の男性に二年間(海軍は三年間)の兵役義務を課す制度であるが、戦争が本格化するまでは二〇歳になった男性全員が徴兵されたわけではなかった。徴兵検査、すなわち徴兵のための健康診断によって身長や持病などを基準に甲乙丙丁《こうおつへいてい》と四段階にランク分けし、甲種合格者のなかから必要な人数をクジ引きで徴集していた。昭和初年段階での徴集率は検査対象者の一五%程度、二〇人に三人程度であった。海軍の方が陸軍より採用条件が厳しく、在役年数も長いため採用の実人数は陸軍よりはるかに少なく、徴兵といえば陸軍のことを連想するのが一般的だったので、以下、陸軍を例に説明する。

徴兵されれば仕事を辞めて所属部隊の兵舎に二年間住み込み、訓練を受けた。陸軍の場合、所属部隊は出身地にあるので、週末は実家に帰ることが可能だった。期間中は国から給与が支払われたが、下級官吏の初任給程度である。訓練は厳しく、初年兵（二等兵）には上級者（一等兵）からの暴力を伴ういじめもしばしばあった。男だけの殺伐とした環境のためであるが、軍隊が人間にとっていかに不自然なものであるかがよくわかる。もちろん、期間中に戦争があればまっさきに戦場に赴《おもむ》くことになる。

しかも、兵役を終えても一安心とはいかなかった。予備役、後備役という制度があり、現役二年が終わっても、五年四カ月は予備役といって、戦争で兵士が足りない場合、まっさきに呼び出される（召集される）立場になり、その期間を過ぎてもなお一〇年間は後備役といって、予備役でも足りない場合に召集される立場となった。

予備役や後備役の人たちは在郷軍人と呼ばれ、所属していた部隊にときどき呼び出されて簡単な軍事訓練（簡閲点呼《かんえつてんこ》）を受けなければならなかった。実際、一九三七（昭和一二）年の日中戦争勃発以後、戦争が長期化・大規模化すると、まず予備役が大量に召集され、後備役も一部召集された。義務兵役未経験の人びとも召集されるようになるのは太平洋戦争期になってからである。クジに当るか外れるかはまさに運命の分かれ道だったのである。

そのせいか、徴兵検査の直前には、甲種合格しないよう、あるいはクジに外れるよう、深夜などにこっそり寺社に祈願する徴兵逃れ参拝が全国各地で行われていた。それでも仮病、賄賂《わいろ》、逃亡などによって徴兵逃れを実行する人はごく少数だった。国家至上主義的な教育がそれなりの効果をあげていたのである。

なお、植民地出身者には兵役義務はなく、大学生も、制度上は免除されていたわけではなかったものの、卒業まで徴兵を猶予された上、卒業後の徴兵検査でも乙種合格などとされて事実上免除となることが多かった。

ついでだが、日本は、一九二九年に捕虜の扱いに関する国際条約（ジュネーヴ条約）に調印したものの、陸海軍の意向により批准《ひじゅん》しなかった。結局加盟しなかったのである。条約どおりに捕虜を扱うと日本軍の兵士のふだんの待遇より手厚くなり、不公平だというのが理由である。本来なら日本軍が兵士の扱いを改善すべきなのに、逆の行動に出たところに、日本軍、そして戦前日本国家がいかに人間を大事にしていなかったかがわかる。

†日本軍の階級制度

部隊の指揮官は将校《しょうこう》、あるいは士官《しかん》と呼ばれた。陸軍は陸軍士官学校、海軍は海軍兵学校で養成した。両方とも軍が運営する学校で、中学校卒業が受験資格だった。三年制の給費制の学校で、入学と同時に軍人となり、卒業すれば将校として任官する。

さらに、作戦を立てる役目である参謀の養成を目的とした陸軍大学校（陸大）、海軍大学校（海大）があり、下級将校の中から、上司の推薦と試験により入学できた。修業年限は陸大が三年、海大は二年である。陸軍には陸軍士官学校の前段階として、中学校在学を受験資格とする三年制の陸軍幼年学校があった。陸軍の場合、出世の頂点をきわめるには、陸軍士官学校だけでなく、幼年学校と陸軍大学校を優秀な成績で卒業する必要があった。逆にいえば、陸軍のトップエリートは、ほとんど外の世界を知らない、純粋培養の陸軍至上主義者ばかりだったのである。

任官すると少尉《しょうい》からはじまり、中尉《ちゅうい》、大尉《たいい》、少佐《しょうさ》、中佐《ちゅうさ》、大佐《たいさ》、少将《しょうしょう》、中将《ちゅうじょう》をへて最高位は大将《たいしょう》、大将のうち、特に功労ある場合は元帥《げんすい》という称号が天皇から贈られる。将校の世界も会社や役所と同じく、上にいくほど役職数が減るので、士官学校のみの卒業者の場合、大佐までいけばいい方だった。階級ごとの在籍年限が決まっていたので、年限が来ても昇級できない場合は予備役となった。つまりは退職するわけだが、予備役という言葉どおり、有事で将校が足りなくなった場合は退職時の階級で召集された。

そのほか、高学歴者向けに幹部候補生という制度があった。大正期から中学校以上の学校で学校教練という授業が設けられ、この授業を受けた学生が、卒業後、本業のかたわら所定の訓練や手続きを経て予備士官の資格をとることができるという制度である、高学歴者としては、有事に召集される際、一般兵士として上級者にいじめられるよりは将校の方がいいと考える場合が多く、一定の需要があった。有事に将校が不足した場合を想定した制度で、実際に日中戦争がはじまると召集されるようになる。学校教練の担当者は軍縮で余剰となった予備役将校で、日中戦争がはじまると召集される場合もあった。

さらに、最小規模の単位の部隊の隊長として伍長《ごちょう》や軍曹《ぐんそう》などの下士官という制度もあった。一般兵士のなかから希望者を試験で選抜した。

†日本軍の規模

昭和改元当時、陸軍は一七個師団、約二一万人の規模だった。第一次世界大戦終結後に世界的な風潮となった軍縮によって四個師団、約三万人が削減されていた。師団は独立して作戦行動ができる部隊で、主力となる歩兵部隊のほか、砲兵部隊、騎兵部隊、工兵部隊、輸送部隊（輜重兵《しちょうへい》と呼ばれた）、医療部隊などを備えていた。工兵部隊とは、戦場での道路や橋の修理や仮設、陣地の構築などの土木工事を行う部隊である。

一部の師団は植民地や中国の要地に年限を決めて駐屯し、年限がくると他の師団と交替した。関東州租借地と南満州鉄道付属地の警備部隊は関東軍、北京郊外の駐屯軍は支那《しな》駐屯軍とよばれた（当時日本では中国を支那とよんだ）。

師団の歩兵部隊は通常四つの歩兵連隊からなっており、師団全体の人数は、平時は一万二〇〇〇人程度、戦時は二万人程度だった。指揮官である師団長は階級では陸軍中将があてられ、天皇から直接辞令を手渡される、国務大臣級の高い地位とされた。第一師団は関東地方出身者で、第二師団は東北南部出身者で、などと地域別に編成された。

歩兵連隊は、昭和改元段階で五一あった。全国各地に駐屯地が設けられ、地元から徴兵された兵士はそこに住み込んで訓練を受けた。連隊の定員は平時で約二〇〇〇人である。連隊長は大佐があてられた。連隊長以下の将校は数年ごとに転勤した。

海軍の部隊は、基地に相当する鎮守府と艦隊で構成された。昭和改元当時、艦隊は五つあり、鎮守府は横須賀、呉《くれ》、佐世保の三つ、規模の小さい鎮守府《ちんじゅふ》として舞鶴要港部があった。連合艦隊というのは、軍事演習の際や戦時にいくつかの艦隊が連合して作られる部隊のことである。航空部隊については、陸軍、海軍がそれぞれ保有していた。

また、陸海軍とも兵器や弾薬、軍服などの製造工場（工廠《こうしょう》）を持っており、工場の労働者は兵士ではなく工員として扱われた。ただし、軍艦の一部や軍用機、自動車は民間企業に製造を依頼していた。

軍の中央部には、軍隊を運営管理する機関として陸軍省、海軍省があり、軍備計画や作戦計画を立てる機関として参謀本部（陸軍）と海軍軍令部があった。それぞれの責任者は陸軍大臣、海軍大臣、参謀総長、軍令部長である。いずれも中将、大将といった最上級の現役将校が天皇から任命された。

陸軍大臣、海軍大臣（軍部大臣）は内閣の一員で、昭和改元当時は軍の内部規定により、現役でなくても中将、大将であればよいことになっていた。しかし実際には、現役以外の将校が就任したことはなかった。また、国務大臣が天皇に正式に判断を仰ぐ場合は首相の同席が原則だったが、軍部大臣だけは一人だけでもよかった。これを帷幄《いあく》上奏権の独立と呼んだ。

参謀本部と海軍軍令部は、日露戦争直後に確立した統帥権という観念にもとづき、天皇に直属していた。ただし、軍の内部規定で、参謀総長は天皇に直属して陸軍大臣と同格だったが、海軍軍令部長は天皇と海軍大臣両方の部下ということになっていた。陸軍大臣が参謀総長を替えたくても、参謀総長自身の同意をえた上でなければ天皇に申請することができなかったが、海軍大臣は自分の一存で海軍軍令部長の更迭を申請することができたのである。ただし、満州事変後は陸軍と同じ仕組みになり、軍令部長は軍令部総長と改称された。なお、戦時には大本営という陸海の統合司令部を設けることが可能だった。

6 経済

†国内総支出と国家予算の使い途

経済の話に入る前に貨幣価値の換算についてふれておこう。この時期と現在の物価との換算であるが、一般に三〇〇〇倍といわれている。ただし、当時と現在では人や物の価値をとりまくさまざまな状況が変わっているため、機械的にすべて三〇〇〇倍とするわけにはいかない。人件費や東京およびその周辺の家賃などは五〇〇〇倍くらいと考えられ、一方、食料品や電化製品は、当時より大量生産できるようになっているため数百倍程度の場合が多い。また、ドルとの為替レートは、一九二六年段階で一ドル二円一三銭であり、途中の上下はあるが、現在はその五〇倍程度である。つまり、三〇〇〇倍とはあくまで一応の目安とお考えいただきたい。

一九二五年の国内（植民地を除く）総支出（国民総生産とほぼ同じ）は約一六三億円、国家財政が特別会計も合わせて一九二五年度で約三七億円、国民総生産に占める国家財政の比率は約四四％である。二〇〇五年段階では国民総生産が約五〇〇兆円で国家財政が特別会計も含めて二三〇兆円、比率が約四五％とほぼ同じである。

なお、国民総生産という指標による、この時点での各国の経済力比較はむずかしい。先にふれた『海軍及海事要覧』にある国家の財政規模一覧でみると、アメリカ、イギリス、フランス、ドイツ、イタリアについで日本は第五位となっている。おそらくソ連も日本を上回る財政規模だったと思われるので、実質第六位だった。第一位のアメリカとの差はおよそ七分の一である。経済規模の順位もほぼ同じと見てよい。経済成長率については、第一次世界大戦終結による海外需要の減少や、軍縮による造船量の減少により、大正後期から改元当時はゼロから二％程度の低成長だった。

国家予算の使い道をみると、一九二五年度の場合、一般会計約一五億円の四五％は官吏の給与などの行政費、三〇％弱が軍事費、約二〇％は日露戦争の戦費や関東大震災復興費調達のための外国債を中心とする国債の返済費用、社会保障費が約九％だった。健康保険制度は一九二二年に発足したばかりで利用者はまだ少なく、社会保障費の多くは官吏や軍退職者の恩給（年金に相当）であった。

二〇〇五年度の一般会計約八五兆円の内訳が、社会保障二四％、国債費二二％、地方財政費二〇％、公共事業費一一％、防衛費六％弱であることと比較すると、国民生活に対する国の役割がいかに大きく変化して来たかがわかる。昭和改元時では軍事費の比率の大きさが目立つが、この比率は前後の時期と比較して最小で、政党内閣の効果がよく出ている。それにもかかわらず、比率としては有力国中ではダントツの一位という高率である。日本の軍備の規模は、国力的には相当に無理をしていた成果だということがよくわかる。

なお、皇室の運営費の大半は、皇室が所有する広大な山林の木材の売却益や、保有する株式や債券（皇室は日本最大の資産家だった）の運用益でまかなわれ、国家予算からの支出はごく少額だった。超越的な存在と位置づけられた天皇の台所が、議会の同意を必要とすることはならぬというわけである。

†農業中心の産業人口

内地の産業人口の比率は、一九三〇年段階で、農業を中心とする農林水産業などの第一次産業が半分強、工業などの第二次産業が二〇％弱、官吏や商業・サービス業など第三次産業が三〇％弱である。明治初期は第一次産業で八五％を占めている。一九三〇年代のアメリカの第一次産業人口比率が二二％、イギリスで六％、一九九〇年段階での日本の第一次産業は七％、第二次産業は三四％、第三次産業は六〇％弱だから、当時の日本は、近代的な産業がかなり普及してきて農業人口は減り続けていたものの、なお農村中心の社会だったことがわかる。

ただし、生産額としては、一九二五年段階で農業は国内総生産の三〇％弱、製造業など第二次産業が三五％強、商業・サービス業が三四％なので、農業は相対的に生産性が低い産業、働いた割にはもうからない産業となっていたことになる。それが農業人口減と都市の人口増が続いた原因でもある。

貿易額をみると、一九二〇年時点で世界貿易に占める日本の割合は三％程度、一九二〇年代の輸入や輸出はいずれもアジア向けとアメリカ向けがほぼ半々だった。インド、東南アジアなどから安い原料（綿花、ゴムなど）を輸入して作った綿布《めんぷ》や雑貨類を中国を中心とするアジア一帯に輸出し、アメリカとは、日本特産の絹糸を使った絹製品（おもに女性用ストッキング）を輸出した見返りに石油や屑《くず》鉄を輸入し、工場やビル、鉄道の建設、蒸気機関車や大型商船、兵器の製造を行っていたのである。

アジアへの依存度は原料・市場ともに高く、アメリカに対しても嗜好品《しこうひん》を輸出し、産業の高度化に必要な資源を輸入するという依存度の高い関係で、全体として資源小国であるがゆえに自立度の低い経済構造になっていた。

経済界は、幕末明治維新のころから金融や物流、輸出入などの商社業務や繊維製品の販売で成長してきた、三井、三菱、住友などの財閥企業が今風にいえば大企業である。そのほか、第一次世界大戦時の好景気をきっかけに重化学工業などの新興産業に挑戦して拡大してきた新興財閥があった。中央銀行はいうまでもなく日本銀行で、政府系の銀行としては、外国為替専門の東京正金銀行、植民地の中央銀行として設立された朝鮮銀行、台湾銀行などがあった。

7 国際関係

†国際連盟とアメリカという主軸

昭和改元当時の日本の国際関係の主軸は国際連盟とアメリカだった。第一次世界大戦(一九一四〜一八年)に英米側で参戦した日本は、本格的な戦闘には巻き込まれないまま戦勝国となった。ヴェルサイユ講和条約にもとづき、四二カ国が加盟して一九二〇年に発足した国際連盟では、イギリス、フランス、イタリアとともに常任理事国となった。日本の国際的地位は飛躍的に向上したといえる。国際紛争解決の手段としての戦争を否定した、国際連盟の指導的立場にたったということから、国際協調が日本外交の基本方針となったことがわかる。

アメリカは、アメリカ大陸以外の問題には関与しないモンロー主義という国内の風潮の

ワシントン会議の様子

ため、連盟には加盟しなかった。しかし、第一次世界大戦を機に世界経済の中心となったことを背景に、第一次世界大戦の惨禍《さんか》をふまえた国際協調の進展と軍縮の実現のために積極的に行動した。一九二一年から二二年にかけてワシントン会議を主催し、太平洋地域の現状維持を定めた四ヵ国条約、中国への植民地侵略をやめることを定めた九ヵ国条約、主力艦（戦艦、巡洋艦、空母など）の削減を定めたワシントン海軍軍縮条約を成立させた。日本はこれらすべてに加盟し、国際協調と軍縮という世界の風潮に同調していった。

日米関係は、日本からアメリカへの移民をアメリカが制限していたことなどから良好とはいえなかったが、「6　経済」の節でみたように、アメリカへの経済依存度は高く、日露戦争の戦費や関東大震災の復興費として巨額の借金もアメリカの金融界にあり、アメリカに強い態度を示すことは基本的にむずかしかった。

周辺諸国との関係では、中国（中華民国）とソ連（ソビエト社会主義共和国連邦）が重要だった。中国については、当時軍閥政権や共産党政権が出現して内戦状態だったが、日本を含む主要国は蔣介石《しょうかいせき》率いる中国国民党の政権（中華民国）を正統政権として承認していた。また、天津《てんしん》や上海には日本の紡績会社がいくつか進出していた。さらに、中国のエリート層には日本留学経験者が多く、軍人出身の蔣介石も日本陸軍に留学した経験があった。

しかし、日本が、第一次世界大戦勃発直後、欧米諸国のアジアへの関心が弱まっていたことを背景に、中国権益の維持強化をはかる二十一ヵ条要求を行い、軍事力を背景にそのほとんどを認めさせて以来、中国では反日感情が強かった。しかも陸軍は、満州権益の維持のため、国民党政権と対立していた満州地域の軍閥政権（張作霖《ちょうさくりん》政権）に軍事援助を行っていた。さらに日本国内では、日清戦争（一八九四、九五年）での勝利をきっかけに、中国に対する蔑視感情が広まっていた。中国との関係は非常に複雑だったのである。

ソ連とは、樺太で国境を接していたうえ、オホーツク海での漁業問題などもあったので、一九二五年に日ソ基本条約を結んで国交を開いた。しかし、共産主義流入への警戒感は強く、一九二五年に治安維持法が制定されたのも、普通選挙制度実現による無産政党出現との関連で、ソ連との国交樹立にともない、ソ連の支援による共産主義運動の激化を恐れたという側面があった。

8　交通と通信

†鉄道と海運中心の交通事情

当時の交通機関の中心は鉄道と海運だった。手もとに、日本旅行文化協会（現在のJTBの源流）が発行していた『汽車時間表』一九二四年四月号の復刻版がある。巻頭の鉄道地図をみると、海沿いの幹線鉄道はすでにできているが、山間部や四国南部はまだまだ建設中であり、都市部でも東京の山手線はまだ全通していない（全通は翌年）。

当時の鉄道は、幹線すべてと地方路線の半分ぐらいは鉄道省が運営していた（国鉄）。電車や電気機関車は大都市の周辺のみ、気動車はローカル線の一部で走り始めた程度で、大部分は蒸気機関車が客車や貨車を引っぱる形だった。市内交通では、地下鉄はまだなく、路面電車が主役で、バスやタクシーもようやく目立ってきたところである。大都市の市内交通はだいたい公営（市営）だったが、そのほかの都市の多くでは私営だった。

東京—大阪間は特急でさえ一一時間半あまりを要し、普通列車なら約一八時間を要した。

当然、日帰りなど不可能だった。もっとも、江戸時代の江戸―大坂間は徒歩と一部は舟運でおおむね二週間を要したから、それに比べればはるかに速いのだが。

特急は一日二本しかなく、東京―大阪間の三等運賃が六円余り、特急料金が二円で合計八円、現在の貨幣価値に換算して三〇〇〇倍すると二万四〇〇〇円で、二〇一五年現在の新幹線「のぞみ」の普通車指定席の倍近くとなり、一等だと運賃料金とも三倍なので二四円、三〇〇〇倍すると七万二〇〇〇円となる（二等は三等の二倍）。三等でさえかなりな高額である。東京―大阪間の直通列車は、特急を除いて、夜行の急行が六本、普通列車が七本の計一五本しかない。一六両編成の新幹線「のぞみ」が二〇一五年現在の同区間で一時間に五、六本走っていることと比較すると、交通費が高く、時間もかかり、人の移動量もまだまだ少なかったことがわかる。

時刻表には、沖縄や樺太、朝鮮や台湾だけでなく、中国や満州の鉄道のページもあり、大日本帝国の日本人の空間意識がうかがえる。また、バスのページもあり、全国各地にバスが普及しつつあったことがわかるが、当時は国道さえほとんど舗装されておらず、すべて近距離の運行である。

†はりめぐらされる海運網

また船便のページもあり、国内相互便や、朝鮮、台湾、樺太向けだけでなく上海や天津、大連《だいれん》行きも掲載されており、海運網がはりめぐらされていたことがよくわかる。

裏表紙には、日本を代表する船会社である日本郵船の全面広告があり、中国各地、南洋諸島、欧米、オーストラリア、東南アジア、南米方面への航路があったことがわかる。神戸—上海間の運賃は三等で二三円、現在の価格で六万九〇〇〇円と、大体現在の航空機の正規運賃と同じだが、決して安いとはいえない。しかしそれでも横浜便も合わせると平均して二日に一便あった（いずれも門司《もじ》か長崎にも寄港した）のだから、けっこう需要があったことになる。

以上のような交通のようすからは、改めて当時の日本が帝国であったこと、そして中国との経済的な関係の強さがよくわかる。

通信手段としては郵便、電信（電報）、電話があり、いずれも逓信省が運営する国営事業だった。電話については、政府が電話の普及より鉄道の建設に力を入れていたため、ほぼ自費で開設しなければならず、電話があるのは役所、会社、商店、工場など事業所が中心で、公衆電話は大都市の一部のみ、自宅に電話があるのは裕福な家庭に限られた。その上、各回線の容量が小さく、長距離電話は電話局に通話を申し込んでも数十分、あるいは数時間待たされた。しかも交換手を通すので、人に知られたくない話はできなかった。まだまだ郵便全盛の時代だった。

9 人びとの暮らし

†当時の平均寿命

明治中期以降、昭和初年の当時にいたるまで、人口は倍増した一方、日本国民の平均寿命は四〇歳代前半と低いままであった。医療水準や栄養水準の向上が、人口増にようやく追いつく程度のもので、平均寿命を延ばすほどには至っていなかったことがわかる。

平均寿命が低い最大の要因は、乳幼児死亡率が高かったことである。このころまでの日本の家族は、子どもをたくさん産む一方、その多くが幼いうちに亡くなった。成長しても、青少年層には当時治療法のない結核という恐ろしい伝染病があった。一方、大人になったあとでも八〇歳を超えて長生きする人は珍しかった。

乳幼児向けの栄養たっぷりな粉ミルクや離乳食のレトルトパックなど存在せず、成長しても、庶民の大部分は、一汁一菜のほぼ同じ簡素なメニューを毎日食べていた。肉や魚は月に何回か、卵などめったに食べられない。合成の添加物こそ少なかったが、カロリーはそこそこあっても栄養バランスがあまり良いとはいえない食事が普通だった。また、予防接種は少なく、まだ治療薬がない、あるいは治療法の確立していない病気も多かった。

†庶民とエリートの大きな格差

当時の社会の大きな特徴のひとつは、庶民とエリート層の格差が非常に大きかったということである。この時点での庶民の三分の二以上は、尋常小学校または高等小学校卒で社会に出ており、大学卒業生は社会全体から見ればきわめて恵まれた超エリートである。

農民の三割近くが地主から農地を借りる小作農、四割強が自作だけでは生活できず小作もする自小作だった。地主は自作農の場合もあったが、広大な土地を多数の小作農に貸し、地代を株式投資に回す、いわゆる不在地主も存在感があった。秋田県の本間家などは、広大な地域を事実上支配した不在地主の代表例である。

工場労働者(工員)は、一部の熟練工を除けば日雇《ひやとい》制で、工場労働者と事務職員(職員)では出勤時の服装も違い、事務職員は今のサラリーマンと同じくスーツにネクタイだったが、工場労働者は作業服で出勤するのがふつうで、事務職員は月給制、工員は日給制がふつうだった。事務職員だけの役所や会社でも、大学卒以上のエリート組と、中学卒、あるいは専門学校や大学専門部卒の非エリート組ではトイレや食堂も異なっていた。

給与で見ると、尋常小学校卒でなれる最下級の官吏の年俸が五〇〇円だったのに対し、東京帝国大学法学部卒で文官高等試験合格者の初任給が年俸一一〇〇円、本省局長級で年俸五二〇〇円と一〇倍以上の差である。また、この時期の工場労働者の平均日給が一円弱、月額で二五円、年俸換算で三〇〇円、事務職員の平均月給が一一四円となっていた。事務職員はすでにボーナスが出るようになっていたので、年収は月給に単純に一二をかけるだけとはいかないが、まだ所得税の源泉徴収という制度はないので天引きは少ないとすると、年俸換算で二〇〇〇円程度であろう。

ちなみに、当時の税金は財産税や収益税が基本だったが、日清戦争、日露戦争、第一次世界大戦などをへて消費税的な税や所得税的な税も増設され、かなり複雑な税体系になっていた。ただし、財産税が中心で、消費税もぜいたく品中心だったから、土地や家屋を借りていることが多かった都市部の下層庶民の多くは税金を払っていなかった。現在のような所得税中心主義になるのは一九四〇年春からのことである。

†根強く残る男尊女卑

男尊女卑の風潮は江戸時代よりは改善していたものの、いまだ強く、民法では不倫の場合男性は責任を問われず、売春についても、明治初期から廃娼《はいしょう》運動（売春廃止運動）があったものの、まだ合法だった。自由恋愛自体は犯罪ではなく、恋愛を題材とした小説や演劇、映画は多かったが、自分の子どもに自由恋愛を認める親はほとんどいなかった。人前で男女が手をつなぐなど不道徳きわまりないというのが大半の大人の意識だった。夫婦で外出する時も、夫が前で妻がその後を離れて歩くのがふつうだった。

女性は、農林水産業においては古くから男性と同じように労働に従事しつつも、家事も担わされ、男性以上に苦労の多い立場であった。一方近代的な制度のなかでは、学歴の低い若い女性は工場の単純労働者として重視されたが、高学歴の女性は活躍の場が狭かった。

小学校教員を除き、役所や会社ではほとんどの場合女性は補助的な役割で、工場労働者の場合も男性より給与は低く、上級学校への進学率も女性の方が低かったし、女性のための上級学校（高等女学校、女子専門学校など）の教育目的は、女性の社会進出ではなく、「良妻賢母《りょうさいけんぼ》」、つまりはエリート男性の妻として家庭を適切に経営管理し、賢く育児をする有能な専業主婦の養成だった。

女性の地位向上をはかる運動（女性運動）としては、先述の廃娼運動のほか、婦人参政権運動も第一次大戦後に始まっていたが、廃娼運動に対しては男社会の抵抗が強く、実質的な進展はみられなかった。昭和初期の調査では、公認された娼婦の人数は内地で約五万人、売春公認区域の数は内地で一万一一五四ヵ所をかぞえた。

†厳しい労働環境と進む都市化

人口の半数を占める農民は自作、小作に限らず、労働が厳しく、肥料や農機具代がかかるわりには農産物価格が低かったので、全体として生活水準は低く、娯楽を楽しむ余裕もあまりなかった。こうした状況に対応するため、営農資金の低利融資や、肥料や農機具の一括購入（一括なので安くなる）のための組織として産業組合という制度が普及しつつあったが、根本的な改善には至っていなかった。さらに小作の場合は、地代の減免や土地の取上げに反対する小作争議がしばしば起きた。なお、農業振興の制度としては農会という全国組織もあり、農業技術の向上をはかるだけでなく、農村の声を政治に反映させる役割ももっていた。

一方、都市に出て行ったからといって豊かな生活が約束されているわけではなかった。庭付きのこぎれいな洋風一戸建てに住み、高価な電化製品をとりそろえ、家事は女中とよばれた若い女性に任せ、余裕ある生活ができたのは、高学歴層のごく一部、大企業や中央官庁の幹部となった人たちだった。中流の勤め人の多くは、高学歴であるがゆえに、家計の余裕がそれほどないのに、世間の目を気にして、女中を雇ったり高価な衣服を購入したりして、あくせくした生活をしていた。

一方で、東京や大阪などの大都市には、狭苦しい長屋住まいで不安定な日雇い仕事に従事している人もかなりいた。それでも、都市部に住んでいれば、映画や遊園地など安価な娯楽にふれる機会も増えるので、都市部への人口移動がやむことはなかった。

小作人は農民組合を結成して地主とたたかうことはしばしば見られたが、工場労働者が労働組合を結成して、賃金引き下げや解雇に反対したり、賃上げを要求してストライキを行うことは、まだごく一部の大工場や現業組織（公営交通など）に限られていた。

†服装・住居・社会保障・信教の自由

服装は圧倒的に和服が多かった。農山漁村では伝統的な労働着や普段着、都市部でも、洋服は学校・軍隊・警察・交通機関などの制服やエリート層の事務職員の仕事着が中心で、大部分の人は和服で過ごしていた。なお、都市部の中流以上の女性は外出着としてやや上等な和服を持っていた。ちなみに普段着は布を購入して主婦が仕立てるのが普通で、洋服も、布を購入した上で、洋服職人に仕立てを頼むのが普通だった。既製服というものは、軍服や制服を除き、ほとんどなかったのである。

住居であるが、いうまでもなく農山漁村では伝統的な作業場と住居が一体となった形がほとんどだった。都会では狭い長屋の貧民街もあれば、丘の上にそびえたつ洋館もあったが、中流向けには木造平屋、あるいは二階建ての借家が多かった。東京や大阪の郊外地では、都心部の住環境の悪化(騒音、悪臭など)を背景に、私鉄会社の開発による土地付き一戸建て分譲住宅のローン販売もはじまっていたが、まだまだ少数派だった。水道や都市ガスはまだ大都市の一部のみ、家庭でみられる電化製品も電灯程度だった。

東京や大阪の都心部の景観も、ようやく鉄筋コンクリートの近代的なビルディングの建設が本格化しはじめたころである。ビルといってもせいぜい六、七階建て、東京は銀座のビルの屋上に上ればまだ東京湾が見えた。道路も大都市の目抜き通り以外は舗装されておらず、雨が降ればぬかるみ状態、裏通りに入れば木造の家屋や商店が並んでいた。

社会保障関係では、一九二二年に、国費と国民自身の積み立てによって医療費の軽減をはかる、国民健康保険制度が設けられた。しかし、国民健康保険をはじめ、貧困の救済や戦死者遺族のための優遇措置などを利用することは、自力でなく国家に頼る行為とみなされ、これらの制度の利用者を軽蔑する風潮が一般に強かったため、加入する人は少なかった。弱者救済を社会が自力で行う手段としては、地域の共同体があったが、現在の暴力団の源流で、当時は俠客《きょうかく》などと呼ばれた非合法すれすれの実力集団も存在した。

大日本帝国憲法には信教の自由が規定されていたが、神道は天皇が主宰するとされていたので別格とされ、信教の自由の対象外だった。キリスト教の信者でも仏教の信者でもイスラム教の信者でも、神社では拝礼しなければならなかったのである。全国の神社は、国家によって代々の天皇を祀る神社から、山の神を祀る神社まで、国家が格付けし、内務省が監督した。東京の九段に設けられた靖国神社は特殊な神社で、軍が管理し、近代日本の戦死者を神として祀っていた。

10 娯楽

†環境で変わる娯楽のあり方

人びとの娯楽は、学歴や居住環境によって大きく異なっていた。まず農山漁村全体や都市部でも年配層では、歌舞伎、三味線音楽などの伝統芸能・伝統邦楽や、寺社の祭礼や盆踊りなどの伝統行事が娯楽の中心だった。大都市部では落語、講談、浪曲《ろうきょく》などの伝統芸能も常設の興行場があって楽しまれていた。

なお、浪曲という芸能が出現したのは明治になってからであるが、三味線の伴奏がつくこと、題材が江戸時代を舞台とする物語が大部分だったことから、伝統芸能の一種とみなしておく。正確な統計はないが、各種の史料からみて、戦前期の日本でもっとも普及していた楽器が三味線だったことは確実である。

識字率がほぼ一〇〇パーセントに達していたので、新聞や雑誌の連載小説を楽しむ人は相当に多く、各種の娯楽調査からみて読書は人びとにもっとも普及していた娯楽のひとつだったと考えられる。ただし、新刊の雑誌でも今の感覚で一〇〇〇円以上、本だと三〇〇〇円以上するものがほとんどなので、知人同士の回し読みか古本古雑誌を買って読むことが珍しくなかった。題材としては、時代物が人気で、若者層では恋愛物も人気だった。

ラジオは一九二五年に放送がはじまったが、日本では民営放送は認められず、公共放送（NHK）という形になった。準国営ということもあり、放送内容は西洋クラシック音楽や識者の講話など堅い内容が中心で、相撲や学生野球の中継をのぞけば、庶民にはあまり面白いものではなかった。しかも、受信料の支払いが必要で、受信機も高価なため、聴取契約率はまだ数パーセントにすぎない。

レコードは伝統邦楽を中心に多くの種類が販売されていたが、レコード盤自体が、両面合計最大一〇分程度までの収録時間のものが今の感覚で一枚三〇〇〇円以上、再生機（蓄音機と呼ばれた）も、手回し式の簡単なものでさえ今の感覚で数万円以上だから、中流層以上の娯楽だった。しかも録音技術が未熟で音質も悪かった。

†存在感のあった劇映画

当時大衆娯楽として最も存在感があったのは映画、正確にいえば劇映画で、当時は活動写真と呼ばれていた。映画は一九世紀末にヨーロッパで発明され、ほぼ同時期に日本にももたらされ、明治末から人気が出るようになった。当時日本国内の映画館数は一〇〇〇を超え、映画館での観覧者数は年間でのべ一六〇〇万人に達していた。ただし、映画館は都市部にしかなく、観客のほとんどが一〇代から二〇代にいたる青少年層だった。劇映画は映画会社が製作し、映画館で上映されたから、映画会社や映画館の宣伝が新聞や雑誌で盛んに行われ、さらに俳優たちは広告宣伝の世界でも活躍したから、映画の社会的存在感は絶大で、当時の各種の調査でも、青少年層にもっとも人気がある娯楽は映画だった。

当時劇映画で最も人気があったのは時代劇で、ついでアメリカから輸入された喜劇映画や恋愛映画だった。時代劇スターとしては、尾上松之助《おのえまつのすけ》、嵐寛寿郎《あらしかんじゅうろう》などがおり、アメリカ映画ではチャップリンやバスター・キートンなどが人気だった。日本では年間五〇〇本以上の劇映画が製作されており、外国映画も年間一〇〇本以上輸入されていた。それぞれの映画の映画館での上映期間は一週間、好評ならば延長した。まずは大都市の中心部の映画館で封切り、封切興行が終わると中小都市や大都市の下町の映画館にフィルムが回された。内容的には連続ものもあり、それぞれの製作期間も短く、日本製劇映画の多くは、歌舞伎や、新聞や雑誌の連載小説を原作としていたので、一部の超大作を除けば、現在のテレビドラマと同じようなものだったと考えればよい。

映画館の多くは木造で床は土間、椅子は背もたれもないベンチ状で、トイレの悪臭がただよう空間だった。それでも客が押し寄せたのだから、若い人びとにとって映画がいかに魅力的な娯楽だったかがわかる。

ただし、大人たちの多くは、ギャングものや恋愛ものは青少年に悪影響を及ぼすと考えており、映画上映中の暗い空間も男女非行の温床《おんしょう》と考えられていたので、中学校や高等女学校のほとんどは校則で生徒が映画館に行くのを禁止していた。映画館の観客の中心は、親に連れられた小学生、社会に出ていた青少年や大学生だった。

こうした事情から、映画も内務省が検閲しており、ヌードやキスシーンはもちろんご法度、外国映画でキスシーンがあると、その部分だけカットして上映された。

画面はまだすべて白黒、音もついておらず、ところどころ字幕でセリフや状況説明が入ったが、外国映画の場合はいうまでもなく字幕は外国語だった。そのため、上映の際は、生演奏かレコードで伴奏音楽を加えつつ、活動弁士と呼ばれた解説者が、字幕を手がかりにたくみな話術で解説をつけて場を盛り上げた。

演劇で人気だったのはなんといっても歌舞伎である。大都市では映画にやや押され気味だったが、地方巡業の劇団も多く、「忠臣蔵」や「勧進帳」など、有名演目の名文句や名場面は広く知られ、日常の会話や新聞や雑誌の文章のなかでよく引用されていた。

一方で、高学歴者が生み出したり享受する文化も存在した。出版では、芸術性の高い小説や大学教員や評論家による重厚な論説が掲載される総合雑誌が増えつつあった。『中公公論』『改造』が代表格で、『文藝春秋』についで、昭和に入ると『経済評論』を改題した『日本評論』もあらわれる。当時の大衆向け月刊雑誌の代表格とされる講談社の『キング』はこのころ創刊直後だが、連載小説、著名な政治家や財界人による成功談など、実質的には中流向けの内容だった。また、改造社の『日本文学全集』の成功がきっかけとなって、一冊一円の文学全集やさまざまな全集類も中流層を購買層として次々と出版されていた。

全体として、昭和改元当時の日本は、アジアにおける近代国家としては最大の軍事力、経済力を持ち、統治する領域も、内戦中の中国を別にすればアジア最大級だった。社会は活気にあふれていた。明治期に富国強兵をすすめるため、経済の振興と人材の登用が図られたからである。しかし、その反動として弱者には冷たい社会という面もあった。

政治的には、憲法発布時の勅語では国民は国家に尽すべき存在とされたり、帝国議会が関与できない天皇の権限が規定されていたように、民意に冷たく、天皇の権威によってものごとをうごかす制度設計となっていた。それは、日本をできるだけ早く世界の強国に対抗できる国にするには、議論より実行が必要だという、明治時代の指導者たちの方針によるものだった。しかし、時代の進展はそうしたやり方を許さなくなっていくのである。

第 2 章

混沌の時代

1926-1937

東京・赤坂山王下の「幸楽」を出て、平河町方面に向かう二・二六事件の反乱軍
(1936年2月28日) Ⓒ 朝日新聞社/時事通信フォト

年代		出来事
1927	昭和 2	3 月、金融恐慌勃発　4 月、田中義一内閣成立　5 月、蔣介石北伐開始、第一次山東出兵　6 月、立憲民政党結成
1928	昭和 3	2 月、総選挙　3 月、三・一五事件　4 月、第二次山東出兵　5 月、済南事件　6 月、張作霖爆殺事件、治安維持法改正　8 月、不戦条約調印
1929	昭和 4	7 月、浜口雄幸内閣成立　10 月、世界恐慌勃発
1930	昭和 5	1 月、金輸出解禁実施　4 月、ロンドン海軍軍縮条約締結　11 浜口首相狙撃さる
1931	昭和 6	3 月、三月事件　4 月、第二次若槻内閣成立　9 月、満州事変勃発　10 月、十月事件　12 月、犬養毅内閣成立
1932	昭和 7	1 月、第一次上海事変　3 月、満州国建国　5 月、五・一五事件、斎藤実内閣成立
1933	昭和 8	3 月、国際連盟脱退　5 月、塘沽停戦協定（満州事変終結）
1934	昭和 9	7 月、岡田啓介内閣成立　10 月、『国防の本義と其強化の提唱』刊行　11 月、満鉄特急「あじあ」運行開始　12 月、丹那トンネル開通
1935	昭和 10	2 月、天皇機関説事件勃発　8 月、永田鉄山刺殺事件
1936	昭和 11	2 月、二・二六事件　3 月、広田弘毅内閣成立　11 月、日独防共協定成立
1937	昭和 12	1 月、宇垣一成組閣失敗　2 月、林銑十郎内閣成立　5 月、『国体の本義』刊行　6 月、第一次近衛文麿内閣成立

本章では、一九二六年一二月の改元直後から一九三七（昭和一二）年七月に日中戦争がはじまるまでの時期についてみていく。ちょうど中間地点にあたる一九三一（昭和六）年九月の満州事変勃発から、翌一九三二年の五・一五事件までの時期がいろいろな面で転機になっている。

この時期、国家の制度設計の不備は、襲いかかる危機への政治的対処を困難にし、国家に奉仕するように人々を強制する方向へと政治は動いていってしまうのである。

1 昭和恐慌

†混迷を深める政党内閣

日本史上初めて選挙結果をもとに一九二四年六月成立した、加藤高明《かとうたかあき》ひきいる護憲三派内閣のもとで男子普通選挙制度ができたときには、政治の民主化が進んだとされ、世論からそれなりに期待された政党内閣だったが、その後まもなく評判は落ち始めた。そこに経済の混乱も加わり、政党内閣の政治は混迷を深めていく。

昭和改元当時、内閣は憲政会を与党とする若槻礼次郎《わかつきれいじろう》内閣（第一次）だった。憲政会は、

若槻礼次郎

一九二四年一月からの第二次護憲運動の際、政友会、革新倶楽部と共同して（護憲三派）普選即行を主張、任期満了にともなう同年五月の総選挙で三派連合が勝利した。元老西園寺《さいおんじ》公望《きんもち》の判断で、第一党となった憲政会の総裁加藤高明が天皇から首相に指名され、六月に三党連立による加藤高明内閣（護憲三派内閣）が成立した。政党内閣時代の幕開けである。

加藤高明内閣は、一九二五年春の議会で、衆議院議員選挙法の改正によって男子普通選挙制度を制定すると同時に、共産主義運動を取り締まる治安維持法を成立させた。これを機に、犬養毅率いる革新倶楽部は政友会に合流し、政友会は次期総選挙での単独政権獲得をめざし、総裁に元陸軍大臣田中《たなか》義一《ぎいち》を迎え入れ、七月には連立を解消して野党となった。与党憲政会だけでは衆議院の過半数に及ばない加藤高明内閣は、政友本党の支持を得ながら一九二六年初頭の議会をのりきろうとした。ところが加藤首相が突然病死してしまった。

首相の病死という、政治問題ではない原因による政権交代は好ましくないとする、元老西園寺公望の判断で、加藤内閣の内相で、憲政会総裁を引き継いだ若槻が一九二六年一月に内閣を引き継ぎ、改元を迎えたのである。

普通選挙制度ができたこともあって、政党内閣は世間から大きな期待を持たれていたかと思いきや、特に第一次若槻内閣になってからは、与野党双方がからんだ汚職事件が摘発される一方、与党憲政会が野党政友会の田中総裁の陸軍大臣時代の機密費横領疑惑を追及するなど疑惑問題が噴出し、新聞や雑誌には政党内閣を強く批判する記事や論文が目立った。ただし、政党政治自体を否定する議論はごくわずかだった。この時点では、よりよい政党政治を望む声が多かったのである。

しかも、第一次若槻内閣は与党が衆議院の過半数に満たないという弱体内閣である一方、野党第一党の政友会も衆議院の過半数に届いていなかった。しかも第三党の政友本党は、党存続の手段として、今の内閣を支えて連立政権樹立の機会をうかがうべきか、むしろ政権交代実現の立役者となるべきか迷っている状態だった。

政治を安定させるためには、一九二七年初頭に衆議院の解散総選挙が行われるべきだった。しかし、選挙に勝てる自信のなかった若槻首相は、大正天皇の死去直後に政治の争いは避けるべきであるという理屈を持ち出して政友会と政友本党を説得し、総選挙をせずに、一九二六年末から一九二七年三月にかけての定例議会をほぼのりきった。

ところが、会期末に昭和恐慌が発生した。当時、第一次大戦時の好景気の反動としての戦後恐慌や関東大震災がきっかけで生じた大量の不良債権が、個人経営同然の中小銀行が多かった金融界に重くのしかかっていた。政府も対策に乗り出しつつあったが、一九二七年三月一四日、衆議院予算委員会で、片岡直温《かたおかなおはる》蔵相が、まだ倒産していない銀行について、倒産したと発言してしまった。この失言がきっかけで、全国的に信用不安が発生、中小銀行の休業がはじまった。昭和恐慌の発生である。

信用不安の波は、政府系金融機関のひとつ台湾銀行（台銀）にも押し寄せた。台銀は、植民地台湾で銀行券を発行する台湾の中央銀行で、主要融資先のひとつに大手商社鈴木商店があった。鈴木商店は第一次大戦時の好景気にのって急成長したが、その後の不景気で業績不振となっていたところに昭和恐慌のため資金繰りに行きづまり、議会閉会直後の四月五日に倒産した。台銀は融資を回収できず、倒産の危機に陥った。

第一次若槻内閣は、台銀の重要性をふまえ、日本銀行からの緊急融資によって台銀を救済しようとした。そのためには法律の制定が必要だったが、議会閉会直後のため、緊急勅令という手段を使うことにした。緊急勅令を出す場合は枢密院での審査が必要だったが、その審査で、緊急性がないという理由で緊急勅令案は否決されてしまった。しかもその際、審査委員長だった伊東巳代治《いとうみよじ》顧問官は第一次若槻内閣の対中外交を軟弱だと批判した。

これは当時の政友会と同じ主張だった。協調外交は、日本初の本格的政党内閣とされる原敬《はらたかし》政友会内閣がはじめ、以後の内閣に引き継がれて護憲三派内閣でも幣原喜重郎《しではらきじゅうろう》外相がこれを推進していた。しかし、政友会は連立解消を機に、憲政会との違いを世間に示す手段のひとつとして、対中外交に関してやや強硬な姿勢を示すようになっていたのである。

枢密院がこのように政府の政策に真っ向から反対するのはきわめて異例だった。政友会が、伊東巳代治のような、枢密顧問官のなかで政友会に近い人びとを動かした倒閣工作だった。ただし、第一次若槻内閣の恐慌対策が生ぬるいという世論が噴出していたことが、政友会をこうした行動に駆り立てた背景にあったことはたしかである。

†広がる金融パニック

緊急勅令案の否決は日本全国に金融パニックを引き起こした。庶民は預金引き出しのため各銀行に殺到、各銀行はこれに応じきれず休業し、そのまま倒産する銀行も多かった。

枢密院は制度上、法令に関する天皇の諮問機関に過ぎず、天皇や内閣がその意見に従う義務はなく、内閣としては対抗手段をとる選択肢がないわけではなかったのだが、若槻はあっさり内閣の退陣を決めてしまった。そこで元老西園寺は野党政友会の総裁田中義一を後任首相として天皇に推薦、田中義一内閣が成立した。

若槻も、西園寺も、憲政会内閣への世論の支持は失われたと判断したのである。しかし、若槻の一連の判断は、政党内閣の定着という観点からは問題を残した。選挙による政権交代という慣例を作る機会を逃し、制度上民意を反映しない政府機関の行動が原因で内閣が倒れたからである。

明治憲法は、本来政治家の指示で動くべき官僚や軍人が民意をふまえず、建前上は天皇の権限といいながら、実質的には自分たちの判断で政治を動かすことができるようになっていた。民意よりエリートの方がよりましな判断ができるという考え方がその裏にはあった。枢密院もそうした意味合いの機関である。

当時第一次若槻内閣への世論の批判が高まっていたことはたしかであり、解散総選挙を封じたのは同内閣であるという面もあったとはいえ、政友会は、政権欲しさのために、せっかく政党内閣の時代になったのに、政党みずからが選挙以外の手段で政権を手に入れるという悪例を作ってしまったのである。

しかも、党総裁で首相となった田中義一は、もともと政党政治家ではなかった。護憲三派内閣成立時の政友会総裁の高橋是清《たかはしこれきよ》は、一九二一（大正一〇）年の原敬暗殺の後、政友会に内閣を引き継いで首相となったが、第二次護憲運動の際に党の分裂を引き起こすなど統率力に問題があり、本人もやる気を失っていた。ところが、この時点の政友会内には首相適任者がいなかった。当時の不文律として、複数回国務大臣を経験したものでなければ

金融恐慌で押し寄せる人々　©毎日新聞社／時事通信フォト

首相に推薦されなかったが、党内には高橋以外に該当者がいなかったのである。

そこで政友会の有力者たちは、すぐに首相になれる条件を備えた人物をよそからつれてきて総裁にしようと考え、目をつけたのが田中だった。田中は陸軍のエリート将校で、大正時代に原敬政友会内閣で陸相をつとめ、国際協調・軍縮という原の方針に協力的だった。さらに田中は、陸相在任中に在郷軍人の全国組織として帝国在郷軍人会を創設したので、田中が呼びかければ在郷軍人が政友会の支持者になってくれるという思惑《おもわく》もあった。結局、一九二五年四月に田中は政友会総裁に就任、同時に貴族院勅選議員となっていた。

2 田中義一内閣の迷走

†初の男子普通選挙の開催

田中内閣は一九二七年四月の成立直後に緊急勅令でいわゆる支払猶予令を出すとともに、五月初めに開いた臨時議会でこの緊急勅令の事後承認と、台湾銀行救済のための法案を可決させ、金融パニックの鎮静化に成功した。ただしこれは緊急措置として各党の承諾を得たもので、衆議院で過半数を得ていないままでは政権の安定はおぼつかない。そこで田中内閣は、衆議院の解散総選挙を有利に行うため、選挙取締りにあたる各道府県の知事や警察幹部の大幅な人事異動を行った。選挙違反の取締りを与党にゆるく、野党にきびしくするためである。

これは官吏の任免基準を定めた文官任用令に、官庁事務の都合で休職を命じることができるという条文があることを根拠にした措置だった。明治期に政友会の原敬内相がはじめた手法で、マスコミは「党色人事《とうしょくじんじ》」などと名づけて批判した。憲政会内閣時代に抜擢された人びとを休職とし、かわりに別の内務官僚を抜擢したのである。また、政友会の看板政策として、地方の産業振興のため政府の財政支出をふやす積極財政や、地方分権推進のため国税の一部を地方税に移す政策なども打ち出した。

一方、野党となった憲政会と政友本党は六月一日に合同して民政党を結成し、政友会に対抗して緊縮財政による減税を掲げた。初代総裁は浜口雄幸《はまぐちおさち》である。浜口は大蔵官僚出身、大正初期に政党政治家となり、加藤高明内閣、第一次若槻内閣で蔵相や内相をつとめた。

こうした準備を経て、一九二八年一月、田中内閣は衆議院の解散総選挙にふみきった。初の男子普通選挙である。政友会、民政党のほか、合法社会主義諸政党からも立候補者が多数出た。初の普選ということで、盛んな言論戦が行われた。二月二〇日の投票で、定数四六六（普選法で二名増）のうち、政友会は第一党とはなったものの過半数に届かない二一七、民政党は政友会に迫る二一六となり、社会民衆党をはじめとする無産政党系が合計一一名もの当選者を出した。なお、投票率は約七八％、制限選挙時代は常に八割を超えていたことを考えればやや低いが、それでも日中戦争前の総選挙の投票率としては次の三〇年の総選挙に次ぐ高率である。

与党政友会が過半数を取れなかっただけでなく、選挙違反取締りの責任者で、政友会の苦境を事前に察知した鈴木喜三郎《すずききさぶろう》内相が、投票日前日に、民政党が掲げる議会中心主義は天皇主権と矛盾するので違憲だという声明を出したことが、非立憲的だとして野党やマス

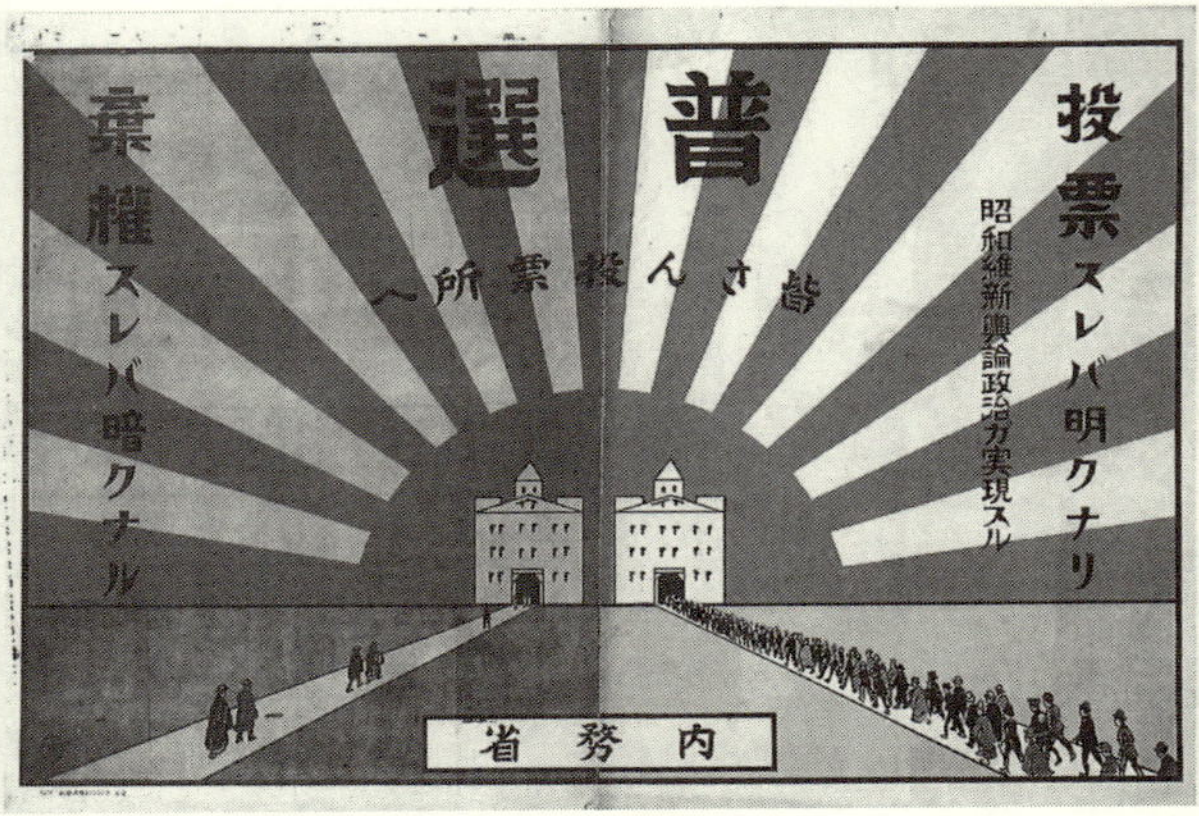

第１回普通選挙のポスター

コミから大きく批判された。民政党の悪評を広めるつもりが逆効果になったのである。選挙直後の特別議会（憲法で選挙後二ヵ月以内の召集が定められていた）で一切の議案が通らないことをおそれた田中首相は、鈴木内相を更迭し、ついでに内閣改造を行おうとした。

しかし、その人事をめぐって閣内で対立が起き、さらに田中首相がこれを天皇の力を借りて収拾しようとしたという疑惑が発生し、さらに大きな批判が生じた。鈴木内相の失言といい、人事問題での田中首相の行動といい、田中内閣は、天皇という制度を政権の維持安定に悪用する前例を作ってしまった。

しかし田中内閣は居座りを決める一方、野党議員を買収して政友会に移らせ、さらに民政党内の旧政友本党系を脱党させ、新党倶楽部を結成させて与党とし、衆議院の与党合計議席を二五一として単独過半数を確保した。

三・一五事件による大量検挙

また、総選挙直後の三月一五日、警察は共産党関係者の大量検挙を行った(三・一五事件)。選挙戦で共産主義者の活動が見られたという理由によるもので、約一六〇〇人が検挙され、四八八人が治安維持法違反で起訴された。なお、翌年二月の帝国議会で、無産政党系の山本宣治《やまもとせんじ》代議士が、特高警察が取調べの際に拷問を行ったことを暴露している。

政府はこれを契機に、治安維持法が国体変革を目的とした結社の加入者しか取り締まれないことを急いで修正する必要があるとして、一九二八年六月二九日に緊急勅令の形で治安維持法を改正し、取締りの範囲を、国体変革を目的とする行為に参加した者にも拡大し、最高刑を死刑に強化した。

さすがに、国民の権利にかかわるこの重大な改正を、議会を通さずに行うことには、野党やマスコミのみならず与党政友会内にも反対論があり、枢密院でも賛否両論があった。当時は公表されなかったが、昭和天皇も内心は反対だった。しかし改正は実現した。当時気づいていた人は少なかったのだが、取締り範囲の拡大は重大な問題で、本人にそのつもりがなくても、反体制運動に共感していると警察から疑われるだけで検挙される可能性が生じ、実際にそうなっていった。これでは法治国家としては崩壊寸前である。こうして治安維持法は、戦争と並んで、戦前日本の暗い面の代名詞となっていったのである。

この改正後、治安維持法違反容疑による検挙者は激増し、一九三一年から三三年にかけて年間一万人をこえた。秘密裏に結成された日本共産党はもちろん、共産主義に共感した学生や学校教員、芸術家たちの組織が次々と崩壊させられた。起訴されたものは一九三三年の一二〇〇人あまりを最高に、以後は年間数百人程度だが、一九三三年二月に拷問死した小説家小林多喜二《こばやしたきじ》のように、拷問が原因で死亡する例もあった。これは明らかに国家による犯罪だが、報じられたのはごく一部の事例にすぎない。また、一九三三年以降は、検挙者が共産主義肯定から否定に考えを変える「転向」を表明することで、情状酌量や社会復帰をはかる例がふえていった。

共産主義思想自体が当時の日本の国家体制上認められないことはやむを得ず、また共産主義思想自体にも、それが体制となった途端、抑圧的な思想となり、社会の発展を阻害するという問題点のあることは事実である。しかし、弱者救済や侵略戦争反対といったことにも堂々と声を挙げていたのは共産主義者だったという事実もある。

さて、政友会のなりふりかまわぬ政権維持の方法や、治安維持法改正を強行したことに対する世論の批判は一九二九年に入ると最高潮に達し、二月二一日、貴族院で事実上の田中首相不信任決議が可決された。貴族院が首相不信任を決議したのは史上初で、マスコミもこれを大歓迎した。議会審議は大混乱となり、一九二九年度予算は成立したものの、政府提出の法律案は三分の二しか成立しなかった。なお、さきにふれた山本宣治はこの議会中の三月に右翼団体の構成員に暗殺された。こうした田中内閣の運命にとどめを刺したのは、一九二八年六月に起きた張作霖《ちょうさくりん》爆殺事件だった。

一九二七年五月、蔣介石《しょうかいせき》を中心とする中国の国民革命軍は、中国統一をめざす軍事行動（いわゆる北伐《ほくばつ》）を開始した。その進軍過程で日本人が多数在留している山東省《さんとう》に近づいた。与党政友会の方針もあり、田中内閣は居留民保護を名目に陸軍部隊を山東省に派遣した（第一次山東出兵）。日本軍はいったん撤収したが、翌年二月にも北伐軍が日本人の多く居住する山東省の済南《さいなん》市に近づいたため陸軍部隊を派遣し（第二次山東出兵）、今度は日中両軍が交戦して死傷者を出した（済南事件）。中国国内の対日感情は悪化した。

その後、北伐軍は北京《ペキン》（当時は北平《ベーピン》と呼ばれた）に迫った。北京には、日本の支援を得つつ満州地域を統治していた張作霖政権が勢力拡大をめざして進出していた。北伐が満州の日本権益回収にまで及ぶことを恐れた日本は、張作霖に華北《かほく》（北京を中心とする地域）

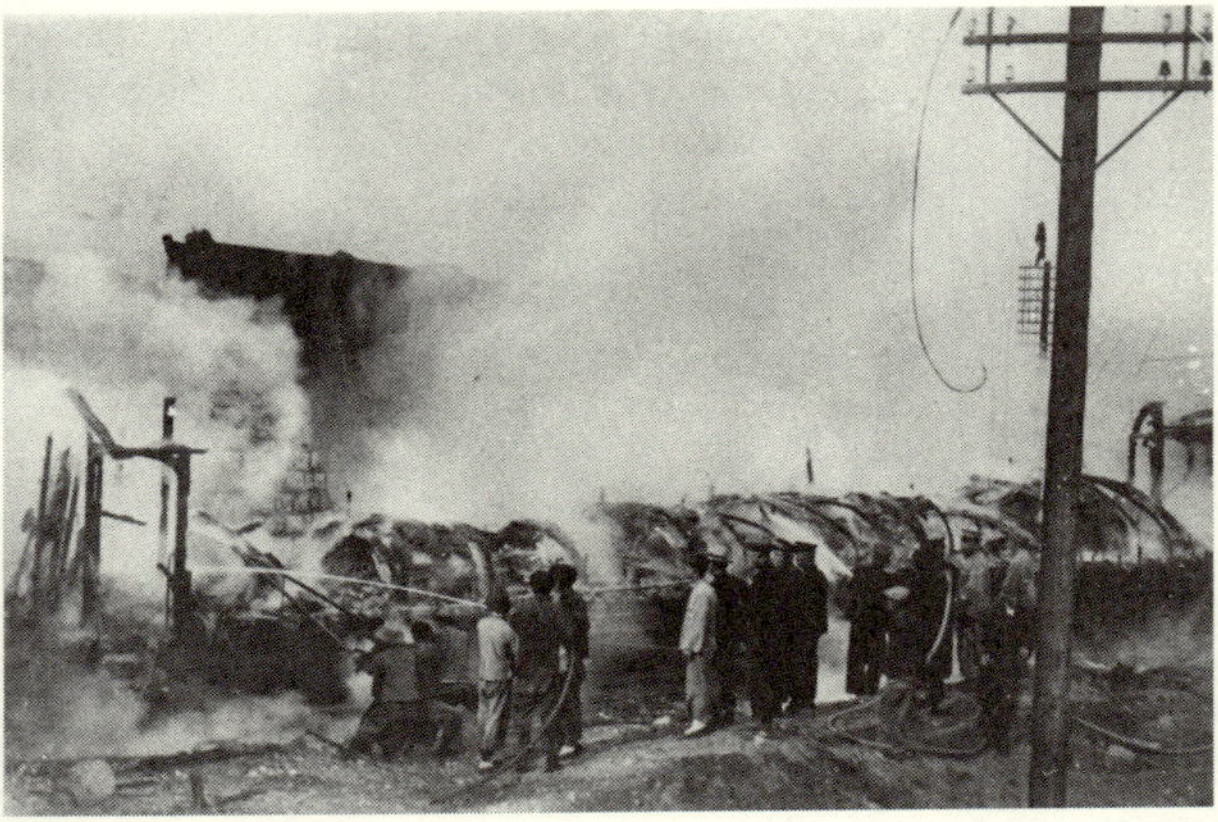

張作霖爆殺事件　　©毎日新聞社／時事通信フォト

の放棄を迫った。張作霖は不本意ながら同意し、列車で奉天《ほうてん》に戻ることになった。

しかし、張作霖が今後も日本のいうことを聞くかどうか不安に思った関東軍参謀の河本《こうもと》大作《だいさく》は、テロに見せかけて張を殺害し、その混乱の中で満州地域を日本領化する謀略を計画、一九二八年六月四日、奉天郊外の線路上で張の乗った列車を爆破、張は死亡した。これが張作霖爆殺事件である。これを中国共産党の謀略とする説もあるが、その内容は鉄道運行の実態を知らない、全く荒唐無稽で非現実的なものである。また、河本の個人的犯行という説もあるが、多数の陸軍軍人が関与しており、事件の組織性を否定することはできない。

この事件が関東軍の謀略だったことは現地

ではすぐにわかってしまったが、日本政府は事件の報道を差し止めて対策を検討した。しかも、政権を引き継いだ張の息子の張学良《ちょうがくりょう》は同年末には国民政府への合流を宣言した。謀略は逆効果に終わったのである。

田中首相は首謀者を処罰する方針で、昭和天皇にもそう報告した。田中内閣は、同年八月にアメリカ、フランスの主唱で結ばれた不戦条約にも参加するなど、中国以外には依然協調外交の方針を取っており、田中は国際協調維持のため、正々堂々とした態度を示そうとしていたのである。しかし、それでは国際的に日本が恥をさらして満州権益をすべて失いかねないと心配した一部の閣僚が巻き返した結果、田中首相は、事件を隠ぺいし、関係者は軽微な処分とすることに方針を変更した。

昭和天皇は、田中首相による選挙を有利にするための警察関係者の人事異動、治安維持法の緊急勅令による改正などへの不満を高めていた。そしてついに、これ以上田中首相の失政を放任しておくことは天皇の権威さえ揺るがしかねないという牧野伸顕《まきののぶあき》内大臣をはじめとする側近たちの助言に従い、一九二九年六月二七日、張作霖爆殺事件の処理について報告に来た田中首相に不信任の意を示した。田中はまもなく(七月二日)内閣総辞職を行った。日本史上、天皇に不信任を示されて辞職した首相は田中義一だけである。

田中首相は、総選挙で過半数獲得に失敗して以来、失政続きで、それらの中には天皇の権威を汚しかねないものも少なくなかったことから、野党やマスコミのみならず貴族院、論壇、学界など広範囲の批判を浴び、ついには天皇からも見放されるという不名誉な結末を迎えた。新聞はいずれも総辞職を大歓迎、株価も上昇した。史上初の天皇による不信任という不始末による心労のためか、田中は辞任直後の九月に心臓発作で死去する。

3 世界恐慌と軍縮

†金解禁の実施

元老西園寺は、後継首相として民政党総裁の浜口雄幸《はまぐちおさち》を天皇に推薦、七月二日に浜口雄幸内閣が成立した。外相には、外交官出身で加藤高明内閣や第一次若槻内閣で外相をつとめ、協調外交の推進者として知られた幣原喜重郎《しではらきじゅうろう》が就任した。

なお、内閣成立直後、地方私鉄の買収をめぐる政治家たちの大規模な汚職事件（私鉄疑獄）が発生した。なるべく高い価格で国に買い取ってもらおうとして私鉄側が与野党の複数の代議士に贈賄したという事件である。田中内閣の鉄道大臣（小川平吉《おがわへいきち》）が逮捕されるなど大きな問題になり、世論の政党政治批判はさらに強まった。

さて、浜口内閣は、アメリカ、イギリスから招かれていた海軍補助艦制限のためのロンドン海軍軍縮会議への参加を決めるとともに、日本経済の国際競争力強化を旗印に、一九三〇年一月に金解禁を行った。

金解禁とは、金本位制に復帰することである。第一次大戦前、通貨の信用は、金との交換ができることだった。世界にある金の量はほとんど変わらないので、金と交換できることで通貨の流通量が一定の範囲内に保たれ、景気の動向も一定の範囲内に収まるので破滅的な状況は避けられると信じられていた。しかし、第一次世界大戦で金の移動が難しくなり、また、ヨーロッパで戦費支出のため大量の通貨発行が行われたため金本位制は世界的に停止されていたのである。ところが、大戦終了後、主要国が金本位制に次々と復帰したため、日本でも金解禁が検討されていたのである。

幣原喜重郎

復帰にあたっては、為替レートを大戦前に戻すか、現状の為替レートに合わせるかが議論となったが、浜口内閣は大戦前に戻すことを選んだ。そうすると、ドルとの関係では円高ドル安となる。企業にとっては輸出しても収入が減るが、政府は、日本の国際競争力をつけるためには、それでも生き残れる企業だけが残ればよいと判断したのである。

一九二九年一〇月には、アメリカを震源とする世界恐慌が始まっていたが、浜口首相と井上準之助《いのうえじゅんのすけ》蔵相は、その影響は少ないとみて、一九三〇年一月に金解禁を予定通り実施した。その直後、浜口内閣は、衆議院での過半数獲得をめざして解散総選挙を実施した。民政党は憲政会の政策を引き継ぎ、軍縮も含めて政府の支出を極力減らし、減税によって民間活力を伸ばそうという緊縮政策を主張、国民の支持を得て過半数を獲得した。

しかし、世界経済に組み込まれていた日本は世界恐慌の影響を大きく受けはじめた。輸出の半分を占める対米輸出は激減し、絹糸の原料を作る養蚕《ようさん》農家は大打撃を受けた。綿布の輸出も激減し、失業者が激増し、労働争議が増加した。しかし民政党は緊縮財政を掲げていたため、恐慌対策は自力更生が原則とされ、恐慌に対する救済はきわめて不十分だった。

†統帥権をめぐる大論争

ロンドン海軍軍縮会議では、補助艦保有量対米七割を維持できるかが焦点となった。補助艦とは、駆逐《くちく》艦、潜水艦などの艦艇のことである。海軍は対米七割が維持できなければ有事に対応できないと主張、与野党ともこの方針に同意していた。しかし、会議で米などは対米七割未満を主張、なお米英からの借金が残っていた日本は結局これに同意した。

しかし、加藤寛治《かとうひろはる》海軍軍令部長、末次信正《すえつぐのぶまさ》同次長ら海軍軍令部ら艦隊派と呼ばれる人びとが、政府が統帥権を犯したとしてこれに強く反発、政府に同意する財部彪《たからべたけし》海相や岡田啓介《おかだけいすけ》元海相ら海軍内の条約派との対立がおきた。さらに艦隊派に同調して倒閣をねらう野党政友会、それに天皇を絶対視する観点から英米協調に不満な伝統右翼が加わって、国を二分する大論争に発展した（統帥権干犯《かんぱん》問題）。

実は、兵力量の決定は財政の問題でもあるため、政府と軍部の協議で決める事項とされてきていた。浜口首相も加藤海軍軍令部長の同意をとりつけてはいたのだが、浜口の配慮不足で加藤ら軍令部側は浜口首相に押しきられたと感じており、反対運動をおこしたのである。結局、加藤海軍軍令部長は六月に抗議辞職した。

英米との協調外交を持論とする昭和天皇自身は、七割未満での妥結に満足していたが、海軍や右翼、政友会は、政権獲得のために統帥権の独立という考え方を拡大解釈して悪用したのである。結局は昭和天皇の支持を得ていた浜口内閣が、強い姿勢で条約の批准を推進したため、一〇月には枢密院で批准が承認されたが、紛糾の責任をとって財部海相も辞任した。

†浜口雄幸の狙撃事件

伝統右翼にとっては、恐慌対策に不熱心で、英米協調を推進する浜口首相は、日本の団結と威信を汚す国賊と映った。一九三〇年一一月一四日、東京駅で浜口首相は右翼団体所属の青年に狙撃され、重傷を負った。幣原外相が首相臨時代理となったが、一九三一年二月三日、衆議院予算委員会で、幣原が、ロンドン海軍軍縮条約について、天皇が認めたから問題ないと答弁したため、政府が政治責任を天皇に押しつけたとして野党政友会が猛反発、議場で乱闘が起きて数日間審議が中断した。天皇という制度が再び政争に悪用されたのである。

この状況は、議会政治の堕落としてマスコミに大きく批判され、政党政治の信用は決定的に傷ついた。政府委員として乱闘の現場に居合わせた陸軍のエリート将校たちは、もはや政党内閣に国防は任せておけないと判断、宇垣一成《うがきかずしげ》陸相を首相とする軍事政権の樹立をめざしてクーデターを計画したが、宇垣陸相が同意せず未遂に終わった（三月事件）。事件は厳重に秘密にされ、昭和天皇を含む政界で知られるようになったのすら半年近く後のこと、報道されることは敗戦後までついになかった。

陸軍の中堅・若手エリート将校の一部は、昭和に入ったころから、二葉会、木曜会、一《いっ》

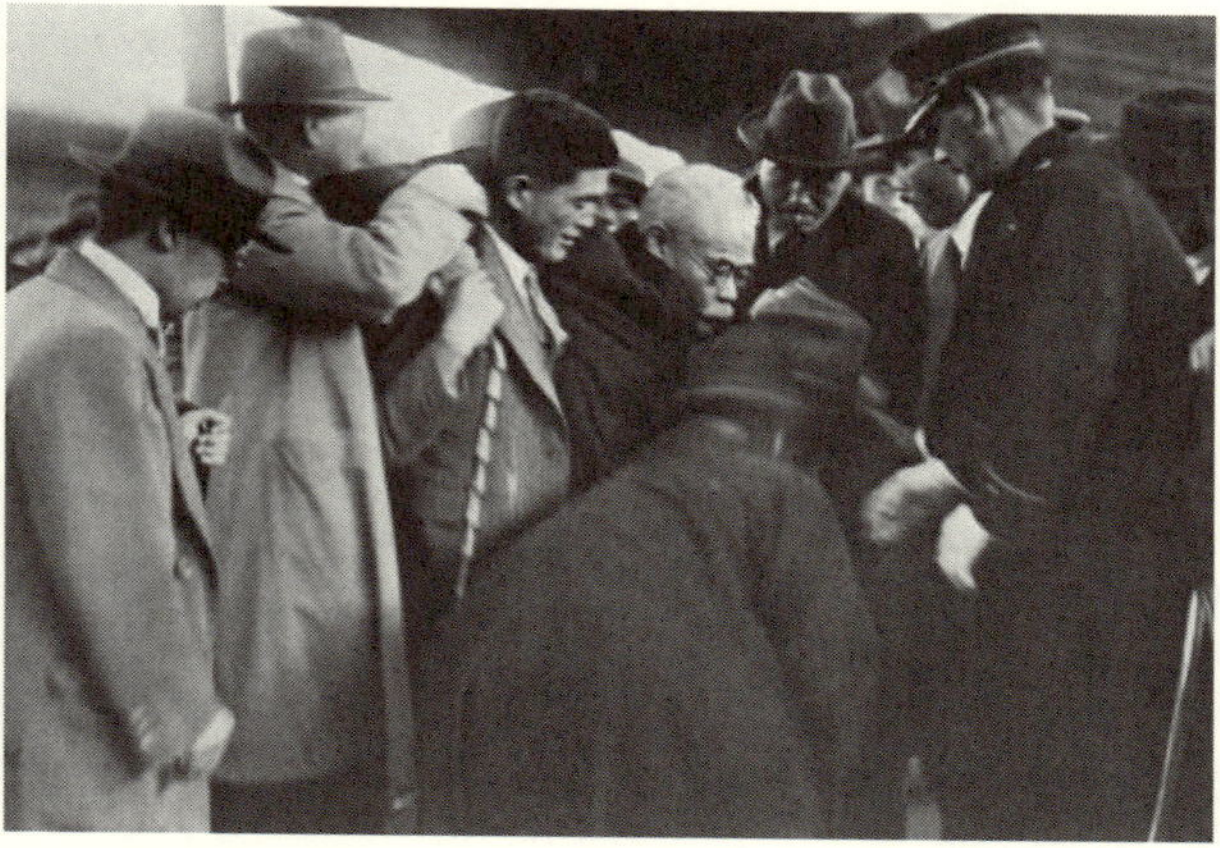

浜口雄幸の遭難

夕《せき》会などという私的なグループを作って定期的に集まり、第一次世界大戦を教訓に、今後の日本のあるべき姿を軍事面から議論していた。そのなかには、永田鉄山《ながたてつざん》、東条英機《とうじょうひでき》、板《いた》垣征四郎《がきせいしろう》、石原莞爾《いしはらかんじ》、すでに登場した河本大作など、歴史上重要な役割を果たす人びとが多い。彼らは、次の世界大戦で日本が勝利できるようにするには、自立して戦えるように、資源が豊富にあると見込まれる満州地域を日本領とすべきだと考えるようになっており、そうした雰囲気を背景に、クーデターまで計画されるようになったのである。

結局浜口は体調が回復せず、一九三一年四月一三日に退陣を表明、元老西園寺は民政党総裁に就任した若槻礼次郎を後継首相に推薦、浜口内閣の閣僚の多くを引き継いで四月一四日に第二次若槻内閣が成立した。浜口は八月に死去した。

なお、浜口内閣期には二回議会が開かれたが、地方議会で女性の選挙権を認める、いわゆる婦人公民権法案がいずれの議会でも衆議院で可決された。貴族院では否決されたとはいえ、もし戦争がなく、政党内閣が続いていれば、衆議院での可決が続いたことで貴族院でも可決され、さらに衆議院の婦人参政権も課題になったであろう。その場合、一九四五年より前に女性の参政権が認められていた可能性は少なくない。

石原莞爾

4　満州事変と満州国

†具体化する満州領有計画

さて、陸軍一部エリート将校による満州領有計画は急速に具体化した。板垣と石原が関東軍参謀となっていたからである。一九三一年九月一八日、板垣と石原は、中国兵が線路を爆破したと偽って、奉天《ほうてん》郊外の満鉄線路を爆破した。爆破は小規模で、その直後に列車が通過できたほどだったが、板垣らは上司を動かし、日本権益の確保のための自衛行動という理由で関東軍を出動させた。満州事変が起きたのである。

中国兵の爆破説を最初に報じたのは日本の通信社である日本電報通信社(電通)の速報で、別の日本の通信社(新聞連合社)の駐在記者は犯人不明と打電したが、この電報は陸軍に差し押さえられ、虚偽報道が事実ということになってしまった。

若槻首相や幣原外相は、事変の不拡大を表明したが、陸軍はそれを無視して満州全域を占領し、若槻も追認してしまった。陸軍は、既成事実を積み上げれば主要国は追認するだろうという甘い見通しを抱いていたとしか考えられない。

中国政府は九月二一日、これを日本の侵略行為として国際連盟(連盟)に提訴した。連盟理事会は一〇月二四日に日本に撤兵を勧告したが、日本軍はこれを無視して戦線を拡大、一一月中旬には張学良軍を追い出して満州のほぼ全域を占領、北京を中心とする華北地域と満州地域の境界にあたる錦州《きんしゅう》の占領をめざす勢いとなった。

これに対し、アメリカのスチムソン国務長官(外相に相当)は、九カ国条約違反として日本に抗議、さらに翌三二年一月、スチムソンは不戦条約違反を理由に、満州事変および、

満州城占領・入城の様子（『満州事変写真帖』1932年より）

それによって生じた状況を一切認めないという方針を表明した。これはスチムソン・ドクトリン（原則）とよばれ、以後、アメリカの対東アジア外交政策の基調となった。

石原らは、当初は占領地を日本領にするつもりだったが、連盟の対応をふまえ、現地住民の意志によるという形で独立国とし、実際には関東軍が指導することに方針を転換した。そのため、陸軍は、三二年一一月に、天津に住んでいた清朝最後の皇帝溥儀《ふぎ》を満州に連れ出した。満州は清朝発祥の地であり、清朝の復活を夢みていた溥儀にとって、新独立国の元首となることは清朝復活へのまたとない機会に思え、日本軍の誘いに応じたのである。

幣原外相は、今回の軍事行動は日本の権益を守るための自衛権の発動であり、連盟が介入する理由はないと主張して事態をとりつくろおうとした。国際法の権威だった立作太郎《たちさくたろう》東京帝国大学教授も、表向きは自衛権の発動だとして満州事変を正当化した。しかし立は、元老西園寺の秘書原田熊雄《はらだくまお》には、本当は自衛の範囲を超えていると告白していた。

†黙認される侵略行為

満州事変に呼応するかたちで、再び陸軍の一部エリート将校によるクーデターが計画された。十月事件である。これも未遂に終わったものの、満州事変に十月事件と、軍の積極的な行動に振り回された若槻首相は、心労のあまり睡眠不足に陥った。これを知った安達謙蔵《あだちけんぞう》内相は、政友会との連立政権をつくって難局を乗り切ろうとした。これは協力内閣運動と呼ばれた。しかし、緊縮財政を堅持したい井上準之助《いのうえじゅんのすけ》蔵相が強く反対して安達と対立、第二次若槻内閣は一二月一一日に閣内不一致で総辞職した。

このあいだ、国際協調を方針としていた昭和天皇も、日本の連盟からの除名を恐れて悩む日々を送っていたが、有効な手段を取ることはなかった。陸軍は満州事変勃発直後から、日露戦争で多大な戦死者と戦費の犠牲を払って獲得した利権を返すわけにはいかないというかたちで、事変の正当性を訴える講演会を全国各地で開催するなど、広報活動を活発に展開し、マスコミも日本軍に有利な戦況を大々的に報道した。そのため国民の大多数は熱狂的に満州事変を支持しており、昭和天皇の側近も、そして最終的には昭和天皇も、いまさらこれを全面的に否定することはむずかしいと考えてしまったのである。

満州事変は、軍事という偏《かたよ》った視点からの日本の国益確保のために、不正な手段ではじまった侵略行為だったが、真相を知っていた人びとの大部分も、陸軍の工作による国民の熱狂ぶりに押されたり、国益のために目をつぶる形で、不正を黙認してしまったのである。

満州事変の不誠実さを公の場で指摘できた人は、いくらのどが渇いても盗泉の水は飲むな、と警告した政治学者の吉野作造《よしのさくぞう》や、満州事変の国際法違反を公言した国際法学者の横田喜三郎《よこたきさぶろう》などごく少数で、それらもマスコミで大きく取り上げられることはなかった。当然、張作霖爆殺事件とちがい、石原ら関係者が処分、処罰されることもなかった。日本が誤った道に入り込んでいく最大のきっかけはこの満州事変だったといわざるをえない。

もちろん、満州事変が起きるには、世界恐慌や、それに十分に対処できなかった政党内閣の力不足といった背景があることはいうまでもない。しかし、だからといって不正な手段が許されるわけもなく、実際のちに日本は国際連盟から厳しい批判をうけることになる。

こうした不正がまかり通ってしまった背景には、軍部の暴走を止めにくい国家制度、国家の言うことに従えばよいという権威主義的な国家の教育方針があった。明治時代の政府の指導者たちが作った、民意に冷たい国のあり方が、過ちを正す機会を日本国家や日本の人びとが活かせなかった原因だったのである。

さて、第二次若槻内閣が閣内不一致で退陣したことから、元老西園寺は、後任首相として犬養毅《いぬかいつよし》政友会総裁を推薦し、昭和天皇の同意をへて一二月一三日に犬養毅内閣が成立した。犬養は、原敬、浜口雄幸に続いて三人目の衆議院議員の首相となったのである。

犬養は議会開設以来衆議院で連続当選してきた、政党政治家中最長老の一人である。長いあいだ反政友会の立場で活動してきたが、一九二五年に自分が党首を務めていた革新倶楽部を政友会に合同させ、一九二九年に田中義一総裁が死去すると、その知名度と、護憲三派内閣を含めて閣僚経験が三度あったことなどから政友会総裁となっていた。

犬養毅

犬養首相は、蔵相に元首相の高橋是清を起用、高橋は、内閣成立直後に金輸出再禁止を行い、恐慌克服のため政府が積極的に財政支出をする姿勢を示した。犬養内閣が三二年二月に行った総選挙で政友会が三〇〇議席を超える大勝利を得たのは、こうした姿勢が評価されたためと考えられる。ただし、投票率は約七三%と、前回総選挙の約八一%から一割近く減っており、国民の議会政治離れがうかがえる。

犬養は中国側に知人が多く、内心満州事変には心を痛めていた。犬養は、政党政治の世間における信用を回復し、満州事変を穏当に収拾する使命を自覚していた。しかし、いくつかの派閥が対立する複雑な党内情勢のため、植民地の高官や警察関係の人事で党派的な人事を行わざるを得ず、それによって昭和天皇やその側近たちが政党内閣に失望してしまったことが、天皇側近の一人（内大臣秘書官長）だった木戸《きど》幸一《こういち》の日記からわかる。

†関東軍による満州国の建国

一九三二年一月二八日、欧米諸国の権益が錯綜する上海で日中両軍の武力衝突が始まった。上海事変（第一次上海事変）である。これが、満州での関東軍の新国家建設工作から諸外国の眼をそらすための陸軍の謀略だったことはすでに明らかになっている。

結局、関東軍は、満州地域の有力者を脅し、三月一日に満州国を建国させた。元首は執政溥儀、首都は長春《ちょうしゅん》を改称した新京《しんきょう》である。関東州租借地や満鉄付属地は存続した。溥儀は皇帝ではなく、執政という耳慣れない役職につき、政体としては共和国となった。侵略と認定されないよう、満州地域の住民が自主的に作った国という体裁を整えるためである。溥儀が念願の皇帝になるのは一九三四年三月のことである。

建前上、溥儀が最高権力者だったが、実際には関東軍の指示どおりに行動する以外の選択肢はなかった。首相と各大臣も溥儀の側近や現地有力者が就任したが、実際には日本の諸官庁から送り込まれた日本人エリート官僚が関東軍の指示のもとに政治行政を動かした。戦後首相となる岸信介《きしのぶすけ》は、商工省から満州国に出向し、手腕を発揮して名声をうちたてることになる。満州国の本当の支配者は、関東庁長官と駐満日本大使をも兼任することになった関東軍司令官だった。

溥儀

つまり、満州国は、実態は独立国ではなく、日本の陸軍部隊のひとつにすぎない関東軍の意向に左右される、事実上日本の植民地だったのである。そのため、「満州国」とカッコ付で表記すべきところであるが、煩雑になるので本書ではカッコは省く。

満州地域には、中国、朝鮮、モンゴル、回教徒が住んでおり、日本人を含めて「五族協和」「王道楽土」がうたわれた。しかし、大変残念なことに、これは全く絵に描いた餅で、満州国の施政は、関東軍の意向による、関東軍や陸軍のためのものだった。さすがにこれは日本で問題となり、一九三四年一二月、内閣に対満事務局が設置され、満州国関係の政策については日本政府も直接関与できるようになった。しかし同局総裁は陸軍大臣の兼任で、政府の関与は建前にすぎず、関東軍司令官は以後も満州地域（満州国、関東州租借地、満鉄付属地）の事実上の支配者として君臨していく。

関東軍や満州国の日本人官僚は、政治や行政について現地の事情や習慣を無視して日本式のやり方を押しつけようとし、国家財政を賄《まかな》うために麻薬のアヘンを事実上公認し、日本人農民を入植させるため現地農民が苦労して開拓した農地を安い価格で強制的にとりあげ、反日活動が疑われた現地住民は十分な調査もなくほぼ即決で処刑された。

あまりのひどさに、一九三五年以降、張燕京《ちょうえんきょう》外相、韓雲階《かんうんかい》新京市長など、現地側有力者が、関東軍や日本人高官に日本の非道を日本側に訴えた。さらに品川主計《しながわかずえ》監察部長や大達茂雄《おおだちしげお》総務庁長などのように、関東軍、特に板垣征四郎参謀長のあまりの横暴さに抗議したが受け入れられず、抗議辞職した日本人満州国高官もいた。当時の人の目からみても、関東軍の態度は常軌を逸した傲慢さだったのである。しかし、関東軍がこうした訴えを聞き入れることはなく、報道を許すこともほぼなかった。ただし関東軍は彼らを左遷することはあっても処罰することはなかった。さすがに多少はうしろめたい思いがあったのだ。

結局、日本にとって満州国は、植民地朝鮮や日本本土をソ連から守る要塞であり、次の世界大戦で日本が戦う時に必要な資源を調達する場であって、現地住民のことは後回しだった。もっとも、資源の方はのちの調査の結果、期待はずれだったことがわかるのだが。

5 五・一五事件と連盟脱退

†五・一五事件の勃発

さて、話を戻すと、日本国内では、この満州国を、独立国家として承認し、その発展を支援すべきだという主張が圧倒的だった。陸軍の広報活動が功を奏したのである。しかし、中国との友好関係回復を願う犬養首相は承認を渋り続けた。だが、五月一五日、犬養は、首相官邸で海軍青年将校の一団に暗殺された。五・一五事件である。暴徒が官邸に侵入した際、犬養は逃げることなく、暴徒に話し合いを求めた。実に勇気ある態度といえる。

一九三二年に入るころから、陸軍の動きに刺激されて、極右思想家井上日召《いのうえにっしょう》を指導者とする、血盟団《けつめいだん》という若い軍人や大学生による極右テロ集団が生まれ、井上準之助前蔵相や、三井財閥の最高幹部団琢磨《だんたくま》が暗殺された。五・一五事件はその延長線上で起きた。

後任首相選びは難航したが、諸情勢を考慮した元老西園寺は、政友会内閣の継続を断念し、海軍出身の前朝鮮総督斎藤実《さいとうまこと》を後任首相に推薦、五月二六日に斎藤実内閣が成立した。政党内閣は満六年を待たずに途切れた。

こうなった原因として、手段を選ばず政権争いをくりひろげた政党側の責任もあるが、元老や統帥権の独立、政党内閣期の首相のべ六人のうち衆議院議員はわずか二人という事態に表されるように、民意に冷たい政治の仕組みを考えれば、政党に情状酌量の余地は十分にある。

斎藤は、朝鮮総督時代に従来の武断統治（武力を背景にした専制統治）を改め、海軍の軍縮にも肯定的だったことから、元老西園寺や昭和天皇から穏健派と見なされ、政党内閣復活までの中継ぎ役を期待されたのである。閣僚は、半数が政友会、民政党の党員、残りは官僚や財界の関係者となった。国内の各勢力の代表が入閣した連立内閣となったのである。

犬養内閣から留任した高橋蔵相は、国債を大量発行して積極的な経済政策を展開し、一九三三年には鉱工業生産額が世界で最初に恐慌前の水準を上回った。主要国でもっとも急速に恐慌からの回復を実現したのである。重化学工業の振興、公共事業の増加、金輸出再禁止にともなう円安（一ドル三円）による輸出増などがその主因だった。

その背景には、満州事変の影響もあり、軍備拡大の動きが出ていたことがあった。満州事変後は国家予算中の軍事費の比率はふたたび三割を超えて微増していった。ただし、農村は自力で更生すべきとされ、農村の復興は著しく遅れた。また、財政規模が一九三三年度には三一年度の一・五倍に急膨張したため、高橋は次第に軍備拡大には消極的になった。これらは一九三六年の二・二六事件勃発の伏線のひとつとなる。

経済は上向きとなったが、アメリカと並ぶ輸出市場であるアジアのうち、中国については、反日感情の強さや一九三五年に行われる幣制改革のため日本商品の輸入が減った。インドや東南アジアについても、タイを除けばイギリス、フランス、オランダ、アメリカの植民地だったが、いずれも日本製品に対しては関税を引き上げたりして、宗主国（植民地の本国）からの商品の移入を優先しようとした。あとで出てくる近衛文麿《このえふみまろ》のように、こうした日本商品締め出しの動きを満州事変の正当化に利用する論者も現れたが、実際には、インドや東南アジア市場では日本商品はかなり健闘していた。

†満州国承認と連盟脱退論

一方で斎藤内閣は、一九三二年九月の日満議定書の調印によって、犬養が避け続けていた満州国承認を実行した。国際連盟は、中国の提訴と、日本が連盟の撤兵勧告に従わなかったこともあって、一九三二年二月にリットンを団長とする調査団を日本と現地に派遣した。日本はその調査結果が出る前に、満州国承認を強行したことになる。

一〇月に入り、リットン調査団の報告書が公表された。従来からの日本の権益は認められるが、連盟規約、九ヵ国条約、不戦条約にてらし満州事変は日本の自衛行動とは認められないこと、日中の対立は連盟の場で解決すべきこと、満州国の建国は正当性がないので地域住民の自治にゆだねられるべきことを提言した。連盟はアメリカを含む一九ヵ国の代表による委員会（一九ヵ国委員会）に報告書の扱いをゆだね、一九ヵ国委員会は一二月一五日に報告書の内容を受け容れるよう日本に勧告した。

連盟の意向を受容すれば、満州事変の正当性は失われ、満州国の承認も取り消さなければならない。陸軍を中心に連盟脱退論が力を持ち始めた。一九三三年一月に衆議院本会議で連盟脱退反対を公言した芦田均政友会代議士のような勇気ある政治家もいたし、昭和天皇も内心は連盟脱退に消極的だった。しかし、一月末には貴族院副議長近衛文麿が『キング』二月号に「世界の現状を改造せよ」と題して、満州事変は日本の生存権を確保するためには必要なことであり、これを否定することの方が不正義だと主張するなど、連盟脱退論が主流となりつつあった。二月二〇日、閣議は、連盟の態度がかわらない限り連盟を脱退すると決定した。

二月二四日、連盟総会は、満州の主権が中国にあると認めた上で、関東軍の関東州租借地及び満鉄付属地への撤退、日本の権益維持を認めた上での満州の住民による自治政府の設立と、連盟主導でこれらを実施すべきことを日中両国に勧告する案を議題とした。臨時日本全権の松岡洋右《まつおかようすけ》は、満州事変は中国が違法行為を繰り返したための自衛行動であり、そもそも中国は独立国の体をなしていないので当事者能力はないなどと全面的に反論した。

しかし、勧告案は賛成四二、棄権一、反対一（日本）で採択された。日本の言い分は国際的には全く認められず、事実上満州事変は侵略戦争、日本は侵略国家と認定された。しかも、一九カ国委員会にはアメリカも参加していたから、日本はほぼ全世界から侵略国家と認定されるという不名誉な事態となった。論争としては日本の完敗である。だが、満州事変がそもそも謀略によって起こされた以上、やむをえない。

松岡は議場で連盟脱退を表明、三月末に日本は国際連盟を正式に脱退した。委任統治領の管理や非政治分野の協力は継続されたものの、日本はこの時点で国際協調路線をほぼ放棄したのである。そして連盟にとっても、常任理事国の脱退は大きな痛手だった。国際紛争を話し合いで解決するために生まれた連盟は、結局アジアの重大事態に対して有効に機能することができなかったためである。以後連盟は弱体化の途《みち》をたどり、ドイツが膨張主義をとったり、軍縮条約の延長が日本の独善的な主張もあって失敗に終わったこともあり、国際関係は急速に不安定なものとなっていく。

そして、この前後から日本主導によるアジア独自の国際秩序を形成していくべきだとい

清沢洌

う考え方が現れはじめる。政治学者蠟山政道《ろうやままさみち》は満州事変直後からこうした考えを打ち出し始めていたし、一九三四年四月、天羽英二《あもうえいじ》外務省情報部長は、欧米諸国の中国援助をアジアの安定を害するとして否定する談話を発表して物議をかもした。

ただし、外交評論家清沢洌《きよさわきよし》のように、日本が生存権を主張するにしろ、国際連盟という場で訴えなければ実現しないと主張して連盟復帰論を説いたり、幣原外相時の外務省条約局長で、その後、昭和天皇に毎週外交事情を講義していた外交評論家松田《まつだ》道一《みちかず》のように、国際連盟の国際平和維持に果たす役割の重要性を説き続けた人びともいなかったわけではない。しかし、それは少数にとどまり、マスコミでの扱いも小さかった。

その後、日本政府は中国に満州国承認や抗日運動の停止を求める一方、陸軍は、満州国の安全を確保するという建前で、実際には、戦略資源が豊富に埋蔵されているとされた華北の確保を図るため、増強された支那駐屯軍という武力を背景に華北分離工作を進めた。

その結果、一九三五年六月には華北から国民党軍が撤退、一二月には日本の支配下に現地政権が作られた。中国側は抗日運動の停止は受け入れ、満州国との交通や郵便・通信は認めたものの、満州国の承認は拒み続けた。実際には中国側の反日感情が和らぐことはなく、一九三五年一一月、日本の経済侵略を防ぐため中国政府はイギリスの支援を受けて幣制改革を実施、一二月には北京で大規模な抗日学生デモが起きた。日中関係は悪い状態が続いたのである。

さて、日本では、政府高官の汚職疑惑がもとで一九三四年七月に斎藤内閣が総辞職した。政友会の内紛などで政党政治への世評は依然低く、元老西園寺は首相経験者（重臣）とも協議の上、岡田《おかだ》啓介《けいすけ》を首相として天皇に推薦し、岡田啓介内閣が成立した。岡田は元海相で、ロンドン海軍軍縮会議の際は条約派だったので、やはり穏健さを評価されての中継ぎ的な起用だった。政友会が内紛のため参加しなかったほかは、斎藤内閣と同じような各勢力の寄せ集め内閣だった。

6 天皇機関説事件と陸軍の抗争

†天皇機関説事件

一九三五年二月、貴族院で天皇機関説問題が起きた。国体論《こくたい》の考えをもつ議員が、憲法学者美濃部《みのべ》達吉《たつきち》の学説を批判したのである。美濃部の学説は、天皇を国家の一機関とみなすもので、天皇機関説と呼ばれた。天皇は国家のなかで国家主権を行使する主体としては一番上だというのである。これは、近代的な憲法解釈としてはごく常識的なもので、当時は文官高等試験でも正しい説として出題されていた。

しかし、国体論という思想を基準とすれば話が違ってくる。国体論とは、天皇がすべてを超越した絶対的な存在として日本を統治し続けてきたことが日本がすばらしい国として続いてきた理由なので、日本人たるもの、天皇の言うことはきかなければならないという考え方である。これは憲法制定の前提となっている考え方で、中世に生じた。だからこうした考え方を持つ思想家や政治家を伝統右翼と呼んでおこう。

国体論は大正前半には力を失っていたが、一九一七年のロシア革命をへて大正中期以降共産主義が日本に入ってくると、共産主義に対抗する思想として見直され、天皇崇拝から排外主義へと発展していった。右翼思想家今泉定助《いまいずみさだすけ》の一九三五年刊の著書『国体原理』はその典型である。すなわち、天皇に従ってさえいれば平和になるのだから、全世界が天皇に従えばよく、従わない人びとは間違っているのだから考えを直させるべきで、どうしても直さない人びとは平和を乱す存在だから懲《こ》らしめてもよいというのである。

排外主義の結果として、憲法の欧米的解釈も批判の対象となってしまった。つまり、天皇が国家のなかに位置づけられるとすると、天皇より国家が上位となり、不敬だというのである。憲法学者のほとんどは、実質的には天皇機関説をとっていた。そうでなければ国家を法人として扱うことが困難になり、国際条約の締結ができなくなる。しかし、不敬だといわれないよう、言い方を曖昧にしていた。ところが美濃部は明快にこの説を表明していたため、伝統右翼の攻撃の対象となったのである。

天皇機関説批判に反論する美濃部
©毎日新聞社／時事通信フォト

伝統右翼に加え、陸軍と政友会が政府に対応を迫った。国体論の正しさを明確にせよという趣旨だったので、国体明徴《めいちょう》運動という。陸軍は天皇に直結していることを誇りにしていた集団なので、敏感に反応したのであり、政友会は、これを倒閣の絶好の機会として利用しようとしたのである。美濃部は四月に伝統右翼らから刑法の不敬罪で告発され、美濃部の著書は内務省警保局により発行禁止（発禁）とされた。政府は一〇月にいたり、天皇機関説は国体に反すると声明、天皇機関説は違法な学説とされた。美濃部自身は貴族院議員を辞職したので不起訴となった。

昭和天皇は天皇機関説を正しいと考え、側近に国体明徴運動に対する不満をもらしていたが、側近の軍人（侍従武官や侍従武官長）たちは、天皇の絶対性に疑問が生じると軍隊の統率上困ると注意して昭和天皇の口を封じた。

天皇機関説問題は、歴史学や政治学、法律学などの学問における排外主義を促進し、学問・思想・教育の自由の度合いをそれまでよりも大きく狭めた。文部省は一九三六年に入ると教育の場で国体論がきちんと教えられるよう、通達を出したり教科書の編纂に着手し、一九三七年五月には、『国体の本義』という中等・高等教育用の副読本を、全国の学校や教育関係の民間団体に配布した。

この本は、西洋流の個人主義は人間が集団的歴史的存在であることを忘れているという点で問題があるとした上で、日本においては、すべてを超越し、永遠に続く天皇に人びとが私利私欲を捨てて奉仕することで平和が保たれ、国家社会が発展していくのだと説き、議会でさえ、天皇の政治に協力する機会を天皇から与えられたものとした。つまり、国体論とは、やはり天皇に従ってさえいればよいという思想であり、自分が天皇の意志を代理しているという勢力があらわれれば、人びとはそれに逆らうことは許されないのである。

それだけでなく、実際の政治や行政においても、建前上天皇に直結している軍部や官僚の権力を強める結果をもたらした。政治に関する議論の自由度が非常に狭まり、軍人・官僚の独善・独走に歯止めをかけにくくなったのである。それと同時に、政党政治は、欧米から入ってきたやり方だとして、一層否定的にとらえられやすくなった。

その一方で、帝国議会は、天皇が国民に与えたという形になっていた憲法で規定されていたために、軍人や官僚といえども、政治をすすめる上で全く無視することはできないこともはっきりした。帝国議会は、軍人や官僚の暴走に多少とも警告を発し、歯止めをかけられる、弱いけれども唯一の政治制度となったのである。

なお、一九三六年二月二〇日、任期満了にともなう衆議院の総選挙が行われた。投票率は約七七％と若干増えたものの、政友会は一七四と半減近い大敗、民政党は二〇五と増加はしたが過半数に届かず、一九三二年に無産政党が大合同してできた社会大衆党とその他の無産政党系四人を合わせて二二と躍進した。政権を左右できる数である過半数を得る政党がなくなってしまい、議会の政治的影響力の回復は道遠しとなった。

†激化する陸軍の派閥争い

さて、こうした間、陸軍の内部では、派閥争いが激しくなっていた。陸軍部内では、まえにふれた木曜会や一夕会といったグループに集《つど》った若手中堅エリート将校が、自分たちの主張を実現するため、上司にあたる先輩軍人たちのうち、自分たちに好意的だった荒木《あらき》貞夫《さだお》を陸相に就任させようとし、犬養内閣の時に実現した。荒木は斎藤内閣にも留任、軍備拡大も実現しはじめた。ところが、さきにも述べたように高橋蔵相が途中から軍備拡大に消極的となり、荒木は挫折、陸軍中堅エリート層の仲間割れがはじまる。

ひとつは、永田鉄山や東条英機らを中心とし、軍備増強につとめるソ連を仮想敵国として合法的に軍備拡大を行おうというグループで、統制派《とうせい》と呼ばれた。陸軍が軍備拡大の必要性を世論に訴えるため、一九三四年一〇月に『国防の本義と其《その》強化の提唱』というパンフレットを政界や言論界に広く配布したのは統制派の考え方にもとづく。

このパンフレットは、世界恐慌を機に国際的な緊張がふたたび強まっているという認識を背景に、国家の軍事組織化、軍備の拡大が国家の発展をもたらすとして、国民の団結を強めるための格差解消や軍備拡大のためには自由経済は不適切で、国家による経済統制が必要だと主張し、政界言論界に賛否両論を巻き起こした。賛成派は無産政党の議員や社会主義に好意的な学者や評論家たちである。彼らは、きっかけはどうあれ、社会主義化が進展することを歓迎したのである。

もうひとつは、荒木貞夫、真崎甚三郎《まさきじんざぶろう》を中心とし、日本の国力ではこれ以上の軍備拡大はむずかしいという観点から、国体論によって国民の団結力を強めることで強い軍隊を作ろうというグループで、皇道派《こうどう》と呼ばれた。皇道派は精神論の側面が強いため、陸軍大学校に入れず、出世コースから外れて一般兵士の訓練にあたる下級将校の支持をあつめた。彼らは、なかなか恐慌から脱出できない農村部出身の兵士たちと接することが多く、彼らへの同情心から、自由経済にしろ、統制経済にしろ、欧米流の経済体制自体に反感を持ち、こうした制度と距離が近い、保守政党、財界、そして陸軍統制派への反感も高めていった。

そして、保守政党、財界、陸軍統制派は、国体の平和を乱す存在だから、命令を待たずにそうした害悪を武力で排除するのが自分たちの使命だ、という考え方にのめり込んでいった。そうした下級将校の中には、天皇を中心に特権階級の排除を叫ぶ右翼思想家北一輝《きたいっき》の思想に共鳴したり、統制派を批判する怪文書を陸軍内にばらまいて退職させられるものもいた。

統制派の中心人物永田鉄山は、陸軍省軍務局長という、陸軍次官に次ぐ要職についていたが、皇道派の動きを軍備拡大に不利とみて、一九三五年七月、林銑十郎《はやしせんじゅうろう》陸相にはたらきかけ、当時、陸相、参謀総長と並ぶ重職とされた教育総監（陸軍の諸学校を監督）だった真崎甚三郎を罷免《ひめん》させた。これに怒った皇道派相沢三郎《あいざわさぶろう》中佐は、八月に入り陸軍省で執務中の永田を刺殺、統制派と皇道派の対立は世間の知るところとなった。

東京における皇道派下級将校のたまり場となっていた第一師団は、満州に移駐予定だった。皇道派将校たちは、移駐前にクーデターを決行し、閣僚、天皇側近や統制派幹部を殺害、官庁街を占拠して天皇に自分たちの考えを伝え、政治を変革してもらおうと決断した。

7 二・二六事件

†日本近現代史上最大規模のクーデター

こうして一九三六年二月二六日、日本近現代史上最大規模のクーデター、二・二六事件が起きた。蹶起《けっき》将校たちは、配下の兵士たちを使い、手分けをして要人を襲撃した。斎藤実内大臣、渡辺錠太郎《わたなべじょうたろう》教育総監、高橋是清蔵相は私邸で殺害され、鈴木《すずき》貫太郎《かんたろう》侍従長は私邸で重傷を負った。神奈川県湯河原の旅館にいた牧野伸顕《まきののぶあき》前内大臣は警備の警官らの機転で難を逃れ、首相官邸で襲われた岡田啓介首相も人違いで難を逃れ、弔問《ちょうもん》客に紛れて脱出した。

クーデター部隊は朝日新聞社も襲って印刷工場を荒らし、首相官邸ほか霞が関の官庁街を占拠した。政府は二七日に東京市に戒厳令を一部施行し、事件現場の通行や夜間の外出などが制限された。

陸軍内部では最初クーデターに応じるか応じないかで混乱があったが、昭和天皇がはじめから討伐を決意していたこと、統制派が巻き返しをはかったことなどから、二八日に原隊復帰の命令が出された。二九日に蹶起将校たちが投降あるいは自決し、事件は収束した。

広田弘毅

蹶起将校たちと、真崎や北を含む関係者は特設軍法会議にかけられ、一九三七年八月までに北を含む計一九人が死刑となった。真崎は無罪となったが、荒木、真崎ら皇道派のエリート将校はすべて予備役に編入され、以後の陸軍は統制派の天下となる。

岡田内閣は、事件の責任をとって総辞職、元老西園寺は事態収拾のため、後任首相に各方面で首相候補としてとりざたされていた貴族院議長近衛文麿を推薦した。しかし、皇道派に同情的な近衛はこれを辞退、やむなく西園寺は岡田内閣外相の広田弘毅《ひろたこうき》を推薦した。陸軍と協調しつつ穏健路線をとることができると見込んだのである。組閣人事には事件再発防止を理由に陸軍がかなりの介入をしたが、三月九日広田弘毅内閣が成立した。政友会・民政党からの入閣は二人ずつと、政党閣僚はさらに減り、官僚、軍人、財界出身者が閣僚の三分の二を占めるようになった。

†再燃する世界の軍備拡張競争

ちょうどこのころ、海軍の軍縮条約の期限が切れ、世界の軍備拡張競争が本格的に再燃すると見込まれていた。陸海両軍は政府に軍事予算の拡大を要求、銀行家出身の馬場鍈一《ばばえいいち》蔵相は、軍事費は保険料の一種と称して軍事予算の大幅増額を認めた。一般会計中の軍事費比率は四七％を超えた。財源はすべて国債でまかなわれたため、日本銀行券が大量に市中に流れ、消費者物価指数が一年で約一割上昇という大幅なインフレーションが発生した。

また、ドイツは一九三三年にヒトラー率いるナチス（国民社会主義ドイツ労働者党）が選挙をへて政権を獲得、独裁国家化をすすめていたが、日本はアジアにおける、ドイツはヨーロッパにおけるイギリス封じ込めで思惑《おもわく》が一致、一九三六年一一月に日独防共協定を結んだ。翌三七年一一月には、独裁者ムッソリーニをいただくイタリアも加盟する。しかし皮肉にも、ドイツはこのころ日本と対立する中国に軍事援助を行っており、上海周辺の堅固な要塞の建設を指導し、最新鋭のドイツ製兵器を装備した精鋭部隊の養成も指導していた。

陸軍は、皇道派予備役将軍たちが陸相に復活するのを防ぐためと称して軍部大臣現役武官制を復活、さらに関東軍が満州国で国民全体を強制的に統一する協和会を設立したことに刺激されて、帝国議会の大幅な権限縮小案を検討した。これに怒った政友会の浜田《はまだ》国松《くにまつ》は、一九三七年一月の衆議院本会議で陸軍は日本をナチスドイツ化しようとしていると痛烈に批判、寺内寿一《てらうちひさいち》陸相と押し問答となった。陸軍はこれに腹を立てて解散総選挙を主張、軍事予算の早期成立を求める海軍と対立、一月二三日広田内閣は総辞職した。

元老西園寺は、事態収拾を宇垣一成に託そうとした。宇垣は陸軍のエリート将校で、浜口内閣で陸相をつとめたのち、朝鮮総督をつとめ、民政党から総裁に誘われたこともあった。陸軍に抑えがきき、議会とも関係がよいと考えられたのである。しかし、当時宇垣と主要政党との関係は悪くなっており、陸軍統制派も宇垣内閣では持論の実現は危ういと考え、宇垣では陸軍の統制がとれないという理由で公然と宇垣を拒否した。いったんは就任を受諾した宇垣も、陸相候補を得られず、一月二九日辞退に追い込まれた。

天皇機関説事件で他者の不敬を糾弾しながら、既得権を守るために自分たちは天皇の首相任命権を妨害した陸軍の態度は、独善的としかいいようがない。しかし、マスコミが公にそれを批判することはなかった。陸軍の政治的影響力はそれだけ大きくなっていたのである。

西園寺はやむなく元陸相林銑十郎を首相に推薦、林内閣は陸軍の支持を得て二月二日成立した。しかし、政友会、民政党という有力政党から閣僚をとらなかったため議会との関係が悪化、議会会期末の三月三一日、林首相は突如衆議院を解散した。

しかし、四月三〇日の投票の結果は、民政党一八〇、政友会一七四と保守系はほぼ現状維持、社会大衆党は三七と一・五倍以上の躍進となった。さらに旧民政党の中野正剛《なかのせいごう》がナチスをモデルに結成した東方会《とうほう》も一一議席を獲得した。投票率は七〇%をやや割り込んで戦前では最低となり、庶民の議会への関心の低下と、保守系政党への信頼度低下、新興政党への期待がうかがえる。しかし、全体として勢力分布が大きく変わらなかったことは、林内閣への支持がほとんどないことも示していた。

なお、社会大衆党や東方会は、天皇中心という国のあり方を認めた上で、格差の解消や、国家の団結強化の観点から社会主義的な政策を主張していた。これは陸軍の統制派や、若手エリート官僚の一部（革新官僚）とも近い考え方で、伝統右翼との関係上、こうした人びとは革新右翼とよばれている。

五月三一日、林は辞意を表明、四カ月弱という短命内閣となった。ひとつだけ惜しいのは、三月三日付で外相に就任した佐藤尚武《さとうなおたけ》である。佐藤は就任後、日本の華北進出政策を再検討すると発言、中国側は大歓迎し、関係改善の動きが出始めていた。佐藤が長く外相をつとめていれば日中戦争は避けられた可能性がある。

元老西園寺は、国内の対立を収拾可能なのは近衛文麿しかいないと判断、今度は近衛も受諾し、六月四日、近衛文麿内閣（第一次）が成立した。近衛は、皇室とも縁がある最上級の公家の家柄（公爵）に属し、当時は貴族院議長をつとめていた。

近衛文麿

近衛は、満州事変以後、将来の首相候補として陸軍、伝統右翼、保守系政党のいずれからも好意を持たれていた。西園寺は政局収拾のため、そこに目をつけたわけだが、近衛が陸軍を公然と支持していたこと、伝統右翼とも親しいことは気に入らなかった。しかし、現実問題として陸軍の支持を得なければ内閣は組織も維持もできず、当時軍人以外でその条件に合うのは近衛しかいないと判断し、やむなく近衛を推したのである。

近衛は、各界の代表を入閣させようとしたが、近衛の親軍的傾向をきらって拒否する者もおり、結局は次官級の官僚が多数入閣した。組閣後最初の記者会見では、わかりやすい話し方で、国内対立の解消、格差の解消、日本の国際的立場の改善という方針を示した。

近衛は、高い家柄、気品ある容姿、豊かな知性と教養や、謙虚な人柄を感じさせる率直な話し方などで、従来の首相の堅苦しい印象とは違う明るい印象や、難局を打開してくれそうな期待を人々に与え、首相就任と同時に人気が高まった。結果的に、近衛は、政党内閣中断後、敗戦までの首相でただ一人、個人的に人気があった人物となった。

元来近衛は、日本の華北進出は日本の生存権確保のためには当然という立場で、外相も残念ながら華北進出に肯定的だった広田弘毅にかわった。こうしたなか、日本は運命の七月七日を迎えることになる。

8 社会と文化

†広がる格差

この時期の社会、文化の状況の特徴は、都市と農村の格差、都市内部でも中流以上と下層との格差である。先にも述べたように、昭和恐慌で工場労働者と農家は大きな打撃を受け、苦しい生活を強いられた。東北の農村における娘の風俗業への身売りのエピソードはよく知られている。また、企業の新規採用が減ったため、就職できない大学生が増加して社会問題ともなった。学部によっては東大生すら就職難にあえいだのである。

しかし、関東・関西、中部などの大都市部に住む中流以上のエリート官吏、エリートサラリーマンの多くは、物価が下がったのでかえって暮らしやすくなった。実はこの時期の社会や風俗の話題をみると、遊園地の開業、大都市と観光地を結ぶ、あるいは大都市と郊外の新興住宅地を結ぶ私鉄の開業といった話が目につく。地下鉄も一九二七年一二月に東京で、一九三三年五月に大阪で開業している。一九三一年には国立公園制度もできた。

国鉄でも、東海道線・山陽線を走る特急に愛称がつくのが一九二九年九月のことで、三等特急は「桜」、一等・二等特急は「富士」である。国鉄の主要幹線の長距離急行もこの時期に大幅に増えた。一九三〇年一〇月には東京―大阪間を八時間二〇分で結ぶ日本最速の特急「燕《つばめ》」が運転をはじめた。

一九三〇年代中ごろ以降になると、高橋是清の財政政策の影響で都市部では景気が回復しはじめ、一九三〇年代後半にはその影響が工場労働者にも及んで、都市部全体が好景気になっていく。

こうした時期、一九三四年一二月にJTBが発行した時刻表の復刻版が手元にある。ちょうど丹那《たんな》トンネルが開通して東海道線の距離と運転時間が大幅に短縮され、「燕」は東京―大阪間八時間、「桜」と「富士」も八時間半運転となった時である。全国の鉄道網は八割方完成した状態で、植民地や中国の路線網も掲載されている。

巻頭には、朝鮮半島・満州・シベリア経由でロンドンまでという、壮大な連絡時刻表が掲載されている。三等で約九〇円(今の貨幣価値に換算して二七万円)、一五日間かかる。もちろん、対馬海峡とドーバー海峡は船便である。インド洋経由の船便だと約一ヵ月半である。

前月から大連《だいれん》―新京間七〇〇キロを八時間半で運転を開始していた満鉄の特急「あじあ」の時刻表も記載されている。流線型の車体、冷房つきで最高時速一三〇キロ、表定時速(途中停車時間を含めた平均時速)八二・三キロは「燕」の六九・五キロを大きく上回って欧米の特急並みである。ただし、国鉄は狭軌《きょうき》(線路幅一〇六七ミリ)だが満鉄は標準軌(線路幅一四三五ミリ)という条件の違いもあるが。

なお、一九三六年には貨物用大型蒸気機関車の代名詞となったD51(戦後デゴイチとよばれた)の製造が開始され、日中戦争勃発直前の一九三七年七月一日付の時刻改正では、東海道線で特急「鷗《かもめ》」が新設され、夜行急行も一本増発された。この時期の景気回復を裏づける話である。

飛行機の旅客営業は一九二二年から始まっていたが、一九三四年段階では東京から名古屋まで一日二便で一時間五〇分、ダイヤ上は十分日帰りが可能である。運賃は二〇円（現在の貨幣価値で六万円）。同じ区間を特急三等だと、最速の「燕」が五時間二二分で約六円（現在の貨幣価値で約一万八〇〇〇円）。これと比較すると飛行機は格段に早いものの、相当な高額である。この飛行機便は大阪経由で六時間半で福岡まで行き、福岡で一泊して翌日の午後四時に大連に到着した。まだ夜間飛行は危険な時期であった。その他、日本国内では東京と静岡県清水や大阪と松山の間に路線があり、満州国内にもいくつかの路線があった。ただし、まだ機材は輸入かライセンス生産（外国で開発された製品を許可を得て国内生産）だった。

船舶の外国航路に関しては上海便の充実ぶりが目立つ。日本（横浜、神戸、長崎）と上海の間は、北米航路やインド洋航路の便も含め、日本の船会社の便だけでも毎日運航され、一〇年間で交通量が倍増していることがわかる。

日本郵船のサンフランシスコ線（ロサンゼルス―サンフランシスコ―ホノルル―横浜―神戸―上海―香港）には、当時最新鋭で日本最大級（一万七〇〇〇トン）の国産（といってもエンジンは輸入品だが）の豪華客船、浅間《あさま》丸、龍田《たつた》丸、秩父《ちちぶ》丸が就航し、もう一隻とともに月二回運航していた。

浅間丸級の三隻の定員は三等約五〇〇人、二等約一〇〇人、一等約二四〇人。サンフランシスコ―横浜間はおよそ二週間、三等運賃はドル建て表記だが、一ドル三円とすると現在で四九万五〇〇〇円。豪華な船旅が楽しめる一等となると現在の価格でなんと二七九万円。

大変な高額で、一等に乗るのは、観光旅行に行く一握りの金持ちか、当時世界でもっとも豊かな国アメリカの観光客、三等でも商用などの用務がある人だけだったろう。ほかにシアトル便も月二回あり、北米航路は英米の船会社も運航していたから、日米間の船便は少なくとも週二便あったはずだが、上海航路と比較すると、当時の日米と日中の関係の違いがうかがえる。

東京や大阪では、都心部のビル建設が進んで近代都市の様相が濃くなり、映画館やホテルなどでは冷房を備えるところも現れた。郊外住宅地でも、窓を大きく取り、無駄な装飾をそぎ落とした現代的なデザイン（モダニズム）の洋館がみられるようになった。都市部では若い人を中心に洋装が珍しくなくなってきた。こうした一九三〇年代の日本の都市文化の華やかな一面は、谷崎潤一郎《たにざきじゅんいちろう》が太平洋戦争期に書いた小説『細雪《ささめゆき》』に鮮やかに描き出されている。

ただし、農村部では恐慌脱出の歩みは遅く、一〇年経っても村のようすも人びとの服装も大きな変化はなかった。こうした格差がテロやクーデター発生の背景のひとつだったことはすでに述べたとおりである。

†トーキー化する映画

娯楽の王様だった映画についてだが、一九三〇年前後からトーキー（映像と音が同時に出る技術）化がはじまり、一九三〇年代中ごろには映画のトーキー化がほぼ完了した。トーキー化は資金や設備が必要なので映画会社の集約化が進み、一九三〇年代後半には日活、松竹、東宝が三大映画製作会社として君臨した。

トーキー化によって、映画の内容も変わり、歌や踊り、話術も生かせるようになった。踊って歌える喜劇スター榎本健一《えのもとけんいち》（エノケン）、漫才コンビのエンタツ・アチャコはトーキー映画があって初めて全国的なスターになることができた人びとである。特にエノケンは一九三〇年代後半には日本人で知らない人はいない国民的スターとなった。そのほか、喜劇では古川《ふるかわ》ロッパ、恋愛ものでは上原謙《うえはらけん》や田中絹代《たなかきぬよ》、時代劇では嵐寛寿郎《あらしかんじゅうろう》、片岡千恵蔵《かたおかちえぞう》、阪東妻三郎《ばんどうつまさぶろう》、林長二郎《はやしちょうじろう》などのスターが活躍した。林はのちに東宝に引き抜かれ、本名の長《は》谷川一夫《せがわかずお》で活躍することになる。

外国映画では、トーキー化によってミュージカル調の作品が増えたアメリカ映画が圧倒的な人気で、ディズニーのアニメ映画も子どもたちに喜ばれた。当時の日本映画と比較すると、日本映画がさまざまな面でアメリカ映画の影響を強く受けていたことがよくわかる。アメリカ製映画のなかにはカラー映画もみられるようになったが、日本ではまだ試験的な段階だった。一九三七年段階で、映画館数は一六〇〇を、年間延べ入場者数は二億四〇〇〇万を超え、観客数は一〇年で一・五倍以上になった。映画館は都市部に集中していたから、都市部の経済復興の勢いがよくわかる。

†レコードと大衆音楽の出現

昭和に入ると、マイクロフォンを使う電気式録音技術の導入により、外資系を中心とする大手レコード会社が、音質の良い多様なレコードを販売するようになった。こうした状況を背景に、昭和初期に流行歌という大衆音楽が出現した。アメリカのジャズソングのスタイルに大きな影響を受けた音楽で、実際、初期にはジャズ小唄ともよばれた。

流行歌は、映画のトーキー化で映画主題歌として使われる機会が増え、NHKラジオでも、割りあてられる時間こそ少ないものの放送され、レコードを聞けることを売り物にする喫茶店も増えていったので、レコード自体はまだ高嶺の花であったものの、広く人々に好まれるようになった。

初期のヒット曲は佐藤千夜子《さとうちやこ》が歌う「東京行進曲」（一九二九年）である。以後、藤山一《ふじやまいち》郎《ろう》、淡谷《あわや》のり子、小唄勝太郎《こうたかつたろう》、ディック・ミネなど、クラシック、ジャズ、伝統邦楽などさまざまな音楽をルーツとする流行歌手たちが人気を競うようになり、俳優として映画に出演することもあった。最初はアメリカの曲に日本語の歌詞をつける場合もあったが、古《こ》賀《が》政男《まさお》、服部良一《はっとりりょういち》など、多数のヒット曲を出す作曲家もあらわれ、流行歌の伴奏をするバンドの演奏技術も、一〇年ほどの間にジャズの本場アメリカと遜色ないほどに向上していったことが、ＣＤに復刻された演奏を聴き比べるとよくわかる。

全体として、映画と同じく、流行歌は、発信する方も享受する方もおおむね二〇歳代以下の青少年だった。これは小学校の唱歌教育が明治末以後ようやくほとんどの学校で行われるようになり、西洋風の歌い方、音符、音階に違和感をもたない人びとがかなり増えてきたことを示している。

†野球人気と技術の発展

スポーツでは野球の人気が拡大した。大正前半からはじまっていた中等学校野球大会

『少女倶楽部』（1932 年 4 月号）

（現在の高校野球大会の前身）がラジオで中継されるようになった。一九三四年一一月に、アメリカ大リーグのホームラン王ベーブ・ルースら大リーグ選抜チームが来日したのをきっかけに、一九三六年からプロ野球のリーグ戦がはじまった。

　一九三六年には、皇紀二六〇〇年を記念する行事として招致が予定されていた一九四〇年オリンピック大会の東京開催と、同年に東京で万国博覧会の開催が決まり、アジア初の開催というだけでなく、経済効果も大いに期待され、外国人観光客向けのホテル建設が各地で進められた。

　芸術の分野では、絵画、小説、評論はもちろん、写真やグラフィックデザインの分野も、写真機材や印刷技術の発展と相まって盛んになった。この時期に多様な雑誌が発行されるようになり、『少年倶楽部』『少女倶楽部』といった、十代前半向け雑誌が人気を得ていった背景にも、経済の拡大のみならず、小説家や画家の層の厚みが増し、写真技術や印刷技術が向上したことがあったのである。

工業技術の水準も向上してきた。蒸気機関車、軍艦や軍用機は、大型で高性能のものも自前の技術で製作できるようになり、一九二六年一二月にはテレビの開発にも成功したし、自動車についても、国の支援のもとではあるが、乗り心地、耐久性、価格ともに満足できる水準のものが作られはじめた。

これらは明治以来の近代教育が実を結びはじめた一面といえる。ただし、こうした技術の向上を日常生活に生かすほどの経済力がなかったところに、戦前日本の問題があった。はっきりいえば、軍備に注いでいた経済力の半分でも民間経済に振り向けられていれば、高度経済成長が二十数年早くやってきた可能性があるということになる。

この時期は、政治・外交の分野では、明治期に形成された考え方や制度が新しい状況に合わず、安定から動揺へという時期にあたっていた。とはいっても、世界でもっとも早い恐慌からの脱出にともない、アメリカ文化の強い影響のもとで豊かな都市文化が生まれ、普及しつつあったし、工業技術の発展も見られたことは確かである。しかし、景気回復の影響が都市部にとどまったことは、政治・外交の動揺を一層激しくすることにもなった。しかも、日本はさらなる試練に直面しなければならなくなるのである。

第 3 章

戦争の時代

1937-1945

太平洋戦争にて、艦上機を積んだ護衛空母サンガモンに急降下突撃する特攻機
（1944年10月25日）© 毎日新聞社

年代		出来事
1937	昭和 12	7月、盧溝橋事件（日中戦争勃発） 8月、第二次上海事変勃発 9月、国民精神総動員運動開始 10月、企画院設置 12月、南京（虐殺）事件
1938	昭和 13	1月、「蔣介石の国民政府を対手にせず」声明 4月、国家総動員法公布 7〜8月、張鼓峰事件 11月、東亜新秩序声明
1939	昭和 14	1月、平沼騏一郎内閣成立 5〜9月、ノモンハン事件 7月、天津封鎖問題勃発 8月、独ソ不可侵条約調印、阿部信行内閣成立 9月、第二次世界大戦勃発 12月、アメリカが日米通商航海条約破棄通告
1940	昭和 15	1月、米内光政内閣成立 2月、斎藤隆夫の反軍演説 6月、新体制運動開始 7月、第二次近衛内閣成立、基本国策要綱決定 9月、日独伊三国同盟締結、北部仏印進駐 10月、大政翼賛会創立
1941	昭和 16	4月、日ソ中立条約締結、日米交渉開始 7月、第三次近衛内閣成立、南部仏印進駐開始 8月、米英首脳が大西洋憲章発表 10月、東条英機内閣成立 12月、太平洋戦争開戦
1942	昭和 17	4月、翼賛選挙 6月、ミッドウェー海戦、関門トンネル開通
1943	昭和 18	2月、ガダルカナル島撤退開始 9月、イタリア無条件降伏 11月、大東亜会議開催
1944	昭和 19	7月、サイパン島陥落、小磯国昭内閣成立 10月、レイテ沖海戦、特攻隊攻撃開始
1945	昭和 20	3月、東京大空襲 4月、米軍沖縄上陸開始、鈴木貫太郎内閣成立 5月、ドイツ無条件降伏 6月、沖縄戦終結 7月、ポツダム宣言 8月、広島原爆投下、ソ連対日参戦、長崎原爆投下、無条件降伏決定

一九三七（昭和一二）年七月七日に起きた盧溝橋《ろこうきょう》事件は、日中間の全面戦争に発展した。日中戦争である。この戦争は一九四一年一二月八日の太平洋戦争も引き起こし、一九四五年九月二日の降伏文書調印まで、あしかけ八年二カ月にわたる全面戦争が続いた。日本国民の死者は少なくとも三一〇万人、日本以外の死者は推定で一〇〇〇万をはるかにこえる、なんとも膨大な犠牲を出し、日本は敗北した。

この時代の特徴は、国民は国家のためにある、というひとことにつきる。これは一九三八年三月に近衛文麿《このえふみまろ》首相が帝国議会で発言したものである。日本国民はより良い未来のためという理由で国家への奉仕を強制されたが、国家の制度設計の不備から政治が機能不全となり、史上空前の大敗北という最悪の結果に行きついてしまったのである。

1　日中戦争の勃発

†盧溝橋事件

一九三七年七月七日深夜、北京郊外の盧溝橋付近で演習中の日本の支那駐屯軍に一発の弾丸が撃ち込まれた。当時は中国全体に反日感情が高まっており、演習地の対岸には現地

蔣介石

政権の軍隊の駐屯地があったので、そこから発砲された可能性もあるが、正確なことはいまだにわからない。しかも日本軍に被害は出なかった。

しかし、日本軍は現地軍を攻撃、武力衝突が起きた。それでも日中両軍で交渉が行われ、一時は停戦にこぎつけた。しかし、停戦の報を聞く前に近衛内閣は、中国側が日本の正当な権利を侵害した重大事態と見なして強硬に対応する姿勢を示し、中国政府の指導者蔣《しょう》介石《かいせき》も国民に国家存亡の分かれ目だと呼びかけた。その結果緊張は再び高まり、小規模な軍事衝突が続発、七月末には華北地域全体で本格的な軍事衝突に発展した（北支《ほくし》事変）。

実は七月中旬段階で、参謀本部第一部長（作戦部長）になっていた石原莞爾《いしはらかんじ》が、近衛首相に早期和平を要請していた。一九三六年一二月に、西安《せいあん》で張学良《ちょうがくりょう》が蔣介石を監禁して共産党との内戦停止を要請し、認めさせた西安事件をきっかけに、国共合作《こっきょうがっさく》（中国国民党と中国共産党の連携協力）の復活が実現しつつあった。石原は、中国が一致団結すれば手ごわい敵になると考えただけでなく、将来の対ソ戦の可能性に備えて軍備を温存するために

盧溝橋事件（『支那事変事件帖』より）

も、早期収拾を望んだのである。近衛は蔣介石との首脳会談も考えたが、中国への譲歩には消極的だったため、結局実現しなかった。

華北での戦闘の影響で、上海でも、居留民保護を名目に駐屯していた日本の海軍陸戦隊と中国軍のあいだの緊張が高まり、八月一三日に交戦がはじまった（第二次上海事変）。近衛内閣は一五日に、戦闘の目的を、日本の権益に乱暴をはたらく中国政府を懲らしめるためであると声明し、九月二日には両者を合わせて「支那事変」とよぶことに決定した。

「事変」とは宣戦布告をしていない戦闘状態のことである。宣戦布告をすると国際法上の戦争となり、アメリカの中立法が適用されてアメリカから屑鉄や石油、工作機械など戦争遂行上必要な物資の輸入ができなくなるため、このような措置がとられた。国際法的には戦争ではないので、日本国内にいる中国人が抑留されることはなかったが、陸軍は捕虜については戦時国際法に準じて扱うと宣言していた。いずれにしろ実質的には戦争状態だったため、現在日本の学校教科書では日中戦争と表記しているので、本書もこれにしたがう。

日本海軍の陸戦隊は大苦戦に陥った。蔣介石は、上海でふたたび日本と戦う可能性を考え、ドイツの支援により、上海周辺に強固な陣地を築き、最新兵器を備えた精鋭部隊を配置していたのである。日本側は急きょ陸軍部隊を派遣するとともに、九月に入ると国民精神総動員運動を開始した。政府や民間団体が協力して国民に戦争協力を呼びかける運動で、具体的には、消費の節約、増税や労働強化、戦費捻出のために国債の購入や郵便局に貯金をすること（郵便貯金は政府が運用する）などを呼びかけるのである。

†神聖化される戦争

九月一一日に日比谷公会堂で行われた国民精神総動員運動の開始を記念する演説会で、近衛文麿首相は、この戦争を、日本が真の国際正義を主張し、西洋と東洋の道徳を調和して世界歴史に貢献する機会であると意義づけた。

この演説はマスコミからこの戦争の正当性を哲学的に説明したとして好意的に評価され、

以後マスコミはこの戦争を「聖戦」とよぶようになった。近衛は国民に対し不退転の決意を示すために戦争を神聖化したのである。これに先立つ八月下旬、矢内原忠雄《やないはらただお》東京帝大教授は、『中央公論』九月号に日中戦争を不正義な戦争だと批判する論説を載せて発禁処分を受けていた。近衛の演説はこうした戦争批判の動きを封じ込める意味もあったと考えられる。矢内原は以後も同様の発言を繰り返したため一二月には教授辞任を強いられ、翌年に出版法・新聞紙法違反で検挙されることになる。いずれにしろ、近衛のこの演説によって、日本国内では以後反戦論は一切許されないことになった。

そして、この戦争を神聖な戦争と意義づけたことは、日本内部での戦争に対する冷静で客観的な検討の余地を封じ、日本の中国側への譲歩をむずかしくし、戦争を長期化させる結果を招いた。この年はじめに清沢洌《きよさわきよし》が、政治的な利害ではなく、イデオロギー(政治信条)で戦争をやると収拾がつかなくなると警告したとおりの展開になっていくのである。

九月に陸軍が上海に送り込んだ増援部隊は、三個師団と一個連隊(合わせて上海派遣軍となった)だったが、そのうち、二つの師団は、旧式の武器と召集兵で急きょ編成された部隊(特設師団)だった。あきらかに中国軍の能力をみくびっていたのである。

そのひとつは、関東地方の召集兵を集めた特設師団(第百一師団)で、九月初めには、東京市内のあちこちで盛大に出征を励ます姿が見られた。東京駅でも万歳の声が何度も響いていたことが、東京駅近くに本社を構える日産自動車の役員（朝倉毎人）の日記に記されている。ところが、現地に着いてみると、中国軍の抵抗は激しく、日本はさらに二個師団を増派したものの、戦局はこう着状態となった。

†国家総動員計画の発動

このあいだ、近衛内閣は、臨時議会で軍需工業動員法を発動するための法律、臨時資金調整法、輸出入品等臨時措置法を制定して戦時経済統制を始めるとともに、臨時軍事費特別会計を設定した。臨時軍事費特別会計は、戦争が終わるまでを一会計年度とし、内容は軍事機密としたものである。当面の戦争に必要だという理由で、通常の国家予算をはるかにこえる額が、明細を示されることもなく提案され、議会は承認せざるをえなくなった。なお、太平洋戦争開戦まで、陸軍は、この臨時軍事費特別会計予算のかなりの部分を使って、対ソ戦用の兵器や資材の蓄積をこっそりやっていたことが今ではわかっている。陸軍は、使途の詳細を明かさないですむ点を悪用して、全くの独断で大規模な予算の目的外使用をしていたのである。

さらに、有事に備えて政府部内であらかじめ用意していた国家総動員計画が発動された。これは有事の際の軍需生産の管理やそのための資源の統制を行うだけでなく、関連して労働力、資金、輸送など広い範囲を国家が統制するという計画である。工業原料については政府による配給制が導入されたのである。

以後の国家総動員計画立案のため、一〇月下旬に内閣に企画院という官庁が新設され、戦争の正当性を内外に宣伝するため内閣情報部も設置された。内閣情報部は、報道機関に対し、報道や論評の許容される範囲を示したり、報道させたい政府の公式見解を伝えるほか、『週報』と、写真を活用した『写真週報』という広報誌を発行して、書店でも販売した。

内閣情報部は、さらに、国家への一層の協力をうながすキャンペーン・ソングとして、「愛国行進曲」を、歌詞も曲も公募で作成して一二月に制定した。日本の優秀さをやや古風な言葉で表現した歌詞に軽快な行進曲調の曲をつけた歌である。政府は著作権料を取らないことにしてほとんどのレコード会社にレコードを発売させたうえ、映画館で幕間の時間にレコードを流させたり、政府の儀式や小学校の行事の際に参列者や生徒に歌わせたりしたので、この時期の世相を代表する歌のひとつとして広く普及した。

日中戦争の戦局や政府見解の外国への報道にあたっては、満州事変を契機として、日本の正当性を海外に宣伝するために、政府とマスコミが一九三六年に設立した同盟通信社が大きな役割を担った。しかし、欧米諸国の報道機関は、同盟通信の報道はあまりにも日本寄りだとして重視しなかった。一一月には、戦時の陸海軍統合作戦本部として大本営も設置された。日本は中国との戦争に勝つという強い決意を内外に示していったのである。

中国は、一連の日本の軍事行動を侵略として国際連盟に提訴しようとしたが、イギリスの意向により思いとどまった。当時イギリスは、ヨーロッパにおけるナチスドイツの領土拡大政策への対応で手一杯だったのである。しかし、連盟の極東問題諮問委員会は、一〇月にはいり、日本の行為は九カ国条約と不戦条約に違反しているとして九カ国条約加盟国の会議開催を勧告した。一一月にベルギーのブリュッセルで九カ国会議が開かれたが、日本は、今回の問題は日中二カ国間の問題だという理由をつけて出席しなかった。日本はこの時点で九カ国条約からも事実上脱退したのである。

2　苦境に陥る日本

†激化する上海戦

さて、陸軍上層部は上海派遣軍に進撃を命じたが、特設師団では将校たちが先頭を切って突撃しても兵士たちはついていこうとしなかった。日露戦争から三〇年、実戦経験のある将兵はごく少数、そのうえほとんどの日本人と同じく、派遣された兵士たちも中国の人を見下しており、中国軍はすぐに降参するはずなので上海見物ができると考えた観光旅行気分の人もいた。しかし、現地についてみると、予想をはるかにこえる大激戦となった。

召集兵の多くは妻子があり、中国側の激しい抵抗ぶりを目の前にして、おいそれとは飛び出せなかったのである。そのためこうした師団では将校の戦死率が目立って高かった。戦局はこう着状態に陥った。

そこで陸軍は、一一月五日、上海の背後にあたる杭州湾《こうしゅう》からの上陸作戦を行って中国軍の背後をつき、日本軍はようやく上海の占領に成功した。しかし上海戦での犠牲は大きく、戦死者は一万人前後、負傷者は三万一〇〇〇人あまりを出した。上海で闘っていた将兵の総数は九万人ほどだから、戦死率は一割以上、激戦で知られた日露戦争の倍という高率であった。中国側の死傷者は計三〇万人といわれる。

†従軍慰安婦問題

この上海で軍管理下に慰安所がいくつか設けられ、以後日本軍の戦域各地でも設けられた。慰安婦の多くは、日本人に限らず風俗関係の仕事をしていた場合が多いといわれる。たしかに当時の日本では売春は一応合法ではあったが、すでに廃娼運動があったように、当時の日本においても決して人道的に好ましいことではなかった。だから、十分批難に値する。しかも、中国や朝鮮、その他占領地の一般女性がだまされたり脅されたりして従事させられた事例もかなり存在する。

従軍慰安婦問題の核心は、日本軍の兵士の待遇にある。アメリカ軍の場合、数ヵ月ごとに定期的に故郷に帰り、家族や恋人と過ごすことができたので、性の問題は比較的生じにくかった。しかし日本軍の場合、一度出征すると一年以上も戦場にとどめられた。太平洋戦争の南方戦域になると、よほどの理由と好運がないかぎり、敗戦まで生きて帰ることはできなかった。常に短期的な視野で、余裕のない精一杯背伸びした戦いをし続けたつけが慰安婦という重い問題を引き起こしたのである。

†乱れる兵士たちの規律

上海戦を終結させた松井石根《まついいわね》中支那方面軍兼上海派遣軍司令官は、陸軍中央を説得し、続いて首都南京《なんきん》の攻略作戦を急きょ強行した。中国軍が敗勢にたったすきに首都を占領して中国を降伏させ、上海戦苦戦の不名誉を挽回しようとしたのである。しかし、これまでの作戦で疲れはて、さらに上海戦が終わって帰国できると期待していたところにふたたび進撃命令を下された兵士たちは気持ちがすさみ、規律が乱れてしまった。

個々の兵士が、周囲の中国人を脅し、本来は自分で持たなければならない荷物を持たせたり、進撃途中で人家への放火や盗み、女性への暴行などをしてしまった。急な作戦で補給物資が足りず、部隊ぐるみで農作物や家畜を掠奪《りゃくだつ》することすらあった。また、住民のような服装をして突然襲撃してくるゲリラ兵（当時日本では便衣兵とよんだ）への恐怖から、十分な調査もせずに住民をゲリラ兵とみなして殺害したりもした。

ゲリラ兵そのものは戦時国際法の保護対象外だったが、誤認による民間人の殺害は弁解の余地がない。しかも中国側から見ればゲリラでも何でもとにかく抵抗するのは当然のことである。個々の兵士が住民を拉致して使役することも、放火・掠奪・暴行も、本来日本軍でも禁止されており、もちろん弁解不可能である。中国の人びとの日本への反感が今に残るほど強いのはやむをえない。進撃部隊の将校の多くはこうした非行を認識していたはずだが、ほとんどは黙認していた。兵士たちのストレスの高まりを知っていながら進撃させなければならなかったからである。

しかも一二月一三日に南京を占領したあとも、日本軍は同じ事情で同じことを大規模に繰り返した。捕虜についても、日本軍はジュネーヴ条約に加盟していなかったためか、一般の将兵は捕虜の扱いについての知識がなく、また急な進撃で捕虜に食べさせるだけの食糧の余裕もないことから、持てあました捕虜を大量殺害することもあった。

†南京虐殺事件

　結局、南京を占領した日本軍は、書くのが実につらくさみしいことではあるが、中国軍将兵と民間人を合わせて、どんなに少なく見積もっても数万人、南京進撃途上の行為も含めれば三〇万人に達する可能性があるほど多数の中国の人びとを殺害してしまったのである。これが南京事件、あるいは南京虐殺事件とよばれる事件である。

　南京は首都だっただけに外国人も多数いたため、この事件は海外では広く報道され、欧米各国で反日感情が高まった。日本でも軍や政府の幹部は事実を知って困惑していたが、国内での報道は一切禁止された。現場取材をもとに書かれ、『中央公論』一九三八年三月号に掲載された石川達三《いしかわたつぞう》の小説「生きてゐる兵隊」は、兵士たちの苦労を表現するためとはいえ、こうした残虐行為の一部が書かれていたため、編集者が自主検閲の形でかなりの部分を伏せ字にしたにもかかわらず、内務省によって発売禁止処分を受け、石川と編集長ら関係者は新聞紙法違反の罪に問われて執行猶予付き有罪判決を受けた。

　結局、南京事件は、兵士の気持ちより自分の名誉を優先したエリート軍人の視野の狭さにより兵士たちが無理を強いられたことが招いた悲劇だった。しかも、蔣介石政府は首都を占領されても降伏することなく、山間部の重慶《じゅうけい》に首都を移し、共産党政権と合作し、英米ソの支援を受けつつ長期抗戦の態勢に入った。蔣介石は、非が日本にあることは明らかなので、持久戦に持ち込めば孤立した日本がいつかは根負けすると見込んでいたのである。松井のもくろみは完全に失敗し、南京事件の責任問題もあって、さすがに松井は一九三八年二月に司令官を解任されたが、表向きは勝利して帰還する凱旋将軍の扱いを受けた。

日中和平交渉は一九三七年九月下旬から外交ルートではじまったが、日本政府が中国側に一方的な妥協を求めたため、中国側は交渉に応じず、一九三八年一月、近衛内閣は、以後蔣介石政権は相手にしないという声明を出して交渉を打ち切った。

当時開かれていた通常議会でも、戦時動員を政府に全権委任するという国家総動員法案が大問題となり、政府は議会に多少の譲歩を示しつつも、解散総選挙もちらつかせて原案を通過させた。国家総動員法は同年秋以降本格的に発動され、軍需工場の工員や技術者の確保、企業の経営統制などに適用されていく。戦争は長期化することになったのである。

†張鼓峰事件

日本は、華北と華中（上海周辺）という平野部の要地を占領し、傀儡《かいらい》政権を樹立して統治しようとしたものの、住民の非協力やゲリラ活動に悩まされた。蔣介石への中国国民の支持は圧倒的だったのである。中国側の奮闘努力により、国共両軍との戦闘もこう着状態となり、六八万人もの日本陸軍部隊が中国大陸から動けない状態となった。

それにもかかわらず、一九三八年七月には満州国とソ連の国境にある張鼓峰《ちょうこほう》で日本軍とソ連軍が交戦した。張鼓峰事件である。陸軍は外相の承認を得たと昭和天皇にうそをついてまで軍隊を動かそうとしたが、昭和天皇にうそを見抜かれ、板垣陸相が昭和天皇に叱責される事態となった。ただし、板垣の辞職には至らず、報道も一切なかった。この時点での陸相辞職は内閣総辞職につながり、中国に対し弱みを見せることになるからである。

しかし、昭和天皇は、陸軍はすべてを失うまで目が覚めないのではないかと無力感を側近に洩らし、この期に及んで国民のなかから全く異論が出ないことに対し、元老西園寺は、明治以来の教育が悪かったと側近に洩らしている。満州事変を批判して新聞社を追われ、個人雑誌『他山の石』で政治や社会の現状を批判していたジャーナリスト桐生悠々《きりゆうゆうゆう》も、このころ、同じような趣旨の論説を『他山の石』に掲載している。

中国はついに九月に日本の行動を侵略として国際連盟に提訴、連盟は、連盟規約にのっとり、すぐに加盟各国に経済制裁発動を許容することを決定した。事実上日本は連盟から侵略国と認定されたのである。ただし、アジア情勢への深入りを避けたいイギリスやアメリカの意向もあり、この時点で実際に経済制裁が発動されることはなかった。

一方、日本国内は軍需景気にわき、娯楽産業が栄え、国内観光地の観光客の数が増え、デパートの売り上げが急上昇し、投機的な土地取引も目立つようになった。また、軍用の食糧や衣服の需要の高まりによって、農村部でも軍需景気の恩恵を受ける地域が出てきた。大学生の就職先も増え、昭和恐慌以来の大学生の就職難は解消された。戦争に反対する空気が少なかったのは、軍需景気によって利益を得た、あるいは利益を得る期待を持てた人が多かったためであると指摘されている。

しかし、国際的な孤立のなかでは戦費は自前で調達するほかなく、その資金は大量の公債発行と増税で賄われた。また、鉄材を軍需に優先的に配分するため新規の大規模建築工事は中止となり、一九四〇年開催予定の東京オリンピックや東京万博も会場建設工事ができなくなった。そのため、一九三八年六月にオリンピックは返上、万博は延期となった。もっとも、当時の欧米の反日気運を考えれば、日本が非を認めて中国から撤退しない限り、オリンピックを強行しても多数の国がボイコットしたことは確実である。

†東亜新秩序声明

こうしたなか、このままこう着状態が続くと日本の国力が続かないと見た陸軍の一部は、蔣介石政権を崩壊させるための謀略工作に乗り出した。もともと親日派であった蔣介石政権ナンバーツーの汪兆銘《おうちょうめい》に新政府を作らせるという構想である。汪の蔣政権離脱を促進するために、近衛は一一月三日に声明を発し、日本の戦争目的は、アジアに新しい国際秩序を作るためで、それは世界史の流れからみて正しいことであり、新秩序を作るために中国政府が親日に態度を変えれば対等に協力することを約束するとした。これは東亜新秩序声明とよばれる。これは近衛の前年九月の演説の論理をさらに明確化したかたちになっており、イデオロギー戦争は収拾できないという清沢洌の予言がまたしても証明され、日本の政策的な柔軟性はますます狭められたのである。

一二月中旬に汪が重慶を脱出すると、同月二二日に近衛首相はふたたび声明を発し、中国の新政権に対しては、満州国の承認と一部地点への日本軍駐屯、共同での共産主義排除などの条件と引き換えに、賠償や領土を求めず、対等の経済協力をすると約束した。しかし、一一月の御前会議で秘密裏に定めた方針では、日本人顧問の採用、経済開発における日本への便宜供与、国家賠償は求めないものの日本人の戦争被害への補償は求めるなどとされており、実質的に中国が日本に従属することになっていた。重慶脱出後これを知った汪は驚き困惑したが、もはや後戻りはできなかった。

結局、汪に続いて新政権に参加する中国側有力者は一人もなく、蔣介石政権が動揺することもなかった。またしても日本は大失敗をしたのである。一九四〇年三月に、南京を首都とし、中華民国を国号とし、日本の占領地域を統治する、汪兆銘を首班とする親日政権が日本の手によって樹立されたが、完全な傀儡政権で、統治能力はほとんどなかった。以後、中国大陸では、日本軍に非協力的な住民と、そうした状況に助けられて活動するゲリラにいらだつ日本軍が、住民を巻き添えにしたゲリラ掃討作戦をくりかえし、住民の反感をさらに深めるという悪循環を、ほぼ敗戦まで続けていくことになる。

日本に有利な戦争収拾の見通しを失った近衛内閣（第一次）は一九三九年一月に総辞職、近衛の意向で平沼騏一郎《ひらぬまきいちろう》枢密院議長が政権を引き継いだ（平沼騏一郎内閣）。平沼首相は、ドイツから持ちかけられていた防共協定強化問題について、米英中に圧力をかける手段にできるとして推進を主張する陸軍と、英米との対立を強める原因になるとして反対する昭和天皇や海軍との板挟みとなり、同年八月の独ソ不可侵条約締結を機に総辞職した。このあいだ、七月にはまたしても外相の承認を得たとうそをついて防共協定強化を主張する板垣陸相に対し、昭和天皇はふたたび怒りを爆発させ、陸軍幼年学校以降の陸軍のエリート教育を独善的で視野が狭いと批判したが、板垣が辞職することはなかった。

五月にはソ連、満州国、モンゴルの国境紛争が本格的な軍事衝突に発展した。地名をとってノモンハン事件と呼ばれる。暇を持てあました関東軍の参謀たちが、手柄ほしさにソ連軍を挑発したのである。関東軍は参謀本部の中止命令を無視してまで戦闘を続けたものの、さしたる成果もなく、約三カ月間に九〇〇〇名近い戦死者を出して事実上敗北した。

独ソ戦勃発の関係でソ連が停戦を申し出たために収束できたこともあって、日本軍敗北の不名誉な事実は国内では隠蔽された。エリート軍人の出世の犠牲になったあまりにも多くの人びとのことを考えると、義憤を禁じ得ない。さすがに遺族のあいだから天皇を怨《うら》む声が出始めていたことを、元老西園寺の秘書原田《はらだ》熊雄《くまお》が記録している。

†日米通商航海条約の破棄

また、七月にはアメリカがついに日米通商航海条約の破棄を通告してきた。同条約は半年後には失効し、アメリカは合法的に日本に経済制裁を行えるようになる。

このころ中国華北地方の天津で、反日テロの犯人がイギリス租界に逃げ込んだことから現地の陸軍部隊がイギリス租界を封鎖するという事件が起きた。その影響で、日本国内では右翼を中心とする反英運動が起き、警察がこれを黙認する事態となっていた。日本との関係維持のため、日本の無法に我慢してきたアメリカは、イギリスとの関係からもついに我慢しきれなくなり、条約の破棄通告となったのである。屑鉄や石油など、戦略資源をアメリカからの輸入に頼っていた日本としては、深刻な事態である。そのため、日本は東南アジアからの輸入を目指して、オランダ領インドシナ（現在のインドネシア）と経済交渉を始めるが、結局蘭印側が拒絶し続け、これが太平洋戦争の一因となる。

平沼の後任首相は、近衛前首相と湯浅倉平《ゆあさくらへい》内大臣の協議により、陸軍内部から推薦する声が出ていた阿部信行《あべのぶゆき》元陸軍次官となった。阿部は陸相代理しか大臣経験がなく、異例の人事である。昭和天皇は阿部に対し、陸軍の政治介入を批判し、陸相人事に注文をつけ、施政は自分が主導するから補佐せよと指示した。天皇の陸軍への不信感の強さがわかる。

阿部内閣は、経済政策で失敗した。軍需景気のため物価上昇が激しくなり、政府の調達価格が上昇し、政府の支出が増えてさらに物価上昇が進むという悪循環に陥っただけでなく、軍需産業に無関係な人びとにとっては生活難を招いており、国内の動揺につながりかねない状況となっていた。しかも運の悪いことに、一九三九年の夏は干ばつで農作物が不作となり、物価高に拍車をかけた。

政府は物価抑制のため、一〇月一八日、国家総動員法にもとづいて価格等統制令を出し、すべての物価（家賃や賃金を含む）を満州事変の記念日である九月一八日付で凍結し、以後は政府が定めた価格（公定価格）で取引させることに決定した。しかし、経済の実勢に合わないこの措置は日常生活に大混乱をもたらした。違法な闇取引が蔓延したのである。たとえば、商人は表向きは品薄といいながら、買い手が公定価格より高値でもよいというと店の奥から商品を出してくるのである。闇行為の検挙件数はあっというまに万単位となった。ほぼ交通違反の感覚である。金持ちだけが得をする不公平な状況が拡大し、社会の雰囲気は確実に悪化していった。こうしたことから衆議院議員の半数以上が阿部内閣退陣を求める状況となり、一九四〇年一月、阿部内閣は退陣した。

3 三国同盟と大政翼賛会

†反軍演説事件

湯浅内大臣の発案で、米内光政《よないみつまさ》元海相が後任首相となり、一月一六日に米内内閣が成立した。米内は平沼内閣の際に昭和天皇とともに防共協定強化に反対した経歴があったからである。その直後、二月二日の衆議院本会議で、民政党の斎藤隆夫《さいとうたかお》が、東亜新秩序という従来の政府の方針を批判した。国民は長引く戦争で多大な命と経済的な犠牲をはらっているのに、賠償も領土も求めないのでは、何のための戦争なのか、と述べたのである。

これに対し、この戦争の正しさを否定するような議論だとして陸軍や陸軍に同調する議員たちから批判が起きた。斎藤は発言を取り消したが、三月七日に衆議院を除名された。これが斎藤隆夫の反軍演説事件である。ただし、憲法でも保証されている議場での発言の自由を制限しかねないとして、除名議決の際は欠席者が多く、数は少ないものの、反対投票をした議員もいた。三三年一月に衆議院で連盟脱退反対演説をした芦田均《あしだひとし》もその一人だった。芦田に加え、政友会の鳩山一郎《はとやまいちろう》や、衆議院最長老の尾崎行雄《おざきゆきお》など、反対や欠席した議員たちは、次第に議会内の反主流派としてまとまっていくことになる。

戦時下に大胆な政府批判をした斎藤の勇気は賞賛に値する。しかし、発言のタイミングが良くなかった。せっかく穏健派の内閣ができたのに、三月下旬には聖戦貫徹議員連盟ができるなど、かえって陸軍同調派の議員の活動を活発化させてしまったからである。

しかも、五月初めから、ナチスドイツは、機械化部隊を活用していわゆる電撃戦を展開、六月一四日にパリを占領し（フランスは二二日に正式に降伏）、あっというまに西ヨーロッパ全域を手中に収めた。イタリアとハンガリーなど東欧諸国もファシズム国家となってドイツに同調しており、ヨーロッパはドイツとソ連が分割した状態になり、残るはイギリスとアイルランドだけになった。

演説中の斎藤隆夫

©朝日新聞社／時事通信フォト

†アメリカの対日経済制裁

こうした状況に影響された日本は、中国を劣勢に追い込むため、英領ビルマと北部仏印（フランス領インドシナ北部、現在のベトナム北部）に設けられていた、米英から蔣介石政権への援助物資輸送路（援蔣《えんしょう》ルート）を遮断しようとした。陸軍は、六月に北部仏印に監視団を派遣し、七月には英領ビルマに援蔣ルート閉鎖を認めさせた。これに反発したアメリカは、七月下旬から日本向けの石油や屑鉄の輸出制限、航空用ガソリンの禁輸を開始した。アメリカの対日経済制裁が始まったのである。

こうしたなか、企業向けの統制経済は相当進んでいたが、弊害が出はじめていた。軍需資材の配分をめぐって、陸海軍の争いが絶えず、新年度が始まっても年度計画が決まらないという現象が起き、また、各企業が資材を余分に確保するため闇取引に手を染めることも珍しくなかった。経済官僚たちは、自由競争で生じる無駄を防ぐため統制経済を導入したのだが、かえって不効率な状態になり、国家総動員計画は予定通りの実績をあげられなかった。

また、ドイツの動きは、ドイツ流の独裁国家を理想として政治の変革を希望する陸軍や革新右翼を元気づけた。六月二四日、革新右翼の人びとに促された近衛文麿が、難局打開のため、諸政党、諸政治団体、軍部、官僚、財界、言論界を打って一丸とするべく新体制運動を推進すると声明した。近衛は、日本の強い態度を中国や世界に示すことで、日中戦争を有利に解決しようと考えたのである。

各政党は新体制運動に参加するため八月までに次々と解散、陸軍も新体制運動促進のため第二次近衛内閣の成立をねらって米内内閣倒閣に動いた。ちょうど内大臣は、湯浅の体調不良のため、木戸幸一《きどこういち》にかわった。木戸は維新の元勲木戸孝允《きどたかよし》の孫で、長く内大臣秘書官長をつとめ、近衛の長年の盟友でもあった。木戸は、西園寺が事実上引退の意を示していることから、昭和天皇の許可を得て、首相候補の推薦方法を、内大臣が首相経験者（重臣）を集め、彼らの意見をふまえて天皇に推薦する方法に切り替えた。

七月一六日、米内内閣は総辞職し、重臣会議の意見をふまえ、木戸は後任首相に近衛を推薦、近衛はこれを受諾し、陸相予定者（東条英機《とうじょうひでき》）、海相予定者（吉田善吾《よしだぜんご》）、外相予定者（松岡洋右《まつおかようすけ》）と意見を調整したうえで七月二二日に第二次近衛内閣を発足させた。

近衛内閣は、組閣直後に、第二次世界大戦という状況のなかで、中国との戦争を有利に解決し、日本がアジアの盟主として世界の平和に貢献するために、国防国家体制を確立することが必要だとして、政治の変革、経済統制の強化、独伊との関係強化などを進めるとした基本国策要綱を定めた。さらに、七月二七日、大本営政府連絡会議（軍首脳と首相、外相、蔵相などの会議）で、イギリスがまもなくドイツに屈服するという前提のもとで、独伊やソ連との関係強化によりアメリカに譲歩を迫ること、援蔣ルートを完全に断つため北部仏印に軍隊を進駐させること、アメリカの経済制裁に対応するため、資源獲得のため南方への進出を促進することが合意された（「世界情勢の推移に伴う時局処理要綱」）。

こうした方針に従い、陸軍は九月二三日に北部仏印進駐を行った。当然アメリカは経済制裁を強化し、一〇月一六日以降、屑鉄の日本向け輸出を禁止した。日本は兵器生産に必要な鉄の最大の入手先を失ったのである。

†日独伊三国同盟

さらに政府は、九月二七日、日独伊三国同盟を締結した。三国のいずれかがソ連を除く三国以外の国に攻撃された場合には、残りの国が軍事を含むあらゆる手段で援助するという軍事同盟である。日本のねらいはこれによってアメリカに譲歩を迫り、ひいては中国を孤立させ、日本に有利に戦争を収拾することにあった。

しかし、九月一六日、昭和天皇は近衛首相に対し、この政策の成否への心配を口にし、一九日、条約締結の可否を判断するための御前会議でも、この条約でアメリカ参戦を防止できるかという原嘉道《はらよしみち》枢密院議長の質問に対し、松岡外相は五分五分だと答えた。それでも御前会議は条約締結を承認してしまった。日本はそれだけ追いつめられていたのである。例によって、昭和天皇の近衛首相への発言、御前会議でのやりとりは一切公表されなかった。きわめて重大な政策が、国民の知らぬ間に、なんともあやうい見通しのなかで決定されてしまったのである。しかし、条約の締結を天皇の権限とする大日本帝国憲法のもとでは、これでも合法的にものごとが進んだことになる。

しかも、一九四〇年夏ごろから報道統制・言論統制が相当に強化され、一九四〇年一二月に内閣情報部が情報局に改組されるとそれはさらに強まり、政府の施政や、政策決定過程に関する批判はほとんど見られなくなり、するどい政府批判を続けてきた清沢洌も言論活動はほぼ封じられてしまっていた。一方、三選を果たしたアメリカのフランクリン・ルーズベルト大統領は、年末のラジオ演説で、これまでどおり、日独伊三国に厳しく対決していく決意を明らかにした。松岡が三国同盟に込めた意図はみごとに外れたのである。

†大政翼賛会の創設

新体制運動の方は、近衛首相が各界の有力者を集めて一九四〇年八月末に設けた新体制準備委員会での検討結果をもとに、近衛の誕生日である一〇月一二日に大政翼賛会《たいせいよくさんかい》が創設され、近衛は初代総裁となった。大政翼賛会は、国民にはたらきかける運動を推進するために中央本部や地方支部は設けられたが、国民全体を国家に協力させるようにまとめていく組織であるという建前から、会とはいっても会員制度はとられなかった。また、大政翼賛運動は天皇の意向を実現するよう協力する運動なので、会として独自の政策は掲げないことになった。

しかし、近衛首相による新体制準備委員会の初会合でのあいさつや、翼賛会発足時に発行された政府の広報誌『週報』の臨時号「新体制早わかり」のなかには、政党政治や議会を軽視しているとうけとれるような字句があり、中央本部には政策局という部局が設けられた。

一方、翼賛会以外に政治団体がないことになると、天皇が定めた憲法によって政治に参与できると定められた国務大臣や帝国議会が翼賛会の意向に反する独自の決定や行動ができなくなり、ひいては天皇の裁量権さえ事実上否定されかねないので、翼賛会は憲法違反の組織であるという議論が、憲法学者の一部や伝統右翼のなかから出てきた。

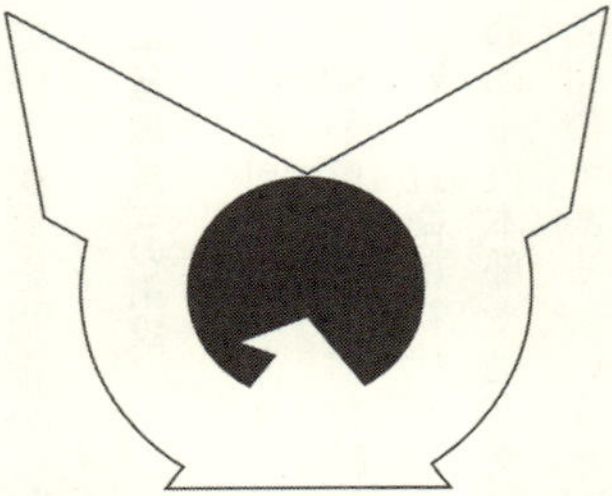
大政翼賛会のマーク

翼賛会違憲論は、政府公定の国体論から導き出されていたうえ、言論統制・報道統制の権限を持つ内務省が、翼賛会が内務省の地方行政に関する権限を事実上奪うのではないかと恐れていたこともあり、この翼賛会違憲論は黙認された。

こうした状況に、翼賛会で有力な地位を得られず不満をつのらせていた帝国議会の保守系議員たちが飛びついた。一九四一年一月から三月にかけての帝国議会の衆議院では、翼賛会補助金予算案をめぐって翼賛会違憲論にもとづく翼賛会批判が議員側から噴出した。政府側はこれに反論できず、翼賛会を改組することを約束、補助金は大幅減額の上、ようやく可決された。四月に翼賛会は改組され、政策局は廃止、道府県支部長は道府県知事の兼任となり、中央本部の幹部には内務官僚が大量に出向した。翼賛会は、ナチスに似たような全体主義独裁政党になる可能性もあったが、結局は内務省の外郭団体となり、国民に戦争協力を呼びかける組織として存在感を発揮していく。

ちなみに、町内会や隣組といった住民組織も、新体制運動の時期に、内務省の指示で全国的に義務化された。役所からの告知を回覧板で伝達するというスタイルが全国共通になったのはこのころからである。町内会や隣組は、防空演習や配給のための仕組みとしても利用されていくことになる。

なお、この時の議会では、国際情勢緊迫を理由に、任期満了に伴う衆議院の総選挙を一年延期する法案が可決されたほか、業界ごとの統制団体を組織させることができるよう国家総動員法が改正され、治安維持法も改正されて、違反行為を行いそうな人物をあらかじめ拘束できるようになり、さらにスパイ行為を厳しく取り締まる国防保安法が制定された。

4 太平洋戦争の開戦

†日米諒解案

さて、日米対立の深刻化を憂えた、近衛やルーズベルトに近い日米の一部民間人の尽力で、日米交渉の基礎案として日米諒解案が作成され、一九四一年四月、正式の外交ルートにのせられることになった。日米諒解案は、日本の参戦をアメリカがドイツを積極的に攻撃した場合に限るとして事実上三国同盟を空文化し、中国の満州国承認と引き換えに日本が満州以外の中国から撤兵し、そのかわりアメリカは日本との通商を復活するという内容で、近衛首相も昭和天皇も、そして内心は日米全面戦争を恐れていた陸海軍首脳さえ、交渉の手がかりができたとして歓迎した。

ところが、日米諒解案作成中に独伊ソを訪問し、日ソ中立条約を結んできた松岡外相は諒解案に強く反発した。最新の研究では、独ソ開戦を察知していた松岡は、アメリカが日本と妥協すれば欧州大戦に英ソ側で参戦し、日本に不利になるので、それを防ごうとして強硬姿勢をとったと考えられる。独ソ戦は六月二二日にはじまった。

近衛首相は、独ソ戦開始により、対ソ戦の可能性が改めて生じたので対米妥協が必要と考えた。しかも同時にアメリカから、交渉相手として松岡外相を忌避する意志が伝えられたため、松岡外相の更迭を決意した。ただし、当時の憲法では首相の一存で国務大臣をかえることはできないので、近衛はいったん総辞職し、重臣会議をへた昭和天皇の承諾を得て、他の閣僚も多少入れ替え、七月一八日に第三次近衛内閣を成立させた。外相は穏健派とみられていた海軍出身の豊田貞次郎《とよだていじろう》が就任した。

その直後の七月二三日、日本は南部仏印進駐の実施を決めた。中国の蔣介石政権や、日本への戦略資源輸出に応じないオランダ領インドシナ（現在のインドネシア）に圧力をかけるためである。これに対し、アメリカは七月二五日に在米日本資産凍結にふみきった。日本企業はアメリカで経済活動ができなくなったことになり、事実上の経済断交である。日本は南部仏印進駐に対しアメリカがそこまで強い対抗手段に出るとは予想していなかった。判断ミスである。

近衛首相は、難局打開のため、八月下旬、陸海軍の同意も得たうえで、アメリカに対し、アラスカでのルーズベルト大統領とのトップ会談で事態を打開したいと提案した。ただし、具体的な交渉案については、陸海軍との調整が難しいという理由で提示することができなかった。これに対し、アメリカは、会談前に具体的な折衝が必要だと回答してきた。政府と軍部の対立で日本側の態度が定まらないことを見越し、首脳会談を行っても無駄だと判断したのである。思えば日本は満州事変以後、内部対立のために明確に意思決定できない事態がたびたびあった。アメリカとしては日本を信用できなかったのである。

一方、陸海軍は、天候などの関係上、一〇月下旬に開戦か戦争回避かの判断が必要だと主張、九月六日の御前会議でそのとおり決定した。ただし、会議の際、昭和天皇は明治天皇の和歌を読み上げつつ外交優先を指示した。そこで、近衛首相と豊田貞次郎外相は、中国からの日本軍全面撤退を条件にすれば日米交渉の糸口がつかめるとして陸軍を説得しようとした。しかし、東条陸相は、中国からの全面撤退は、これまでの戦争の成果を無にし、将兵が士気を失って陸軍が崩壊しかねないとして九月六日の決定にこだわった。

†東条英機内閣成立

万策尽き、かつ自分の手による開戦をきらった近衛は、一〇月一六日総辞職した。木戸内大臣は、前内閣崩壊の原因をつくった陸軍に事態収拾の責任を持たせるべきことを昭和天皇に提案、承諾を得た木戸は重臣会議でも持論を展開し、一〇月一八日、東条英機内閣が成立した。昭和天皇は、東条に組閣を命じる際、国策の再検討も命じた。

そこで東条は企画院や陸海軍に国策の再検討を命じたが、結論は変わらず、アメリカに妥協するより開戦して東南アジアを確保して様子をみたほうが有利だとの結論となった。これをふまえ、一一月五日、政府と軍部は御前会議で一一月下旬までに外交交渉が成立しない場合は一二月上旬に開戦すると決定した。ただし、第二次近衛内閣が設置した総力戦研究所の想定演習では敗戦という結論が出ており、東条内閣の結論は、はじめに結論ありきの甘い見通しによるものであった。

一一月二六日にアメリカのハル国務長官が発した、満州国否認を含む覚書、いわゆるハル・ノートが開戦の直接の原因といわれることがある。しかし、ハル・ノートの第一報が入る直前の二七日の大本営・政府連絡会議で一二月八日の開戦はすでに政府・軍部の合意事項になっていたので、この説は正しくない。むしろ、気の進まない東条を押し切っても一一月二九日にわざわざ重臣を呼んで意見を聞いたり、海軍内部に反対論があることを聞き、海相と軍令部総長（一九三三年に改称）を呼んで確認したように、最後まで迷っていたのは、最終決裁者たる昭和天皇だった。

東条英機

†太平洋戦争の開始

そして結局一二月八日、日本は太平洋戦争を開始した。当時、政府は「大東亜戦争」と名づけ、最近では、戦域を示すためアジア・太平洋戦争とよぶことが増えているが、本書では簡潔に太平洋戦争とよぶ。開戦の詔書《しょうしょ》は、アメリカとイギリスが蔣介石政権を援助するなどしてアジアの覇権獲得をねらったので、自衛行為としてやむなく開戦したと主張していた。事実に照らしてこれが到底通用しない理屈であることは、大変残念ながら、明らかである。

一九四一年一二月八日未明（現地時間で七日朝）、日本海軍航空隊はハワイ真珠湾のアメリカ海軍基地を奇襲、軍艦多数を沈没・損傷させる大戦果をあげた。八日朝のラジオ放送でこれを知った日本の大多数の人びとは大喜びした。

ただし、この奇襲攻撃はアメリカ国民の敵愾心《てきがいしん》をあおる効果をもった。その事情について、日本は真珠湾攻撃開始三〇分前に開戦通告をするはずが、ワシントンの日本大使館が準備に手間どったため通告が攻撃開始後となり、それがアメリカ国民の日本への敵愾心に火をつけて兵器の大増産につながり、アメリカ軍の戦力が日本軍の戦力を圧倒していく結果になったとはよくいわれるところである。

真珠湾攻撃の様子（『大東亜戦争報道写真録』読売新聞社、1942年より）

しかし、奇襲を成功させるため、日本の最後通告は宣戦布告ではなく交渉を打ち切るという内容にすぎず、アメリカも日本は東南アジア地域だけを攻撃するに違いないと思い込んでいた。つまり、通告の遅れがアメリカ国民を憤激させたわけではなく、通告が時間通りに行われても結果はあまり変わらなかった可能性が高いのである。しかも、日本側は意図的に通告を遅らせようとしていたことも最近わかってきた。

日本海軍が奇襲にこだわった理由は、国力的にそれ以外の方法でアメリカの戦意を失わせる見込みがなかったからである。実のところ、対等な戦力では五分五分の戦いはできても圧勝はむずかしいが、これ以上の兵力をふだんから備えておく国力は日本にはなかった。この戦力で勝利したければ王道ではなく奇策しかなかったのである。

また、東南アジア地域でも、軍事的効果を高めるため、日本軍は事前通告なしの奇襲上陸という国際法違反を行った。開戦の詔書に、日清戦争や日露戦争と異なり、国際法を守るという趣旨の文言がないことの理由はここにあった。逆に言えば、そこまで不正義な行為をしなければ勝てないほど日本は背伸びして戦争を拡大したのである。

†止まらない侵略戦争

何ともさみしいことだが、満州事変勃発以後、太平洋戦争開戦までの日本外交は、林銑十郎内閣の佐藤尚武外相が在任した三ヵ月弱を除き、いいところがまったくなかった。太平洋戦争開戦までの経緯について、日本を追いつめたアメリカが悪いという説があるが、全くの誤りである。アメリカはもともと東アジアに深く介入する意志はなく、経済的にも中国より日本との関係の方が強かった。ところが国際連盟の常任理事国であり、九ヵ国条約や不戦条約にも加盟して侵略戦争をしないと約束していた日本が、生存権確保のためという理由で、謀略まで使って隣国中国を侵略するという不義非道な行動をし、反省せずに侵略をエスカレートさせたために、やむなくかかわったにすぎない。

ついでにいうと、満州事変以後の日本の一連の行動を侵略とは呼べないという議論もあるようだが、これも全くの誤りである。なによりも、満州事変における日本の行動を自衛とは認めないという国際連盟の勧告が、ほぼ全会一致で承認された事実、一九三八年九月に連盟が事実上日本を侵略国と認定した事実は、なによりの証拠である。

蔣介石率いる中国政府は正統政権として国際的に承認されており、日本ですら日中戦争勃発までは承認していた。連盟規約、九カ国条約、不戦条約によって、武力による国際紛争の解決は侵略であり違法であるという前提が確立しているなかで、正統政権が統治する領域を武力で占領すれば、いかに弁解しようと、侵略以外のなにものでもない。それに、日独伊脱退後の一九三八年段階でも、連盟には世界の大多数の国が加盟し、アメリカも実質的には加盟していたので、連盟は十分に国際世論を代表する存在だった。

国内政治も、一九三五年の天皇機関説問題を機に、国民はすべてを超越した天皇に従ってさえいればよいという国体論があらためて公定されたことにより、軍部・官僚の政治的発言力が高まった結果、政党政治復活の可能性はますます遠く、日中戦争が哲学的に正当化された「聖戦」となったために批判できなくなったことと合わせ、日本国家が、広い視野を持って合理的に政策を決定できる可能性はほとんどなくなってしまった。

しかし、大手のマスコミも、大多数の人びとも、疑問や反対の声をあげることはなかった。もともと上の言うことに従うのが美徳だと教えられていたことが一因であるのはまちがいない。かつて明治期の文部大臣もつとめたことがある元老西園寺が、張鼓峰事件の際に、理不尽な事態が続いても国民が黙っているのは明治以来の教育が悪かったためだと後悔する言葉を側近に漏らしたことや、反骨のジャーナリスト桐生悠々が教育の改善を唱えたことは、そうした事情を裏づけている。そこへ、陸軍即国家という独善的な観念をたたきこまれた陸軍将校たちが国家社会を振り回す状況が生まれてしまった。

とはいえ、当時にあっても、西園寺以外にも、立作太郎《たちさくたろう》、横田喜三郎《よこたきさぶろう》、矢内原忠雄、清沢洌、昭和天皇など、日本のあやまちに気づいていた人もいた。しかし、昭和天皇は、周囲の支援者を徐々に失って矯正する気力を失っていき、西園寺も、日本の教育のあやまちに気づきながらもその他の人びとは、立のようにあやまちに気づいても公言しなかったり、清沢、矢内原、横田のように、右翼、政府、軍部に睨まれて次第に発言の場を失っていったりした。西園寺自身も、老齢ゆえに気力を失い、日本の将来を憂慮しながら一九四〇年一一月にこの世を去ってしまった。もはや日本は、昭和天皇が張鼓峰事件の際につい洩らしたように、すべてを失う寸前まで、誤った道を転がっていくことになっていく。

なお、一九四一年一〇月、ソ連の諜報員リヒャルト・ゾルゲとジャーナリスト尾崎秀実《おざきほつみ》ら協力者たちがスパイ容疑（国防保安法などの違反容疑）で逮捕された。ゾルゲはドイツの新聞特派員となって駐日ドイツ大使館に出入りし、尾崎は近衛文麿の側近グループと親しくなって機密情報を入手、ソ連に通報していたのである。当時の日本にとってはとんでもない利敵行為であるが、本人たちにとっては、日本の侵略戦争を少しでも早く終わらせるための命がけの勇気ある行動だった。共産主義は、体制になれば、政治面には抑圧的、経済面では非効率になってしまうという致命的な欠点があるものの、少なくとも当時の日本の問題点を明らかにするうえで有効な手段のひとつだったことがこの事件からもわかる。

事件は一九四二年五月に公表され、ゾルゲと尾崎は一九四三年九月に死刑判決が確定し、死刑は一九四四年一一月に執行された。

5 日中戦争期の社会と文化

†軍需景気による娯楽の盛況

第2節でもふれたように、日中戦争勃発後、一九三八年に入るころから、軍需生産増大による好況（軍需景気）がやってきた。最も手軽な娯楽である映画は大盛況となり、一九三七年から四二年までの間に映画館の観客数は二億四〇〇〇万人から五億一〇〇〇万人と倍以上に増え、映画館数も一七〇〇館あまりから二四〇〇館あまりと一・五倍に増えた。

『愛染かつら』

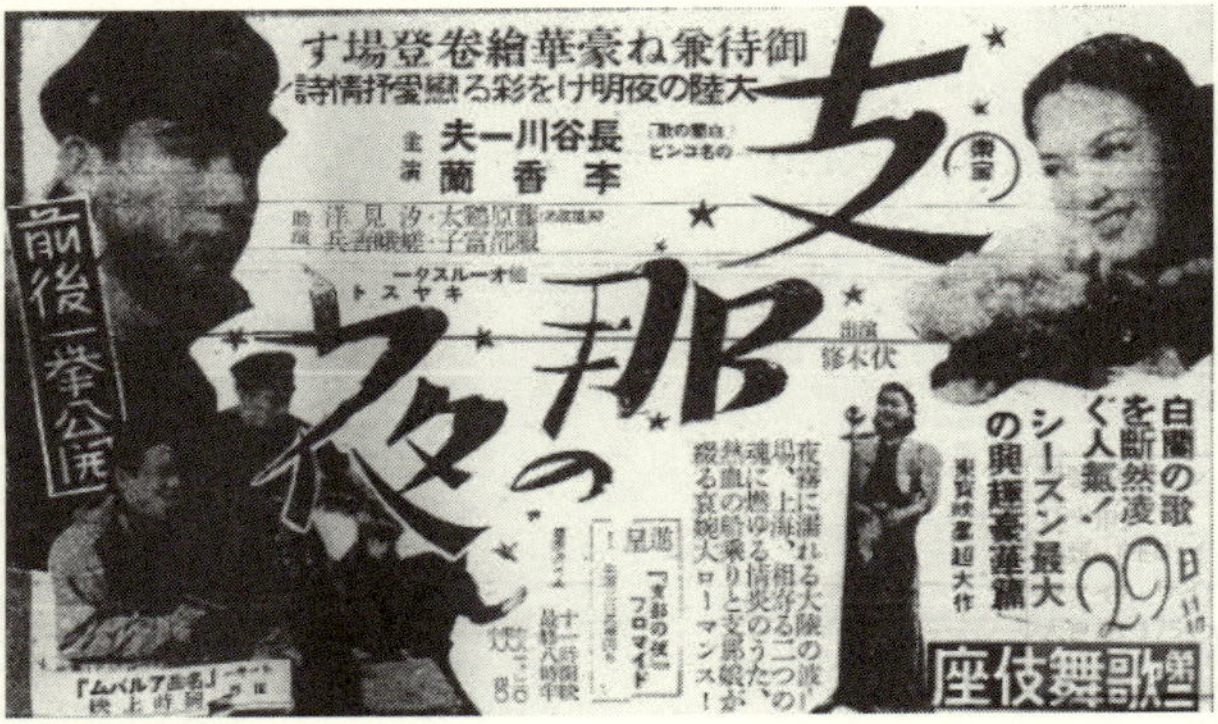

『支那の夜』広告

入場税が新設された影響で入場料が一割値上げされたにもかかわらずである。

軍需景気に加え、軍需資源の輸入を優先するため外国映画の輸入がほとんどできなくなったこともあって、当然日本の映画製作も盛況となり、一九三八年から三九年にかけては、上原謙《うえはらけん》・田中絹代《たなかきぬよ》主演・松竹製作の恋愛映画『愛染《あいぜん》かつら』三部作が空前のヒットを飛ばし、一九四〇年夏には、長谷川一夫《はせがわかずお》・李香蘭《りこうらん》主演・東宝製作のサスペンス恋愛映画『支那の夜』がさらなる空前のヒットを飛ばした。

李香蘭は、当時の日本では満州国で活躍する日本語のできる中国人スターということになっていたが、実は中国語に堪能な日本人山口淑子《やまぐちよしこ》であったことは現在では周知の事実である。また、エノケン主演のミュージカル調喜劇映画や、嵐寛寿郎《あらしかんじゆうろう》主演の幕末もの時代劇『鞍馬天狗』シリーズなども年間数本製作されて安定したヒットを飛ばしていた。

こうした映画の人気に目をつけた政府は、政府の政策を国民に浸透させる手段のひとつとして映画を利用するため、一九三九年に映画法という法律を作り、映画会社に対し、脚本の事前検閲の実施や、あまりに娯楽色の強い作品については十代の青少年の観覧を禁止するなど、娯楽映画の制限に乗り出すとともに、国策映画（政府の方針を宣伝することを主眼とした映画）の製作を義務づけた。

そのため一九三九年以降、各映画会社は国策映画の製作を試み始めるが、日中戦争期封切りの国策映画で大ヒットしたものはひとつもない。いくら国家に従順な日本国民とはいえ、わざわざお金を払ってまで、どうしてもまじめで退屈になりがちな国策映画を見に行く人は少数派だった。映画館は、この時期においても、ひと時の夢に酔ったり、手に汗を握ったり、ゲラゲラ笑ってストレスを発散させる場でありつづけたのである。

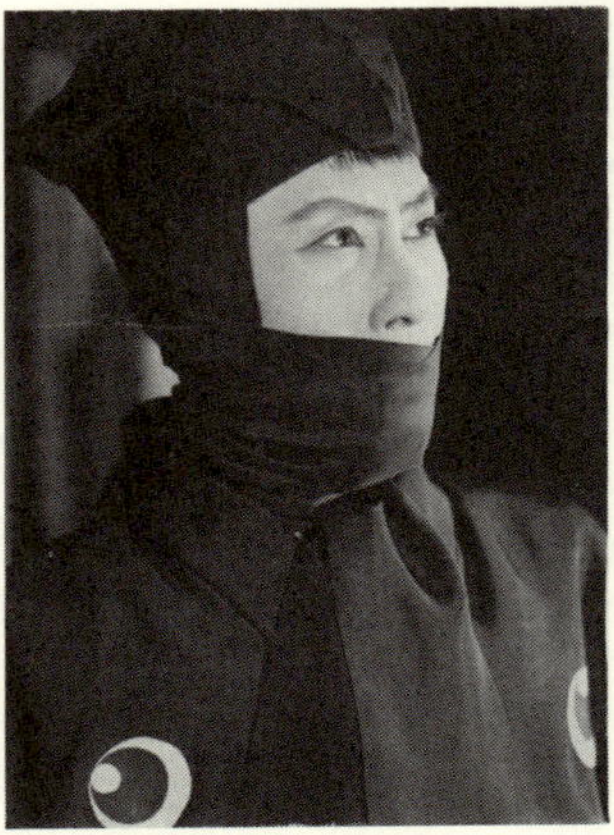

鞍馬天狗に扮する嵐寛寿郎

『支那の夜』は、日本占領下の上海を舞台に、抗日ゲリラの横行を絡めながら日本人船員と中国人女性の恋愛を描いた作品で、今から見ると国策映画のようにみえるが、当時は全く逆で、神聖な戦場で恋愛とはなにごとだと検閲官が激怒し、以後恋愛映画は事実上禁止されてしまったといういわくつきの作品であった。

流行歌についても、この時期に戦後まで歌い継がれる名曲が多数生まれている。映画『支那の夜』も、渡辺はま子が歌う同名の流行歌の大ヒットにあやかった企画であったし、『愛染かつら』の主題歌「旅の夜風」も、日本に暮らす人でまず知らぬものがないほど広く普及した大ヒット流行歌であった。

出版界も盛況で、『キング』や『婦人倶楽部』、『少年倶楽部』、『少女倶楽部』など講談社の娯楽雑誌は、一九三八年から一九四〇年夏までが分量的にも内容的にも最盛期で、映画『愛染かつら』も『婦人倶楽部』で好評だった連載小説が原作である。新聞も『朝日』、『毎日』につづき、『読売新聞』が関東地方を中心に部数を伸ばし、有力新聞の仲間入りをした。NHKのラジオも、安価な国産受信機の普及、聴取料の値下げ、さらに日中戦争勃発後、政府が情報伝達手段として重視したこともあり、急速に聴取者数が拡大し、一九三九年に家庭への普及率は三割を超え、一九四四年には五割を超える。

この時期の文化の特徴は、戦場としての中国への関心が高まったことである。映画では『支那の夜』はいうまでもなく、『愛染かつら』も三部作の最後では中国戦線が舞台となるし、流行歌でもさきにふれた「支那の夜」、ディック・ミネの「上海ブルース」、服部富子《はっとりとみこ》の「満州娘」などがヒットした。文学でも、火野葦平《ひのあしへい》が中国戦線の従軍体験をもとに書いた小説『麦と兵隊』は、今風にいえばノンフィクションに近い作風だが、流行歌にもなるほど大ヒットし、『土と兵隊』など続篇も生まれた。『土と兵隊』は映画化されている。

†強化される統制体制

こうした、軍需景気による一見明るい雰囲気は、ちょうど『支那の夜』が公開された一九四〇年夏あたりを境に変化していく。アメリカの経済制裁開始による統制経済の強化により、衣料品や嗜好品の切符制がはじまった。振袖の着物や蓄音機など、ぜいたく品の販売も禁止され、直前の駆け込み購入でデパートは大盛況だった。四一年一月からは六大都市で米の配給制がはじまった。

ここまで年間五〇〇本以上製作されていた映画も、民需用フィルムが激減されることになったため、映画会社を統合して製作本数を減らすことになり、翌一九四一年四月からは、劇映画を作る映画会社は松竹、東宝、大映（大日本映画製作）の三社に統合され、映画館への配給は、新設の映画配給社が一括して行い、全国の主要な映画館は、紅系統、白系統の二系統に区分され、毎週二本の新作が封切られる体制となった。年間製作本数は一九四一年には半減して二五〇本となった。

出版界にも大激震が走った。用紙が配給制となるということで、一九四〇年秋から四一年春にかけて新聞・雑誌の大統合が行われた。地方紙は各道府県につき一紙に統合され、雑誌もジャンルごとに一、二種程度に統合された。こうした企業統合で余剰となった人びとは、軍需産業に転職したり、占領地での宣伝工作に従事したりした。

代用品も戦時下独特の現象である。綿製品は軍服や輸出用に回されたため、一般の人びとには合成繊維でできた衣料品が出回るようになった。ステープルファイバー、略してス

三越デパートでテレビ画面に見入る人たち　©毎日新聞社

フである。石油からできた合成繊維だが、耐久性に欠け、汗も吸わないので嫌われた。また、ガソリンが軍需資源となったため、バスやタクシーは木炭ガスで走る代用燃料車が登場した。ただしこの代燃車は馬力が出ないため、登り坂になるとみんな降りてバスを押すという笑えない話もあった。

もっとも、その一方で、テレビの実用化、新幹線計画や長距離航空路の開設といった動きもあった。テレビの開発は一九世紀末から欧米ではじまり、一九二六年一二月に浜松高等工業学校助教授の高柳健次郎が世界初のブラウン管方式のテレビの開発に成功した。ドイツでは一九三六年にテレビ放送が始まったが、ブラウン管の走査線数が少なく、画面は不鮮明だった。日本では一九四〇年の東京オリンピックの中継放送をめざして実用化が進められた。ブラウン管の走査線はドイツの約二・五倍の四四一本だった。戦後のテレビが五二五本なので、かなり鮮明に見えたはずである。結局、オリンピック返上後の一九三九年五月、NHKがテレビの実験放送を開始した。一九四〇年四月には初のテレビドラマ『夕餉前《ゆうげ》』も放送されたが、太平洋戦争勃発で実験放送は中止、一九四四年七月にテレビの研究も中止された。

新幹線は、日中戦争勃発により東海道・山陽線の輸送量が増大したことを背景として、東京—下関間に高速の別線が計画されたもので、新聞では「弾丸《だんがん》列車」計画とよばれた。一九三九年七月から鉄道省で具体案の検討がはじまり、電気設備が爆撃・砲撃で破壊された場合の運転停止を恐れた陸軍の意向で電化は一部にとどまったが、電化区間では最高時速二一〇キロ、非電化区間(蒸気機関車牽引)でも最高時速一七〇キロ、東京—大阪間四時間半、東京—下関間九時間、東京—大阪間は後の東海道新幹線とほぼ同じルートで計画された。一九四一年八月には一部区間で建設工事が始まったが、戦局悪化により一九四三年に工事は中止された。

民間定期航空については、大陸進出という軍事的、国家的要請から、満州国内の路線を除き、日中戦争期に入ると半官半民の大日本航空に統合され、中国やタイへの航空路が拡大したが、特に注目すべきは、一九三九年に開設された横浜—サイパン—パラオ線である。

川西97式飛行艇、南洋定期航空路に就航

これは日本の川西航空機が開発した大型飛行艇（九七式）を用いた南洋群島への航空路線で、サイパンまでの二六〇〇キロを無着陸で一〇時間で結ぶ本格的な長距離路線である。当初月二回運航だったが、一九四一年九月には週一回に増えた。欧米主要国の航空会社の飛行艇による長距離航空路がアジアにも延びつつあった時期である。

もし日本が軍備を抑制し、戦争をせずにすんでいれば、技術力と国力をテレビ、新幹線、民間航空に注いで世界の最先端と肩を並べ、豊かな国への仲間入りができたにちがいない。

社会の雰囲気も、一九四〇年一一月に宮城外苑（現在の皇居前広場）を中心に行われた紀元二六〇〇年奉祝式典を境に、戦時色が濃くなった。東京の街には大政翼賛会による、「贅沢はできない筈だ」という立て看板が並び、娯楽はつまらなくなり、食生活も次第に単調になり、新聞もページ数が減り始め、新築の建物は貧弱な木造建築ばかりになり、町や村から青壮年の男性が目に見えて減り始めた。現在われわれがイメージする戦時下の暗い社会の雰囲気はこの時期以降のものである。逆に言えば、ここまでは戦争で潤っている人も多く、まだなんとなく楽観できるような雰囲気だったのである。

社会の戦時体制化は植民地でも例外ではなかった。台湾では、一九三六年末から、自主民化運動が始まっていたが、日中戦争勃発後これが促進され、日本語の常用、国旗掲揚の義務化を始め、さまざまな措置がとられ、自治運動や民族文化尊重の動きは抑圧された。

朝鮮でも日中戦争勃発以後、日本語の普及をはじめとする皇民化運動がはじまっていたが、一九四〇年からは悪名高い創氏《そうし》改名《かいめい》が始まった。朝鮮の人びとに天皇への忠誠心を抱かせるために、朝鮮の人びとの家族関係についての風習を衰えさせ、日本風の家族制度を定着させることをねらって、朝鮮の人びとの氏名を日本風にさせるという措置であった。しかし、実際には一見して朝鮮人とわかるような創氏改名しか認められず、本国人と外地人という差別の体系はそのまま温存されたため、かえって朝鮮の人びとに嫌な思いをさせ、独立への意欲を抱かせる結果となった。

このように、日中戦争を契機とした日本の戦時体制化は、日本本国の人びとだけでなく、植民地の人びとにも暗い影を落としていったのである。

6　初期の戦況と翼賛選挙

†戦勝気分の中の総選挙

太平洋戦争開戦と同時に灯火管制が敷かれ、夜は室内の明かりが漏れないようにしなければならなかった。空襲の手がかりを与えないためである。夜の街は真っ暗となった。新聞やラジオの天気予報も廃止された。やはり敵軍に攻撃の手がかりを与えないためである。台風が来るとしても事前に災害への備えをすることはできなくなった。

開戦後、日本軍は東南アジアで快進撃を続け、英米軍を降伏、撤退させて三月上旬までに東南アジアの要地をほぼ占領し、五月には、北はアラスカ、南はオーストラリアに迫る太平洋の東半分をほぼ手中に収めた。ただし、一九四二年四月一八日には、太平洋上の空母からアメリカ軍の爆撃機B25が東京をはじめとする主要都市に空襲を行い、わずかとはいえ死傷者が出たことは、戦勝気分に水をさすものであった。

戦勝気分を背景に、政府は一年延期していた任期満了にともなう総選挙を一九四二年四月に実施した。内外に日本の団結を示すため、政府は各界の有力者に候補者推薦団体（翼賛政治体制協議会）を作らせ、政府に協力的と見なされる候補者を推薦させたので、翼賛選挙とよばれる。憲法で衆議院議員は公選すると定められており、政府が選挙に干渉することは不公平になり違法とされたので、こういう形がとられたのである。立候補者は一〇〇〇人を超えたが、翼賛政治体制協議会は衆議院の議席数と同じ四六六人を推薦した。

推薦候補の半数以上は、かつて政友会や民政党に属していた現職の保守系議員で、それ以外は官界、経済界、軍人、地方議会の出身者である。推薦されなかった候補者のなかには、反軍演説事件で議席を失っていた斎藤隆夫、斎藤の除名決議に反対した芦田均、除名決議に欠席した鳩山一郎、翼賛選挙自体に反対していた東方会指導者中野正剛《なかのせいごう》、極右運動家の赤尾敏《あかおびん》や笹川良一《ささかわりょういち》などがいた。

憲法の公選規定の関係で、政府としては、投票に行くように呼びかけることはあっても、推薦候補への投票を呼びかけることはなかったが、実際には地方官憲による呼びかけが行われた。ある警察署長は、警防団（住民による防犯組織）の会合で、推薦候補が当選しないと政府の失態となって大問題だとして推薦候補への投票を呼びかけ、ある小学校校長も地域の翼賛壮年団（地域の中堅男性の戦時協力団体）の会合で、推薦候補に投票しないのは天皇に背くことと同じで、子どもの就職にも差し支えると発言した。もっとも、投票は今と同じく無記名方式なので、だれがだれに投票したか特定することは不可能なはずだが。

また、非推薦候補に対しては、選挙取締法令の厳格な適用という嫌がらせが行われた。こうした選挙干渉は、道府県知事のレベルで内々に指示されていたと考えられる。こうした選挙干渉がひどい道府県は、道府県全体の半数以上にのぼった。

結局、投票率は敗戦前の普選では最高の八一・八%、推薦候補の当選者は三八一人で、当選率は政府の目標通り八割を超え、国民の団結を内外に示すという政府の意図は達成された。非推薦の当選者は八五名、斎藤隆夫、芦田、鳩山、中野、赤尾、笹川はいずれも当選した。斎藤、芦田、鳩山、中野はもともと地元で圧倒的な支持をえており、警察も手出しできなかった。赤尾と笹川は、警察では当選見込みなしとみていたが当選してしまった。二人はそれぞれ東京と大阪の下町の選挙区に立候補し、しばしば警察に中止させられるような元気のよい演説で浮動票を獲得し、当選したのである。

また、第一回総選挙から唯一連続当選していた尾崎行雄《おざきゆきお》も、斎藤の除名に反対したため非推薦で、当選はしたものの、他の候補者の応援演説で現政権の批判をしたため治安警察法違反で起訴されたが、のちに無罪となった。選挙干渉については、落選者たちによって一一四件の訴訟が起こされ、鹿児島二区の事件は大審院で選挙無効の判決が出て、一九四五年二月に再選挙となった。

選挙後の五月、衆議院議員のほぼ全員が加入した国内唯一の政治団体として翼賛政治会が結成された。しかし、目的は政権獲得ではなく戦争協力であり、首相が総裁を兼ねることもなかったから、独裁政党とはいえず、戦勝までの暫定的な政党にすぎない。

7 傾く戦局

†隠蔽される敗北の事実

不敗のはずの日本軍だったが、一九四二年六月のミッドウェー海戦で空母三隻と艦載機多数を失って敗北した。ただし、敗北の事実は隠蔽され、東条首相や昭和天皇も詳細は知らされなかった。これ以後、日本軍が正確な戦況を発表することはほとんどない。しかし、これを転機に、次第に態勢を立て直し始めたアメリカ軍が攻勢に転じ、日本は一九四三年二月にはガダルカナル島を失った。

ここまでで海軍航空隊は熟練パイロットの大多数を失い、軍用機の保有機数も、開戦前は日米ほぼ同数だったが、この時点でアメリカの半分近くになっていた。両国とも補充はしていたが、喪失ペースは日本の方が早く、生産ペースはアメリカの方が早かったのである。空母についても、アメリカも日本軍の攻撃で二隻を失っていたが、代替空母を一年半

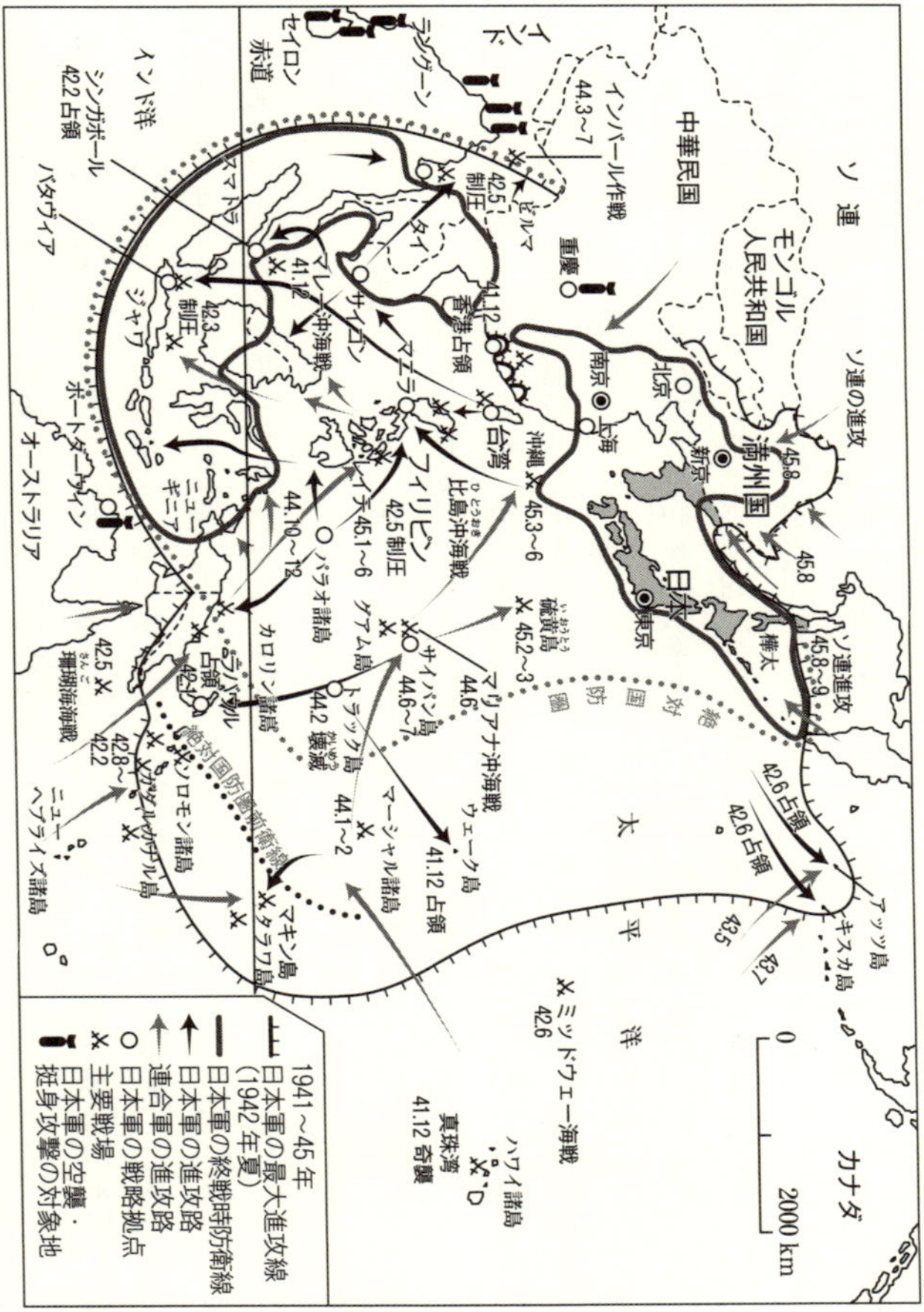

太平洋戦争の地図（『詳説日本史』山川出版社）

で建造した。しかし、日本は二年半もかかった。

青年の男性はどんどん兵隊に駆り出されるようになり、国内の労働力が不足し始めた。四三年に入ると、東条首相は、言論統制の強化、学徒勤労動員の開始、文系大学生の召集延期を廃止する学徒出陣（一九四三年一〇月）、娯楽やぜいたくを徹底的に統制する決戦非常措置要綱（一九四四年二月）などを実施して、軍事動員の強化や国内体制の引き締めをはかった。デパートもごく一部の売り場を残して事務所に転用された。仕事が終わったあとの一杯も、外食券と呼ばれる配給切符を持っているか、何らかのコネがないとありつけない。町の様子はいつの間にかすっかり殺伐としたものになっていた。

中学校や女学校以上の生徒は勤労動員に駆り出され、主に軍需工場で兵器生産に従事した。戦争末期には鉄道職員にも女生徒が動員された。彼ら彼女らは軍国主義教育世代であり、生徒たちのほとんどは必死に働いた。しかし、素人なので、彼ら彼女らの作った兵器、特に軍用機は使いものにならないものが多かった。それでも労働力が足りないため、中国の占領地や朝鮮から成人男性が強制的に動員され、鉱山などで労働に従事させられた。

国民学校（小学校）でも、勤労動員こそないものの、日中戦争期から軍国主義教育が強化されていった。ある小学校では、軍事演習もどきの遊戯が行われ、子どもたちは何の疑問もなく参加していた。

学童疎開。疎開先で学童と父母が面会　©毎日新聞社

大都市部の学童疎開が義務化されるのは一九四四年八月。国民学校の高学年の子を対象に学校ぐるみで行われた。しかし、長期間親元を離れ、食糧も乏しいことが多かったから、いじめが絶えず、女子学童に良からぬふるまいをする教師までいて、いやな思い出となった人が大部分だった。

親の方は、むしろ、比較的自由主義的だった大正時代の教育を受けた人が少なくなかったはずだが、軍国主義教育に抗議した例は見当たらない。戦時下だし、国家のやることだから仕方ないと考えていたと判断せざるを得ない。大正期教育でも、国家を疑えとまでは教えていなかったことは確かである。

ついでにいえば、徴兵に関しても、日中戦争期以降になると、徴兵に何の疑問もなく、むしろ喜んで入営する人が多くなった。家族がいる召集兵は思いを残して出征するのが普通で、遺書を残す人もいたが、本来の徴兵年齢の人たちになると、家族はともかく、本人は良いことだと思った場合が圧倒的に多い。軍国主義教育の成果である。

それでも、太平洋戦争後半に入ってからの南方への出征の場合は、本来機密である行き先を何とかして家族に知らせようとする人びとがいた。手紙のやり取りも生還も期待できないからであろう。マッチ箱に行き先と名前と住所を書き、動き出した列車が踏切に差し掛かるとそれを落とすのである。実際、だれかが拾って家族のもとに届いたこともあった。

†悪化する戦況

陸軍はおろかな作戦に手を出した。一九四四年一月から七月に行われたインパール作戦である。第十五軍司令官牟田口廉也《むたぐちれんや》(盧溝橋事件の主人公となった連隊の連隊長だった)の提案による、三個師団によるビルマからインドへの進撃作戦である。しかし、行く手をジャングルに阻まれ、三人の師団長全員が作戦中止を主張し、一人は牟田口に無断で撤退した。これに対し、牟田口は彼らを更迭して作戦を続行した。

イギリス連邦軍の反撃により、作戦は結局七月に中止されたが、広大なジャングルに多数の将兵や従軍看護婦が取り残され、多数の餓死者や病死者を出す悲劇となった。参加将兵八万五〇〇〇人のうち、八割以上が戦死あるいは戦病死したと推定されている。さすがに牟田口は更迭されたが、それ以上の責任を問われず、理性と勇気ある師団長たちが名誉回復されることはなかった。

さて、東条首相は、一九四四年一月、首相、陸相に加えて参謀総長まで兼任する史上初の措置に踏み切った。輸送船の配分について、作戦優先を求める参謀本部と、国内増産のため、東南アジアからの資源輸送優先を求める陸軍省の対立を解消するためであった。

しかし、こうした措置の成果はあがらず、アメリカは一九四二年後半から、潜水艦による輸送船攻撃を本格化し、やがて輸送船の新造量より喪失量の方が上回って、戦地への兵員や武器弾薬の輸送、東南アジアからの資源輸送が滞り始めた。潜水艦による魚雷攻撃ではあっという間に沈んでしまうことが多く、生存者はほとんどいなかった。

有名な例として、一九四四年八月の沖縄からの疎開児童を載せた対馬《つしま》丸撃沈の場合は一五〇八人死亡、一九四五年四月に南方から本土に向っていて撃沈された阿波《あわ》丸の場合は二〇四五人のうち生存者一名である。阿波丸は本来攻撃を禁止された病院船で、船体に赤十字を大きく描いていたが、実は取り決めに違反して病人以外の人びとや軍需物資を大量に積んでいたため、標的になってしまったのである。

政府は輸送船を確保するため、戦時標準船という規格を設定して、輸送船の効率的な建造を試みた。しかし、資材不足のため設計上の速度が抑えられ、さらに燃料不足のため、これらの船は低速で運航せざるを得ず、海軍の護衛付の船団形式で運航されたものの、潜水艦が出現しても逃げることは不可能で、造るそばから沈められていった。船員は特殊技能者ということで、国家総動員法にもとづく国民徴用令によってすべて政府に徴用され、危険だからといって勝手に転職することはできなかった。

このような海上輸送の衰退に加え、肥料の配給不足、農業の人手不足、国内の輸送も軍需優先で食糧や生活物資は後回しとなったため、食糧や生活必需品の配給の量や質が低下しはじめた。国鉄は、長距離の旅客列車を大幅に削減し、利用者の少ない路線(私鉄を含む)では複線を単線にしたり休止し、そのレールを使って幹線では複線化やバイパス線の建設をおこなった。さらに、九州と本州を結ぶ海底トンネル(関門トンネル)の建設(一九四二年開通)、貨物用大型蒸気機関車D52の新造など、輸送力増強に努めたが、とうてい間に合わなかった。D52の製造にあたっては、鉄材を軍需に優先配分するため、車体の一部をコンクリートで代用した。

なお、鉄や銅、アルミ、金や銀など兵器製造に必要な金属類の不足が激しいため、大政翼賛会の呼びかけで金属回収が行われた。ビルの金属製の金具類は取り外され、寺の鐘や銅像のほとんども取り外された。貴金属類も供出が奨励された。これらは官庁が所定の価

学童疎開船・対馬丸

格で買い取った。

官僚統制の拡大による官吏の汚職の増加、配給事情悪化による、配給に関する不正や闇経済の深刻化により、政府に対する社会の不満が高まりつつあった。官吏の規律のゆるみぶりはひどかった。統制経済の拡大によって、官吏の持つ許認可権は膨大なものになっていた。そこへ、認可欲しさの業者がつけこみ、官吏が過剰な接待漬けになったり、県知事が闇物資をため込み、異動時の引っ越しトラックが横転して露見したという話もある。役所の部局で、出征や転任でいなくなった官吏をいることにして、その分の給与や手当を残りの人びとで闇給与として分けてしまうこともしばしばあった。違法行為を取り締まるべき官庁の側がこうであるから、一般庶民は推して知るべしである。

町内会などで、同じように出征や転居でいなくなった人をいることにして、配給物資を不正に入手して山分けするといった違法行為が珍しくなかったし、農作物の盗難、劇場や鉄道車両での、椅子の布の盗難、風呂屋での財布や靴の盗難も増えていった。

太平洋戦争期、政府は行政査察という業務を何度か行っている。官僚統制の機能不全や、国民の官僚統制への不満への対処のために、行政現場の実態を調査したのである。その最後は一九四五年六月に行われたが、その報告書は、闇取引などの不正が横行し、もはや統制経済、配給制度は機能していないとして、市場経済に戻すことを政府に提案している。それほど経済は混乱していたわけである。

8 一撃講和論の誤算

†サイパン島陥落

さらに、アメリカは圧倒的な航空力で、一九四四年七月にはサイパン島を日本から奪った。サイパン島陥落により、日本はアメリカ軍の最新の超大型爆撃機B29の空襲範囲に入ったため、日本の勝ち目はなくなった。東条首相は事実上その責任を取る形で退陣した。なお、一九四三年九月には、同盟国のひとつ、イタリアが連合国に降伏していた。

日本の最高指導者層は、サイパン陥落で日本の勝利がなくなったことはわかっていたが、即時降伏を考えた人物はおらず、一度だけでも局地的な戦闘で勝利したうえで和平交渉をしたいというのが全員一致の考えだった。全面降伏ではすべてを失いかねないので、それを避けたいというのである。これを一撃講和論という。

東条内閣の後は、元陸軍軍人の小磯国昭《こいそくにあき》が首相となった。言論統制を多少緩和したり、極秘裏に中国との和平交渉を試みたりしたが、はかばかしい成果は出せず、中国側の和平工作仲介者の信頼性をめぐる閣内不統一のため、一九四五年四月に退陣した。

この間、日本は一撃講和の機会を得るため、一九四四年秋にはフィリピンのレイテ島を舞台に、特別攻撃隊による飛行機の艦船への体当たり攻撃という戦法まで編み出してアメリカと戦ったものの敗れ、海軍は組織的な戦闘能力をほとんど失った。陸軍も多数の将兵がジャングルのなかをさまよう悲劇を繰り返した。この戦いにおける日本軍の愚かさ、さらには戦争の愚かさについては、大岡昇平《おおおかしょうへい》の『レイテ戦記』をぜひお読みいただきたい。

結局日本は一九四五年二月にフィリピンを失った。しかし陸軍は、本土決戦も視野に入れながら、大量動員に踏み切った。徴兵年齢を一九歳に引き下げたほか、徴兵検査で甲種より下のランクの人びとも徴兵するようになった。将校も不足し、予備役将校や、予備士官を大量に動員した。

さらに朝鮮や台湾など植民地でも徴兵制度を開始した。日本軍としては、植民地兵は信用できないと考えていたのだが、もうなりふりを構っていられなくなったのである。兵器も十分ではなく、戦闘能力も低いこうした部隊が、日本本土や朝鮮、満州国などに展開されていった。

ちなみに、一九四四年末時点で、陸軍将兵の数は合計四四五万人に達していた。一九四四年度の軍事費総計は約七三五一億円。昭和元年が約四億三〇〇〇万円だったから気の遠くなるような巨額である。一般会計と臨軍費合計中に占める軍事費の比率は八五%、国民総生産に対する比率は九八%といずれも驚異的な数字で、日本近現代史上最大値である。国民が働いた成果はすべて負け戦につぎ込まれていったのだ。

†本土空襲はじまる

一九四四年一一月からはB29による本土空襲がはじまった。当初は軍需工場など軍事拠点への爆撃だったが、一九四五年にはいるころからは、焼夷弾による大都市への無差別爆撃がはじまった。一般住民の戦意喪失をはかるためである。これは戦時国際法違反の行為であるが、ヨーロッパでは枢軸国側のみならず連合国側からも常態化していた。

そもそも、史上初の無差別爆撃は、満州事変時に日本軍が行っており、日中戦争期にも、中国の臨時首都重慶に対し無差別爆撃を行っていた。もちろん住民の戦意喪失が目的で、

B29（東京爆撃の様子）

重慶爆撃の犠牲者は総計で数万人程度と、日本の空襲被害よりはるかに少ないが、国際法違反にはかわりない。要するに、無差別爆撃をはじめたのは日本だったのである。

日本側の対策であるが、一九四一年の防空法改正によって、住民は避難せずに消火に努めることが事実上義務づけられた。科学者たちは、木造家屋が多い日本では焼夷弾による火災は防ぎようがないので、まずは逃げるか、あるいは大都市部の商店や住宅もすべて鉄筋コンクリートの耐火建築にすべきだと主張していた。しかし、政府はあくまで焼夷弾は消火に努めれば火災を防げると宣伝した。みんなに逃げられては軍需生産ができないし、すべてを耐火建築にする国力もなかったからである。当時の人びとの日記や回想を読むと、消火できた場合もたしかにあるが、それは例外的な幸運というべきで、焼夷弾が大量に降ってきた場合は手の施しようがなかった。

死者推定一〇万人、罹災者一〇二万人といわれる一九四五年三月一〇日の東京大空襲については、原爆を除けば世界史上最多の犠牲者を出した空襲だけに、多くの記録や研究がある。空襲は、まず下町地域の四囲《しい》に焼夷弾を落として逃げ道を封じてから、全域に焼夷弾を落としたため、多くの犠牲者が出た。生存者の回想を読むのは実につらいことである。

ただし、無差別爆撃の焼夷弾は人を選ばない。被災した人の多くは庶民であり、東京郊外の高級住宅地にあった東条英機の自宅は被災を免れた。しかし、木戸内大臣のように、都心部に家がある場合は焼失した。喜劇俳優の古川《ふるかわ》ロッパ、作家の永井荷風《ながいかふう》も自宅を焼失し、衆議院議員で小磯内閣の運輸通信大臣となった前田米蔵《まえだよねぞう》は、空襲で三回も自宅を焼失し、元外務大臣の石井菊次郎《いしいきくじろう》は空襲で死亡している。一九四五年五月二六日の空襲では飛び火で皇居も焼失し、昭和天皇も被災者の一人となった。

工場地帯では、空襲の激化にともない、自宅が被災した工員の欠勤が増え、遠方から集団で勤労動員で来ていた中学生たちも、空襲の激化にともない、引率教師の自主的判断により、工場側に無断で集団帰郷する例が増えていった。

東京大空襲被災のようす

大阪大空襲（1945 年 3 月 13〜14 日）被災のようす

9 敗戦

†沖縄陥落

さて、小磯の後任首相は海軍出身で、かつて侍従長をつとめて昭和天皇の信頼も厚い鈴《すず》木貫太郎《きかんたろう》である。陸相となった阿南惟幾《あなみこれちか》は、梅津美治郎《うめづよしじろう》参謀総長とともに、表向きは徹底抗戦をとなえながら、陸軍中央の主戦派を少しずつ異動させはじめた。

その後も、アメリカ軍の圧倒的な戦力によって、日本は台湾沖航空戦に敗れ、四月にはアメリカ軍の沖縄への上陸を許し、片道だけの燃料で沖縄救援に向かった戦艦大和は、鹿児島沖でアメリカ軍航空機の攻撃を受けて沈没した。結局、沖縄は六月下旬に陥落した。沖縄は全土が戦場となり、日本側だけで軍人約五万人、民間人約一五万人(県民の四分の一)合計二〇万人という大きな犠牲を出した。軍人による民間人への自決強制まで起きたなか、文官で、本土に避難する機会もあったのに、最後まで踏みとどまって死亡した県知事の島田叡《しまだあきら》は、当時のエリート官僚のなかで数少ない勇気と責任感ある事例である。この間、五月にナチスドイツが降伏し、ヨーロッパ戦線では戦争が終結した。

日本は、陸軍が本土決戦をとなえ、その準備をすすめるなか国民全部を事実上兵士化する国民義勇隊の結成、国土分断に備えた戦時緊急措置法の制定が進められる一方、六月下旬から、国体護持を主要条件とする連合国に対するソ連経由の和平工作に乗り出した。陸相や参謀総長はもはや陸軍に戦闘力がないことを認識し、表向きは本土決戦といいながら、国体護持という条件付きながら和平工作の実施を認めたのである。

†ポツダム宣言と無条件降伏

しかし、すでに秘密裏に対日参戦を決めていたソ連が仲介に消極的な態度を示し続けるうち、七月二六日に米英中によるポツダム宣言が発せられた。その内容は、日本への即時無条件降伏の勧告と、勧告を受け入れない場合の悲惨な事態の予告、そして日本降伏後の方針、すなわち、戦争指導者の処罰と民主化の方針を明示するものだった。

日本はなおソ連経由の交渉に固執していたが、八月六日の広島への原爆投下、八日のソ連参戦、九日の長崎への原爆投下という事態を迎えてしまった。広島の被害は死者九万人から一二万人と推定され、長崎の死者は三万人から七万人と推定されている。ポツダム宣言の予言通りになったのである。また、満州では日本人居留民が事実上置き去り状態となり、在留邦人一五五万人中死者約二〇万人という生き地獄が展開されたが、それが明らか

広島原爆投下のきのこ雲

になるのはのちのことである。
九日以後、政府と軍はポツダム宣言受諾に向かって動き出し、日本は一四日に昭和天皇の判断という形でようやく無条件降伏を決定して連合国に通告、一五日に国民にラジオで告知され、本土では組織的な戦闘が終了した。
しかし、その過程で、国体論の立場から天皇が降伏することを受け容れられない陸軍中央の若手エリート将校の一部が、昭和天皇を監禁し、意思の変更を強要するクーデターを計画した。しかし陸相や参謀総長に拒否されたため、彼らは天皇のラジオ放送用録音盤（玉音盤《ぎょくおん》）の奪取を試みたが失敗した。その他、一部の部隊や右翼のグループによるテロやクーデターの計画もあったが、大きな動きにはならずにすんだ。玉音盤奪取事件の首謀者たちや阿南陸相は一五日早朝に自決し、海軍航空隊の特攻隊責任者だった宇垣纏《うがきまとめ》は特攻攻撃の責任をとって自ら最後の特攻攻撃に向かった。

一方で、神奈川県厚木の海軍航空隊では、司令官が、降伏を命じる天皇は天皇でないとして停戦を拒否したものの、精神錯乱として処理され、大事には至らなかった。

一五日以後も満州国や樺太千島でソ連軍の侵攻が続き、日本側だけで約八万五〇〇〇人の戦死者を出した。ソ連は日ソ中立条約の不延長を通告していたものの、なお有効期間中なので侵攻は条約違反である。しかし、ソ連は、戦争終結を早めるためという理由で侵攻を正当化し、連合国側から異論は出なかった。結局、九月二日の降伏文書調印によって、日本の敗北という形で戦争は終結した。この段階で動員されていた将兵数は陸海両軍合計約八二六万人に達していた。

†莫大な戦争犠牲者数

日中戦争勃発から敗戦までの死者は、植民地籍の人も含め、少なく見積もっても、戦死者(戦病死含む)約二三〇万人、民間人約八〇万人。実際にはこれより多いことは確実である。戦死者のうち、餓死が約六〇万人、移動中の輸送船撃沈による海没死が四〇万人と推定されている。なお、輸送船の船員の死者は六万人に及ぶといわれる。

内地の人口統計を見ると、一九三六年までは毎年一・五%前後増え、三六年に七〇〇〇万人の大台にのった。一〇年で一〇〇〇万人増えたことになる。しかし、三七年以後の増加率は〇・五％前後となった。明らかに戦争による犠牲者の発生が影響している。その結果、四三年段階での内地人口は約七三九〇万人で、人口増のペースは明らかに鈍化した。四四年の人口数は統計によって異なるが、四五年の数字は沖縄県を除き約七二一五万人。これに沖縄戦の県民生存者四五万人を足すと七二六〇万人。つまり、二年で一三〇万人、約一・八％の減少である。昭和の最初の一五年の死者の年平均が二〇万人、一九五〇年以降の年平均が一四万人であり、この一三〇万人はこの時期に生まれた人を引いた数だから、明らかに異常な数値で、戦争の影響は明らかである。また、一九四五年段階での将兵数は陸海合わせて八二六万人だから、大ざっぱにいって、軍人の五人に一人が犠牲になったことになる。大変な高率である。

民間人犠牲者の大部分と、戦死者の約三分の一はサイパン陥落から敗戦までの約一年強に生じたもので、敗戦が確実となったサイパン陥落時点で降伏していれば、死者は半分、民間人に関してはごく少数にとどまったのである。また、アジア戦域の日本人以外の犠牲者の正確な数はもはやわからないが、各国の推計を合計すると一九〇〇万人となる。

日本の人にしろ、それ以外の国や地域の人にしろ、ひとりひとりかけがえのない人生があったはずだが、あまりにも多くの人の人生が、戦争という人災によって無残にも断ち切られる不条理に見舞われた。生き残った場合も、親しい人を失った悲しみや、一生治らない体や心の傷の苦しみや、営々と築き上げてきた生活を失った悔しさを忘れられない人の数が、戦域全体で億単位になることは確実である。

なお、戦時中の日本で社会福祉政策が一定程度進展したことは確かである。国民の健康に関する事務を所管する専門の官庁として厚生省が一九三八年一月に設けられ、一九四三年には国民健康保険が強制加入となり、敗戦までに加入率は七割となった。しかし、これは国民の健康で幸福な暮らしのためではなく、兵士や軍需工場の労働者として動員すべき国民が病気がちでは困るという、あくまで国家が国民をより多く動員するための政策だった。そうして国民を健康にしても、結局は無策のために大量に死なせてしまったのだから、そういう意味でも戦争は愚行だということがわかる。

工場やその生産設備、船舶、航空機、鉄道車両、デパートやオフィスビル、学校など、日本の国富は敗戦時の時価換算で四分の一が失われた。日中戦争勃発から太平洋戦争敗戦までのあいだに増えた国富総額と同じ額が消失したことになる。この期間の軍事費は約七五六〇億円。ほとんどが臨時軍事費特別会計である。現在の貨幣価値で二二六八兆円、現在の単年度の一般会計が八〇〜九〇兆円だから、まさに天文学的数字である。試算によって異なるが、同時期の国民総生産の三分の一から半分に相当する。さらに、戦場となった地域の富の損失はもはや算定しようもない。内外の人びとの労苦のかなりの部分は、日本の国家制度の欠陥と為政者の失策や怠慢によって無残な廃墟となり、壮大な無駄に終わった。日中戦争と続く太平洋戦争は、日本とアジアの人びとに、史上比較しようもないほどの大きな傷跡を残したのである。

10 太平洋戦争期の社会と文化

†強まる戦時色

この時期の文化動向の大きな特徴は戦時色が強まったこと、そして、主に高学歴者向けの思想や文化について日本独自のものを求める風潮が強くなったことである。

映画は、年間製作本数が数十本に激減し、製作段階で政府や軍が介入することが増えたため、面白い作品は激減した。太平洋戦争前半期に大ヒットしたといえるのは、真珠湾攻撃を円谷英二《つぶらやえいじ》の特撮も含めてドキュメンタリー調でまとめ、太平洋戦争開戦一周年の一九四二年一二月に封切られた『ハワイ・マレー沖海戦』、一九四三年の正月向けに、幕末の尊王派やくざを主人公として作られた、時代劇スター長谷川一夫主演の『伊那の勘太郎』、エノケンや長谷川一夫などが出演した幕末を舞台にした一九四二年の探偵映画『待つて居た男』程度しかない。エノケン主演作品はこの時期も作られ続けてはいたが、以前のような爆笑シーンはほとんどみられない。

それでも映画観客数は一九四二年に五億一〇〇〇万人と敗戦前の最高を示した。おそらくは、映画法で上映を義務付けられたニュース映画の影響である。当初大手新聞社が製作していたニュース映画は、一九四〇年夏から政府の意向で『日本ニュース』に一本化され、毎週封切られて、各映画館での上映が義務づけられていたが、一九四二年一月の封切り分は、日本軍の快進撃を伝えるものばかりだったので、客が殺到したのである。しかし、一九四三年の観客数は三億二〇〇〇万人に激減、四四年は三億人を切った。四五年は空襲激化のため統計数字が存在しない。映画館数も一九四一年の二四六六館をピークに年々二割前後減少、一九四五年は空襲で八四五館まで激減した。

流行歌の方は、レコードの発売がほとんどできなくなったので、映画の主題歌を歌うか、政府や軍が戦意高揚のために作った歌をラジオで放送するか、あるいは兵士や労働者の慰問のために戦地や工場で歌を披露するしかなくなっていった。舞台俳優たちも同じである。

ちなみに、英語の使用禁止や英米楽曲の演奏や楽譜・レコードの保持を政府が禁じるのは一九四三年春のことで、それまでは、学生のアマチュアバンドのコンサートなどで英語でジャズが歌われることもあったようだ。

映画にしても、新聞連載の人気漫画のキャラクター をかりて戦時下の新婚夫婦の日常を描いた一九四三年封切の東宝映画『ハナ子さん』は、冒頭で明らかにアメリカのレビュー（ジャズダンスを取入れたショー）風の映画をまねたシーンがあり、アメリカの大衆文化の影響の強さがわかる。別の見方をすれば、文化交流だけでは戦争は防げないのである。

『ハナ子さん』（左より高峰秀子、轟夕起子、灰田勝彦）

一方で、労働強化によるストレス解消という名目で、厚生運動という職場でのサークル活動が奨励され、大企業などでは実践が試みられた。ブラスバンド、合唱、文芸雑誌の発行などである。これは結果的には敗戦後の職場や地域の文化活動のさきがけとなった。
旅行については、工場労働者が労働によるけがや病気の療養のために温泉に行くぐらいは許されていたが、時刻表掲載の広告を見ても、防空施設完備をうたい文句にしている東京の旅館もあるぐらいで、純粋な娯楽としての旅行に行ける雰囲気ではない。
一九四三年二月以降は、貨物輸送と工場労働者の通勤を優先するため長距離列車の大削減がはじまり、一九四四年四月には、決戦非常措置の一環として、特急、寝台車、食堂車が廃止され、片道一〇〇キロ以上の旅行は、職場か警察署から旅行証明書をもらえないと切符を売ってもらえないことになった。

一九四五年三月には急行列車は全国でも東京―下関間一往復だけとなり、通勤電車も、超満員の上に、椅子の布ははぎ取られ（衣服の修繕用だろう）、ガラスは割れたまま、新造車だとそもそも座席がほとんど設けられていなかった。

†荒廃する人びとの生活

盗難は日常茶飯事、都市部ではいつ空襲があるかわからず、人びとは普段着のまま寝床に入った。庭に防空壕を造る人もいたが、頑丈なコンクリート製でなければ役に立たず、手製の壕でけがや死亡する人もいた。

都市部では食糧の配給量が減り、主食については、米のかわりに小麦や雑穀、サツマイモなどを使った雑炊《ぞうすい》、粥《かゆ》、すいとん、蒸しパンなどが政府、大政翼賛会などで奨励された。しかし、それでもなお闇物資が手に入らなければ空腹を満たすことはできなくなっていった。大都市部から農村部に買い出しに行く人もいたが、これはそもそも統制法規違反であるだけでなく、農家側も冷たく対応することが多かった。農家から見れば、かつて恐慌の時代、月給取りはいい思いをしていただけでなく、都市部はいち早く不況から脱し、生活を楽しめたことを知っており、自分たちの苦境を見放しておいて、なにをいまさら、という気持ちが強かったためだった。

盗難が増え、外食券でやっと一杯の酒にありついてほっとしていると、気がつかないうちにわきに置いておいた帽子や荷物を盗まれるありさま。中流家庭の子供が通う私立の女学校でも、ストーブで温めていた弁当が盗まれる。空襲を待たず、殺伐とし、荒廃した雰囲気が大都市部には漂っていた。大空襲で焼け出されれば、年配の人びとの多くは戦意をなくし、つてをたどって疎開する人もいた。しかし、十代以下の少年少女たちは、軍国主義教育を受けているだけに、空襲で被害を受けても、がんばって仇《かたき》を討ってやる、というように戦意が盛んな場合がほとんどだった。

一方、自分なりの考えを持っていた人は、息苦しい生活を強いられた。外交評論家の清沢洌は、株式の運用で生活はできたものの、言論活動を封じられ、持てあます時間を外交史の著書執筆にあてていた。清沢は、いまこそ知米派の自分の見識が役に立つのに、と日記のなかで悔しがっていたが、戦争終結をその目でみないまま、一九四五年五月に病死した。芦田均は、なんと一九三八年以後日記を英語で書いている。警察に検挙された場合でも、日記の内容を読まれにくいようにするためだった。

若く才能ある女性作曲家吉田《よしだ》隆子《たかこ》は、かつて共産主義文化運動に参加したことから、治安維持法違反容疑でたびたび警察に拘留されてきたが、一九四〇年冬、警察署の寒い留置場での長期拘留で体調をくずし、太平洋戦争中は、特高の監視を受けながら自宅でほぼ寝たきりの生活を送った。一度危険人物とみなされると、人間以下の扱いを受けたのである。

思想・文化の日本的独自性を求める知的風潮は、明治期、さらには中世期までさかのぼることができるが、大正期にはこうした風潮がやや弱まっていた。そうした風潮が再び強まり始めたのは満州事変後、日本が国際連盟を脱退するころからである。簡単に言えば、国際協調主義を放棄した日本の行方を思想的哲学的に見定めようという知的欲求が生じていたということである。日中戦争期では、一九三八年秋以降の「東亜協同体論」の流行がその典型例であったが、太平洋戦争期にはそうした風潮が最高潮に達した。その典型例が『文学界』一九四二年九月号と一〇月号の特集「近代の超克」である。

参加した人の名前を挙げれば、亀井勝一郎《かめいかついちろう》、西谷啓治《にしたにけいじ》、諸井三郎《もろいさぶろう》、吉満義彦《よしみつよしひこ》、林房雄《はやしふさお》、下村寅太郎《しもむらとらたろう》、津村秀夫《つむらひでお》、三好達治《みよしたつじ》、菊池正士《きくちせいし》、中村光夫《なかむらみつお》、河上徹太郎《かわかみてつたろう》。哲学、宗教学、西洋史学、物理学、映画評論、文芸評論、詩人、作曲家など、当時の芸術文化・哲学思想の各分野の人びとが集まった。そして、もう西欧近代文明は過去のものであるという前提から、今後の日本の思想・文化のあるべき姿について議論したのである。

ほかにも、法律学や政治学でも日本的なものを確立する必要性が総合雑誌などで論じられることがあった。また、西欧芸術音楽の世界でも、日中戦争勃発以後、日本的な洋楽の模索が始まり、そうした理念をふまえた管弦楽曲が演奏会で演奏されるようになっていた。こうした芸術・文化のなかには、戦後黒澤明《くろさわあきら》監督の映画の音楽を担当した早坂文雄《はやさかふみお》、やはり戦後の映画『ゴジラ』の音楽を担当した伊福部昭《いふくべあきら》のように、戦後にも影響を残した例もあるが、多くは敗戦とともに消え去った。世界に通用するほどの普遍性を十分に持つには至らなかったのである。その背景には、国家の公定思想となった国体論が到底他の地域や文化圏にある人には受け入れられないような特殊性を持っていたからだと考えられる。

11 敗戦の要因

†国体論という理念

太平洋戦争開戦時、アジア・太平洋地域における日米の軍事力は日本がやや優勢だった。しかし、開戦後半年あまりで形勢は逆転し始め、日本はその後ついに劣勢を挽回できなかった。なぜ日本はこうしたふがいない戦いをして気の遠くなるような犠牲を出してしまったのか。積み重ねられてきた多くの研究をふまえて考えると、日本という国家が掲げていた理念にいきつく。

その理念とは、国体論である。先にもふれたように、日本が世界最古の国家として栄えてきて、これからも栄えていくのは、人びとが、神の子孫である代々の天皇の意志に従ってきたからなので、天皇のいう通りにしていれば平和に暮らせるし、世界の人びともそうすれば世界も平和になるという考え方である。

そもそも開戦の段階で日米の国力の差が大きいことはわかっており、日本としてはアメリカ海軍の主力を早期に撃滅し、東南アジアの資源を確保できれば、いずれアメリカが妥協してくるので中国での戦果を失わずにアメリカとの通商も再開できると見込んでいた。

しかし、そもそもアメリカは満州事変以降、侵略の結果は認めないという原則を堅持しており、一九四一年八月に米英で定めた大西洋憲章によって、全体主義国家との対決姿勢を国際公約としていた。だから長引いても妥協の可能性は低かったのだが、日本がその点を甘く見ていたことは明らかである。日本は、国体論を公定の理念としていた関係で、自由主義や民主主義という理念そのものを誤った思想だとして否定していたので、そうした理念が大きな力をもつことを認めたくなかったのである。

ちなみに、国際的な支持を多く集めるという点でも、理念の問題は大きかった。第一次世界大戦以後、アメリカは自由主義、民主主義の理念のもと、民族自決、侵略戦争違法化の原則を守り、植民地だったフィリピンも、将来の独立を前提に、共和制の自治政府の樹立を許していた。そして、一九四一年八月の大西洋憲章において、米英は枢軸国の全体主義に対抗して自由主義を守るという理念を打ち出していた。

一方日本は、日中戦争時の東亜新秩序構想に関して、建前は立派に見えても、本音は自分の利益しか考えていないという前例があった。太平洋戦争に関しても、開戦の詔書では、戦争目的は自衛だけで、実際、軍部と政府が開戦前に秘密裏に検討していた占領地の統治方針も、あくまで資源確保が優先で、自治や独立の要求への対応は当面考えないことになっていた。

ところが、開戦当日夜のラジオ放送で、奥村喜和男《おくむらきわお》情報局次長は、欧米植民地支配からのアジアの解放を戦争目的のひとつに掲げた。そして、占領地統治にかかわった日本人のなかに、そうした理念に共鳴し、現地の自治や独立に尽力した人もいたことは事実である。

しかし、占領地統治の実態は、戦略資源の日本への輸送や、占領軍に必要な物資の現地調達が優先され、物不足と物価急騰で住民たちは苦しい生活を強いられた。そのうえ、日本文化が世界で最優秀の文化であるという、国体論から導き出される文化観から、日本語教育が強制された地域もあった。

日本化することが最善だという独善的思考から、あくまで日本の都合、日本の論理を押しつけることが優先されたのである。一九四三年一一月には、占領地域の政権や傀儡《かいらい》政権の首脳を東京にあつめて大東亜会議が開かれ、大東亜の共存共栄をうたう大東亜宣言が出されたが、結局建前にすぎず、ビルマやフィリピンのように独立が認められることもあったが、これも建前だけで、日本軍の指導を逸脱することは許されなかった。

アジア諸地域において、日本と連合国のどちらが望ましいかは、言わずと知れたことである。日本に協力的態度を示した政治家たちは、事実として日本の勢力下に入ってしまったからやむなく従ったということになる。

†日本軍の戦力

開戦時、太平洋地域における日本軍とアメリカ軍の戦力は日本軍がやや優勢だった。しかし、その戦力も、内実は危ういものだった。零戦といえば、太平洋戦争における日本軍の軍用機の代名詞となっているほど有名な、日本海軍の主力戦闘機であるが、軽量化を極限まで進めた結果、防御機能が犠牲にされていたことは周知の事実である。しかも太平洋戦争初期に零戦がアメリカ軍のもとに不時着したため、アメリカにその弱点を気づかれてしまった。しかし、日本は零戦以上の性能を持つ戦闘機をすぐに開発し、量産する技術力も経済力もなかった。

零戦

また、日本海軍は、ミッドウェー海戦で主力空母五隻のうち修理中の一隻を除く四隻を出動させたが、三隻を失ってしまった。やはり防御機能を軽視した設計だったため、被弾後の火災やその拡大を抑えることができなかったのである。アメリカ軍が活用したレーダーも、一九四三年には日本でも開発されていたが、防御兵器と見なされて艦船への搭載は後回しにされてしまった。遠距離の輸送船の護衛対策としては多数の護衛用艦艇が必要だったが、財政的に困難だったこともあり、日本近海での艦隊決戦でアメリカの艦隊を撃滅すれば安全になるという想定で、護衛用艦艇を開発したものの量産はしていなかった。

陸軍も、もともと中国やソ連（ロシア）との平原での戦闘を想定して編成されていたため、南方の山岳地帯やジャングルで戦うための方法論も訓練も機材もなしに派遣され、想定外の苦戦を強いられ、銃弾や砲弾の死者だけでなく、マラリアなどの伝染病や飢餓による死者を多数出した。そもそも陸軍は、国力の関係上、戦車や自動車などを活用した機械化を十分に進めることができないため、いざとなったら精神力で戦うという前提で戦闘法の策定や訓練が行われていた。

この戦争は、兵器に限定していえば、航空戦力が勝敗を決した。日本は零戦のようなそれなりに優秀な戦闘機を開発することはできたが、量産能力は、いざ総力戦が長期化すると頭打ちになった。太平洋戦争後半に大増産を試みても、熟練工をすぐに多数養成する能力がなく、学徒動員された生徒たちは技量が未熟なため、使いものにならない飛行機が多数できてしまったのである。

それに使用可能な製品ができたとしても、それを使いこなせるパイロットが不足した。太平洋戦争初期までは、熟練したパイロットが多数いたが、ミッドウェー海戦でその多くが失われ、太平洋戦争末期には、敵愾心《てきがい》は旺盛でも、飛ぶのがやっとという少年飛行兵や学徒出陣の大学生ばかりになってしまった。

†戦時下の政治情勢

さて、日本の政治家たちは、こうした状況を何とか立て直すことはできなかったのだろうか。太平洋戦争中の首相は、すべて軍人か元軍人である。陸相、海相を除くその他の国務大臣も、外相、蔵相、内相などの主要な役職はすべてそれぞれの官庁の出身者、つまり元官僚で、衆議院議員の大臣は東条内閣初期はゼロ、その後も比較的軽い役職に二名程度に過ぎない。

結局のところ、国務大臣とはいっても古巣の官僚組織の代表というのが実態だから、何か判断する場合はどうしても自分や自分が代表する組織の面子《めんつ》や利害が優先され、責任回避の態度を取りやすくなる。ミッドウェー海戦敗北の実態が隠蔽され、東条首相や昭和天皇にも詳細は知らされなかったのも、海軍の官僚組織としての欠点を示した事態である。東条は首相になってみてそのことにようやく気づき、陸相時代の言動を反省する言葉を秘書官に洩らしているが、すでに手遅れだった。その東条も、従来の経緯をすべてご破算にして画期的な政策転換をしたのは自身が参謀総長を兼任することぐらいで、それも東条本人の忙しさを増すだけで実効は乏しかった。

しかも、国体論をふまえると、日本が戦争に負けて、天皇が敵に頭を下げるなど、あってはならないことになる。理屈の上では、そのような判断をしただけで国賊ということになりかねない。だからその一線を超えることは、官僚ならずともきわめてむずかしかった。何とか相手と対等の立場で交渉できるようにもっていくのが精いっぱいだったから、一撃講和論が力を持ち、結果的には膨大な人命が失われることになったのである。

こうした状況で画期的な政策転換をするには、すべてを超越した存在である天皇が判断するしかない。終戦の際には実際そのとおりになったのだが、それでもクーデターを計画したり実行する軍人があらわれた。国体論をもとに考えれば、天皇が敵に頭を下げることはあってはならない以上、それを実行する天皇も天皇失格という考え方も成り立つ。この理屈を採用すれば、降伏を主張する天皇は天皇として間違った判断をしているから、天皇の考えを変えさせなければならず、変えてくれないのであれば、天皇の資格はないから、天皇の命令などきかずに徹底抗戦すべきだということになる。

前者の実例が、陸軍の組織的クーデターを計画し、陸相と参謀総長に拒否されると、天皇の放送を妨害しようとした陸軍省の若手将校たちであり、後者の実例が、厚木航空隊の司令官だった。

では、帝国議会の議員たちはどうしていたか。審議の迅速化を名目に、審議日数は大幅に減り、毎年一二月から三月まで開かれる通常議会も、会期の半分は事実上休会状態だった。そのかわり、審議前に政府が各会派に法案の説明会を開き、事前に実質的な審議を済ましていた。そのため、大部分の法案や予算案は、事前に調整がすんでいるので、議論の内容を議事録に残すために審議は行われるけれども、政府の原案が可決されるのである。

それでも、一九四三年初頭の通常議会では、翼賛選挙の選挙干渉を批判する議論があったし、防空法について、あまりに国民軽視だとする批判も出た。また、市町村長を事実上道府県知事の任命制とする地方制度改正案も出たが、不必要な官僚統制強化だとして審議が紛糾し、不必要な官僚統制・言論統制を戒める決議案が衆院で可決された。ちなみに、東京都はこの議会の関係法案成立によって四三年一〇月に誕生した。ただし、他の道府県と同様、責任者（東京都長官）は内務省採用のエリート官僚が派遣される形だった。

また、一九四四年一月の衆議院本会議では、東条首相の演説に対する拍手がほとんどないという異例の事態が起き、以後、衆議院の有力者たちは、重臣とともに、東条内閣倒閣工作に参加していく。それはやはり東条政権下のさまざまな統制の強化に対する不満が有権者から衆議院議員たちに届いていたからである。

また、当時、貴衆両院には請願委員会という委員会があり、国民から政府への要望を受け付け、政府に実行を促していた。請願の大部分は地域問題の解決を訴えるもので、鉄道や道路、郵便局や駅の新設の話題が多く、公害問題もみられる。一九四四年二月の衆議院の請願委員会では、請願活動をすること自体が私利私欲にはしった非国民的活動だとして警察からとがめられる事例があることが明らかにされ、政府に警告がなされている。

全体として、帝国議会は、政府の統制の行き過ぎに対する国民の不満を代弁するほぼ唯一の機関としての役割を演じていたことがわかる。マスコミは言論統制・報道統制・新聞頁数の削減のなかで、国民の不満を報じる度合いは低く、帝国議会での発言は比較的自由だったからである。しかし、政府がそれをふまえて改善に努めた形跡はほとんどない。その余裕もなかったのである。

ただし、衆議院のなかには、まだ統制が生ぬるいと主張する人びともいた。東条内閣で商工大臣や無任所大臣をつとめ、戦後首相となる岸信介を中心とする官僚や衆議院議員のグループは、東条内閣倒閣に一役買ったあとは、翼賛政治会のなかでも過激な主張をするグループとして目立つようになった。そうしたこともあり、翼賛政治会は一九四五年三月に解散となり、かわって、過激なグループや鳩山ら反主流派を排除し、保守系ベテラン議員を中心とした政治団体として大日本政治会が結成された。しかし、本土空襲が本格化していたため、たいした活動はできないまま敗戦を迎える。

要するに、政党内閣期以来の経緯があって、内閣は、政治家というよりは官僚というべき、大局を見て判断を下すことができない人びとばかりが大臣をつとめていたため、問題の先送りや責任回避ばかりして、最終的な決定を天皇に押しつけることになってしまったのである。政党内閣であれば、選挙の洗礼があるから、独善や責任回避は困難であるが、制度上政党内閣は可能ではあっても必要不可欠ではなかった。

こうなった背景を突き詰めていけば、明治に近代日本国家の制度作りをした際の発想の誤りに行きつかざるをえない。近衛文麿は首相在任中の一九三八年三月、帝国議会で、国民は国家のためにあると明言したが、問題にはならなかった。つまりはそうした考え方が幅を利かせる国家主義の時代だった。しかし、その国家の中枢部がこのようでは、国民がいくら一生懸命国家に尽くしても国家の失策の犠牲になるばかりだった。選挙の洗礼をうけない一部の学歴エリートだけで政治をやっても行きづまるのである。

第 4 章

民主化と復興

1945-1960

B29の爆撃で荒廃した跡地で開かれた東京の闇市(1945年10月)

年代		出来事
1945	昭和20	8月、敗戦、連合国軍占領開始　9月、降伏文書調印、昭和天皇が連合国軍最高司令官マッカーサーを訪問　10月、国際連合発足　12月、婦人参政権実現
1946	昭和21	1月、昭和天皇の人間宣言、公職追放指令　5月、東京裁判開始、第一次吉田茂内閣成立　11月、日本国憲法公布（1947年5月施行）
1947	昭和22	1月、二・一スト中止　6月、片山哲内閣成立
1948	昭和23	3月、芦田均内閣成立　10月、第二次吉田茂内閣成立　11月、東京裁判判決
1949	昭和24	7月、下山事件、三鷹事件　8月、松川事件　10月、中華人民共和国成立
1950	昭和25	6月、朝鮮戦争勃発（1953年7月休戦）　8月、警察予備隊設置
1951	昭和26	4月、マッカーサー解任　9月、サンフランシスコ講和条約、日米安保条約調印
1952	昭和27	4月、講和条約、安保条約発効　5月、メーデー事件　10月、保安隊発足
1953	昭和28	2月、NHKテレビ本放送開始
1954	昭和29	3月、第五福竜丸事件　6月、自衛隊発足　9月、洞爺丸事故
1955	昭和30	10月、社会党統一　11月、自由民主党結成
1956	昭和31	10月、日ソ国交回復　11月、水俣病発覚　12月、国連に日本加盟
1957	昭和32	2月、岸信介内閣成立
1958	昭和33	4月、売春防止法施行　11月、特急「こだま」運転開始
1959	昭和34	3月、日米安保条約改定阻止国民会議結成
1960	昭和35	5月、衆院で新安保条約強行採決　6月、新安保条約批准自然承認

一九四五年、日本は敗戦した。日本は無謀な戦争によって周辺諸国・諸地域、ひいては国際社会全体に絶大な迷惑をかけた。一九五二年まで続いた連合国軍による占領は、その報いだった。その間、責任者の裁判、戦前・戦中の反省に立った日本の民主化をふまえ、一九五一年のサンフランシスコ講和条約締結をへて、一九五六年に国際連合への加盟を許されたことで、日本は国際社会への復帰を果たした。また、占領期のなかばから、民主化を前提とした復興が進み始め、一九五六年にはほぼ戦前の生活水準まで回復した。

ここでの民主化とは、具体的にいえば個人の尊重と自由な議論が確保されることである。敗戦までの失敗をふまえ、それぞれの意見を大事にしつつ独立の回復と経済の復興のためにがんばる、「人それぞれ」を大事にしつつ「みんな一緒に」をめざす。それがこの時期の特徴だった。

民主化と復興にあたって、日本国民の、反省にもとづくたゆまぬ努力が重要な役割を果たしたことはたしかである。ただし、国際社会、特にアジア諸国諸地域の、赦《ゆる》しと協力、犠牲がなければ復興を成し遂げることはとうてい不可能だった。犠牲というのは朝鮮戦争のことである。本章ではそうした過程をみていく。

1　日本敗戦と世界

†敗戦後の日本

一九四五年八月一五日正午の玉音放送により、本土では戦闘行為は停止されたが、前日、そして当日未明までアメリカ軍の空襲は行われ、熊谷や小田原が被害を受けた。さらに、樺太など一部の地域では九月初めまで戦闘がつづいた。この戦争で多くの都市では中心部や下町の多くが焼け野原となった。悔しさ、虚脱感、これからへの不安感などを感じる人が多かったと考えられる。

ここで重要なのは、生き残った人びとの気持ちと、戦争で死んだ人びと、なかんずく戦争末期の特攻で死んだ人びとの気持ちとの越えがたい溝である。一《いち》ノ瀬《せ》俊也《としや》は、特攻で死んだ人びとの多くは、残りの国民も死ぬ気で戦争を最後まで戦ってくれると思ったからこそ覚悟を決めて死んでいったのに、戦後生き残った人びとの回想は、彼らは残りの人びとを生き残らせるために犠牲となるつもりで死んでいったと史実を改ざんすることで、生き残ってしまった良心の呵責《かしやく》を埋め合わせていたという衝撃の事実を明らかにしている。

戦争が終わったから、生き残ったからうれしいなどと単純に喜べない人が大多数だった背景には、こうした、戦争による生と死の不条理さ、苛酷さがあったのである。

八月一五日の終戦の詔書の発表につづき、連合国軍が日本本土に進駐してきた。そのほとんどはアメリカ軍だった。九月二日、日本は降伏文書に調印し、連合国に正式に無条件降伏した。以後、日本は占領軍に統治されることとなり、独立を失った。そのため、占領中は日の丸を掲げることを禁止された。

新聞は九月二日ごろまでは敗北のくやしさをにじませる紙面だったが、二日を境に民主化を支持する論調にかわっていった。灯火管制が廃止され、新聞やラジオの天気予報が復活し、連合国軍が統制のとれた状態で大きな問題もなく進駐してくると、人びとは次第に敗戦と平和を実感していった。

蔣介石は八月一五日、日本には報復ではなく徳をもって臨もうと国民にラジオで呼びかけた。蔣介石政権は弱体化しつつあり、戦争終結後の共産党政権との内戦にそなえて、残留日本軍を利用する思惑もあったとはいえ、この発言は、中国本土にいた日本軍の復員や日本の民間人の引揚げが比較的円滑に行われる結果になった背景として記憶に値する。

†流動化するアジア情勢

日本の敗戦によりアジア情勢は一気に流動化した。満州国は八月一八日に皇帝溥儀の退位により消滅、権力の空白地帯となった中国東北部はソ連が占領した。中国では日本の敗北を迎え、国民党政権と共産党政権が主導権争いの決着をつけるべく内戦がはじまった。中国の親日政権だった汪兆銘政権は、一九四四年一一月に汪が病死して以後は有名無実化しており、敗戦直後に蔣介石政権に合流し、亡命者以外の幹部は漢奸《かんかん》として処刑された。台湾を接収した国民党政権は一九四七年二月に原住民を弾圧する二・二八事件を起こすが、一九四九年、内戦が共産党政権の勝利に終わり、中華人民共和国ができると、国民党政権（中華民国）は台湾の台北に首都を移し、両国は対立の形勢となる。インドネシアやベトナムでも日本降伏前後に独立宣言が出され、旧宗主国（イギリス、オランダ、フランス）との独立戦争に入っていく。

朝鮮半島では米ソ両軍の占領下で八月一五日から独立への動きが始まるが、米ソ両国の思惑もあって、独立は一九四八年となり、しかも南朝鮮は大韓民国、北朝鮮は朝鮮民主主義人民共和国と南北分断の形となってしまった。中国と朝鮮はいずれも東西両陣営にわかれる形となり、東アジアは東西冷戦の最前線となったのである。

†国際連合の創設

一九四五年一〇月二四日、アメリカのニューヨークで国際連合(国連)が創設された。常任理事国は米英仏ソ中の五カ国で、拒否権という大きな権限を持った。国際連盟が国際紛争の解決や防止に十分な力を発揮できなかったことへの反省から、安全保障理事会の合意があれば、国連軍を設置できることになった。

日本の占領は間接統治の形で行われた。占領軍は日本政府に指示を出し、日本政府が実行するのである。ただし、沖縄や小笠原などの小諸島はアメリカ軍の直接軍政下に置かれ、樺太千島はソ連軍の占領下に置かれた。九月一五日には皇居の南側に位置する第一生命ビルが接収され、連合国軍総司令部(GHQ)の建物となった。東京の状態の良い住宅やオフィスビルやデパート・劇場は占領軍に接収され、占領軍幹部の住居や占領軍の事務所、売店、劇場などとして使用された。東京代々木にあった陸軍の演習場も接収され、占領軍の宿舎が建設された。

ダグラス・マッカーサー

鉄道についても、一般人は窓ガラスも椅子の布もないような車両に乗せられ、しかも旅客列車の本数が減少していたため常に殺人的な混雑だったが、占領軍の人びとは、きれいに整備され、かならず座ることができ、高官は冷房さえついた列車に乗ることができた。占領軍専用列車を見た人びとは、敗戦と占領の現実を改めて実感せざるを得なかった。

連合国がマッカーサーを監督する機関として、四六年に入り、ワシントンに極東委員会が、東京に対日理事会が置かれた。ただし、いずれも占領開始後に設置され、極東委員会の決定がアメリカ政府を通じて東京に伝達されたことからもわかるように、日本占領の主導権は完全にアメリカが握っていた。

しかも、アメリカ政府は大綱を指示するだけで、具体的なことはすべて連合国軍総司令官マッカーサーに任せたので、マッカーサーは事実上日本の最高権力者となった。一九四六年から五一年まで、元旦の新聞の一面を飾ったのは天皇・皇后の写真ではなく、マッカーサーの写真だったことは、権力の所在を視覚面でも明確にした。

敗戦によってまず問題になったのは日本軍の武装解除であるが、これは比較的円滑に進んだ。次に問題になったのは、海外に出征、駐留していた軍人、海外に在留していた民間人の帰国である。軍人については復員（民間人に戻ること）、民間人については引揚げとよんだ。敗戦時海外にいた軍人は約三六七万人、民間人は約三二一万人だった。軍人は、次に述べるソ連によって抑留された人びとを除き、一九四六年末までに大半が相手国やアメリカ軍の協力で復員できた。

ただし、旧満州国にいた軍人と、日本の民間人のうち成人男子の多く、計約六〇万人はソ連領内に連行された。一部戦犯裁判を受けた人以外は、最短で一年半、最長で一一年にわたって強制労働に駆り出され、七万人が死亡した。帰国できた人びとも、苛酷な環境の下で苦しい生活を強いられ、多くの仲間を亡くしたり、洗脳されて共産主義者にさせられた人びともいた。

民間人の引揚げについては、特に旧満州国、朝鮮半島、樺太では、彼らを守るはずの政府も軍隊もなく、現地住民の冷たい視線のなか、現地に取り残されたため、日本までの移動に想像を絶する苦難を味わうこととなった。食糧を得られず、餓死や病死が相つぎ、足手まといになる人を置き去りにしたり殺害したり、幼児であれば現地住民に託したりせざるをえなかった。中国残留孤児問題はこうして発生した。もちろん、引揚者のほとんどは、苦労して積み上げてきた資産を持ち帰ることはできなかった。ただし、台湾在住の日本人については、報復しないという蔣介石の方針もあり、平穏に帰国できた。

満州では在留邦人一五五万人のうち一七万六〇〇〇人が死亡、朝鮮北部でも三〇万人中二万六〇〇〇人が死亡した。樺太でも三六万人が取り残され、敗戦直後に帰還できたのは八万人ほどで、残りの人びとがすべて帰国できたのは一九四九年六月だった。このように、敗戦時に海外にいた人びとには、敗戦による日本国家崩壊の影響がもっとも直接かつ残酷な形でふりかかったのである。

2　戦後政治と戦争責任

†天皇のマッカーサー訪問

さて、八月一五日に退陣した鈴木貫太郎首相の後任首相は、木戸内大臣と平沼枢密院議長の協議により、敗戦の混乱を収拾するためには皇族の権威が必要だということで東久邇《ひがしくにの》宮稔彦王《みやなるひこおう》となった。副総理格の無任所相として近衛文麿元首相も入閣した。しかし、東久邇首相は、一億総ざんげを説き、記者団に天皇の戦争責任の有無を聞かれて立ち往生するなど迷走ぶりが目立った。

さらに、九月二七日、昭和天皇はアメリカ大使館にマッカーサーを訪問、初の会談を行ったが、内務省は翌日の新聞に掲載された記念写真が不敬だとして新聞を発禁とした。この会談の記録は不十分なものしか残っていないが、松尾《まつお》尊兊《たかよし》の考証により、昭和天皇は君

昭和天皇とマッカーサー

主としての自己の政治責任を認めたことがわかっている。これに対し、マッカーサーは好意を抱いた。アメリカ政府内部では、太平洋戦争中から戦後の日本統治の方針や方法について検討されていたが、天皇を利用する方向に傾きつつあった。このマッカーサー・昭和天皇会見は、この方向性をほぼ決定づける結果となった。
首相の迷走や発禁など、時代の変化についていけない東久邇内閣は、一〇月四日、GHQが天皇に関する自由討議の奨励や政治犯の釈放・特高警察の廃止を政府に指示すると、対応に苦慮して総辞職した。
これに先だつ九月一一日、ポツダム宣言で戦犯を処罰するとされていたことにもとづき、東条英機元首相や、岸信介元商工相、東郷茂徳元外相など東条内閣の元閣僚をはじめとする戦争犯罪人四三人（外国人一四人を含む）がGHQから指名され、国内にいる人々の逮捕が始まっていた。東条は逮捕時に自殺しようとしたが失敗、アメリカ軍の病院で治療を受けることになった。

後任首相はこうした状況をふまえ、戦犯指名の可能性がなく、連合国軍との関係上外交官経験者が有利という観点から、かつて協調外交の指導者として活躍した幣原喜重郎元外相が任命され、幣原内閣が一〇月九日に成立した。厚生大臣にはあの芦田均が就任した。

GHQは年末までに平沼枢密院議長（元首相）、木戸前内大臣ら一〇〇人あまりの戦犯を逮捕したが、近衛元首相は出頭直前に服毒自殺した。そのほか本庄《ほんじょう》繁《しげる》元侍従武官長ら軍人関係でも自殺者が出た。また、若手エリート将校に急進的な国体論を説いていた日本中世史家の平泉澄《ひらいずみきよし》東京帝大文学部教授は大学を辞職して故郷に帰り、戦意高揚に活躍していた評論界の大御所徳富蘇《とくとみそ》峰《ほう》も言論活動をやめた。衆議院でも二〇人近い議員が敗戦責任をとるとして辞職した。自主的に敗戦責任をとった人びともいたのである。

†GHQ統治下の生活

GHQは一〇月一一日、政府に婦人解放、労働組合結成の奨励、教育・司法・経済の民主化を求めた。政府は政治犯を釈放し、憲法改正の検討を始めるとともに、国防保安法、言論出版集会結社等臨時取締法、治安維持法などの諸法令を廃止し、一二月初めまでに軍隊も廃止された。一九四六年の元旦、昭和天皇が天皇の神格化を否定するいわゆる人間宣言を出し、新聞に記者会見が掲載され、庶民と交流する巡幸が始まるのも、GHQの日本民主化という方針への日本の対応の一環だった。

ただし、GHQ批判や内情の暴露は禁止され、GHQによる報道・言論の検閲が行われた。以下紹介する政治の動きも、GHQ内部の動きについては一切報道されなかった。

平和にはなったものの、庶民の生活、特に都市住民の生活は、戦時中以上に苦しくなった。家が空襲で焼かれた場合、縁故で疎開できない場合は、廃材で作ったバラックとよばれる仮住まいを強いられた。職場も、軍需工場は仕事がなくなり、復員や引揚げの人びとも加わって就職難が発生した。軍隊に根こそぎ動員されたことや肥料配給のとどこおりのため、一九四五年の日本の農業生産は世界恐慌以後では最低水準に落ち込んだ。しかも、空襲の被害で配給の仕組みが十分に機能しなくなっていた。そのため、配給される食糧や生活物資の質や量は戦時中より低下した。

内地の復員兵や軍需工場を解雇された人びとのなかには、部隊や工場に残っていた食糧や物資を持ち出してきた人もいたが、多くの人は配給だけでは食べていけず、駅前の焼跡に形成され、暴力団が管理していた闇市に行くか、自分で農村に買い出しに行った。闇市や買い出しは違法行為で、取締りにあえば没収されるし、第3章でもみたように、農村の人は都市住民に冷たかったので、食糧を入手すること自体がたいへんな作業だった。敗戦前後に食糧をネタに女性を誘い出し、暴行のうえ殺害を繰り返すという犯罪（小平《こだいら》事件）が起きたり、一九四七年一〇月に配給だけで暮らしていた裁判官が栄養失調で死亡する事件が起きたのは、こうした事情が背景にあった。

†終戦後の政治状況

一九四五年秋になると、終戦処理のための臨時議会が近づいたこともあり、一〇月には日本共産党が合法化されて再建され、一一月に入ると政党の結成があいついだ。旧無産政党系の日本社会党、旧保守系でも翼賛選挙で非推薦となった鳩山一郎を中心とする日本自由党、翼賛選挙で推薦候補だった旧保守系中心の日本進歩党が主なものだった。

臨時議会では衆議院議員選挙法改正により婦人参政権が実現したほか、戦争責任問題が焦点となった。斎藤隆夫が衆議院本会議で幣原首相への質問という形で、軍部と東条、近衛の政治責任を追及し、下村定陸相は陸軍の独善が戦争を招いたとして陸軍の戦争責任を明確に認め、国民に謝罪した。議会人の戦争責任も話題となり、翼賛選挙での非推薦当選者たちは暗に推薦当選者の自発的辞職を促したが、推薦当選者たちは反省で十分だとした。

任期満了が近づいたことと、婦人参政権実現に伴い、政府は衆議院を解散して総選挙を実施しようとしたが、占領軍は総選挙延期を指示、さらに一九四六年一月四日、公職追放を指示した。軍国主義を指導した人物を政治、行政、経済から追放するというもので、翼賛選挙の際に翼賛政治体制協議会の推薦で当選した議員、職業軍人（将校）、憲兵隊員、極右団体の指導者や役員、大政翼賛会や翼賛政治会の幹部、植民地や占領地の統治機関などの幹部が対象とされ、二月末までに一〇〇〇人以上が認定された。

そのため、解散時の衆院議員の八割は総選挙に立候補できなくなった。各官庁でも幹部の多くは辞職を余儀なくされ、政界も官界も若返りが進んだが、同時に、経験の浅い人びとが指導的立場になることは、GHQが占領統治をしやすくすることにもなった。なお、一九四七年一月には、追放範囲が地方の有力者や教員にも拡大され、最終的に該当者は約二〇万人におよんだ。

文化芸術分野では文学関係を除き、公職追放の該当者はほとんどいなかった。それぞれの分野の内部では戦犯追及の声も出たが、全く無傷の人は少数派で、追及する側にも戦争協力の経歴があったりするなどしたため、あいまいにおわった。また、教え子を少年飛行兵に応募させたりした教員のなかには、追放はされなかったとしても罪悪感に苦しむ人もいた。

総選挙は一九四六年四月に行われた。女性が参政権を得てから初の総選挙となり、女性は三九人が当選した。結果は自由党一四〇、進歩党九四、社会党九三、諸派一二八などとなり、どの党も過半数には遠く届かなかった。それでも鳩山一郎率いる自由党が第一党となったので、鳩山が組閣する形勢となったが、五月三日、鳩山は突如公職追放となった。

吉田茂

鳩山は一九三八年ごろから政友会内の派閥争いがもとで議会内の反主流派の指導者格となり、翼賛選挙でも非推薦となったが、一九三七年から三八年にかけての外遊でヒトラーと会い、著書でヒトラーを絶賛していたことを理由に追放されたのである。そこで鳩山は吉田茂《よしだしげる》に自由党総裁を譲った。吉田は外交官出身で、戦時中は鳩山らとともに反体制派として活動し、反戦運動の疑いで憲兵に逮捕された経験もあったことから、公職追放の可能性がなく、占領軍とも交渉できるとして戦後は外相をつとめていた人物である。

ちょうど食糧難が頂点に達し、皇居前広場で食糧デモが行われるなか、吉田は組閣を長引かせて占領軍の食糧援助を引き出すなどしながら、五月二二日に吉田茂内閣（第一次）

を発足させた。この内閣は、長期の臨時議会を開いて、新憲法制定や、それに伴う法整備を行う一方、経済復興の前提として、石炭と鉄鋼の増産をはかるという傾斜生産方式を採用した。ただし、これはすぐに日常生活の改善につながる政策ではなかったので、なお都市部住民の生活は苦しい状態が続いた。統計上は、一九四八年までは経済成長率が一〇%台となっているが、その成長ぶりは日常生活までは影響が及ばなかったのである。

†戦犯裁判

ついで問題となったのは戦犯裁判である。ポツダム宣言は、戦時国際法違反者を処罰し、日本を戦争に導いた勢力を永久に除去するとしていた。国家指導者の裁判については、一九四五年一一月にはじまっていたドイツの戦犯を裁く国際軍事裁判(いわゆるニュルンベルク裁判)を参考に、連合国が設置した国際検察局が被告の選定を進め、一九四六年五月から、東京市ヶ谷の旧陸軍大学校講堂で極東国際軍事裁判(東京裁判)が始まった。

罪状としては、満州事変や太平洋戦争のような侵略戦争の開始や日中戦争時の南京虐殺事件などの非人道的行為が問われた。被告は、陸軍関係では東条元首相、板垣征四郎《いたがきせいしろう》元陸相ら一五人、海軍が東条内閣海相嶋田繁太郎《しまだしげたろう》ら三人、文官が木戸前内大臣、平沼元首相、広田元首相、松岡洋右《まつおかようすけ》元外相、東郷茂徳《とうごうしげのり》元外相、重光葵《しげみつまもる》元外相ら外務省関係者を中心に九人、民間人が右翼思想家の大川周明《おおかわしゅうめい》の計二八名だった。

陸軍関係の被告中一一名は、陸軍幼年学校に加えて陸軍大学校も出た陸軍エリート中のエリートで、文官も七名が東京帝大法学部卒だった。裁判官は一一カ国から一人ずつの計一一人、オーストラリア代表のウエッブが裁判長となり、首席検察官はアメリカのキーナン、被告の弁護人は日本人だけでなくアメリカ人もついた。

昭和天皇は被告にならなかった。オーストラリアやニュージーランドは、日本の最高責任者としての昭和天皇も戦犯として裁くべきだと主張していた。アメリカも、昭和天皇に戦争責任があることは認識しており、それは昭和天皇自身も認めていたことは数々の証拠がある。しかし、天皇は占領統治に必要というアメリカの判断により被告からはずされた。立憲君主としての天皇は政府・軍部の合意事項には反対できないので、太平洋戦争の実質的な開戦責任はないという理由がつけられた。

東京裁判の審理は約二年半にわたり行われ、採用された証拠書類約八〇〇〇件、証言した証人は元満州国皇帝溥儀を含め四一九人、裁判速記録は英文で四万頁を超えた。判決は一九四八年一一月一二日に言い渡され、病気、病死などで免訴となった三人を除き、絞首刑が東条英機、広田弘毅など七人、終身禁固一六人、有期禁固二人となった。

絞首刑は広田以外はすべて陸軍軍人で、やはり陸軍の行動にいかに問題が多かったかが

東京裁判

わかる。広田が文官で唯一絞首刑となったのは、陸軍寄りの態度をとっていたこと、第一次近衛内閣外相の時に南京虐殺事件が起きたことが主な原因だったと考えられている。絞首刑は明仁皇太子の誕生日である一二月二三日に執行された。

この裁判については、事後法による善玉悪玉史観による違法な裁判であると否定する見方があり、その論拠として、東京裁判のインド代表判事パルの判決書が持ち出されることが多い。しかし、満州事変と太平洋戦争は日本が始めたことがはっきりしており、日中戦争は、発端はともかく、背景に満州事変があり、拡大の過程では日本側に問題があったことは、国際連盟や九カ国条約会議で日本の行動が九カ国条約、不戦条約、国際連盟規約違反とされたことによって当時から明らかだった。つまり、パルの判断自体に問題がある。

なお、このほか、捕虜虐待など戦地における戦時国際法違反を裁く裁判が、日本の降伏直後から一九五一年四月まで、東南アジアや中国、ソ連、さらに日本の横浜で行われた。二二四四件、五七〇〇人が起訴され、死刑九八四人、無罪は一〇一八人、残りは無期刑または有期刑（懲役、禁固など）となった。軍司令官クラスはもちろん、一般兵士も対象となった。現地での裁判は報復感情がみなぎるなかで行われ、通訳の不備もあり、事実誤認や量刑の過剰による死刑という悲劇もみられた。

日本が始めた戦争によって周辺諸国、諸地域に史上空前の莫大な被害や犠牲が出た以上、アジアの人びとの多くが、戦争中の日本軍や日本の指導者たちの責任を厳しく問うことを求めたのは、人間の道理として当然すぎるほど当然である。それに日本国内でも、自分たちが被《こうむ》った犠牲や苦しみに対して、日本の指導者の責任を問う声が決して少なくなかったことは、当時の各種の調査、当時の人びとが記した日記やマッカーサーへの手紙などから明らかである。

だから、東京裁判や戦犯裁判は、ドイツにおける戦犯裁判と同じく、史上空前の犠牲を出した大戦争という不条理な愚行によって家族や友人を亡くし、営々と築いてきた生活を壊され、心身ともに傷ついた内外の人びとのまっとうな怒りに、人類社会が対応するために必要な手続きだったといわざるをえない。

3 日本の民主化

†日本国憲法の制定

占領軍による日本民主化の動きでもっとも重要なのは、いうまでもなく日本国憲法の制定である。ポツダム宣言に基本的人権の確立や責任ある政府の樹立が謳《うた》われており、日本側にも軍部の政治介入は誤りだったという認識が広範にあったことから、憲法改正は不可避とされた。

日本国憲法の基本的な内容が固まったのは、GHQが一九四六年二月に急きょ作成した憲法草案であることは周知の事実である。幣原内閣が大日本帝国憲法の小規模改正しか考えていないことを知ったGHQが、それでは諸外国の理解を得られず、皇室の存続が危うくなるとして急きょ国民主権・象徴天皇制の案を作り、政府にこれを政府案として公表するよう強く迫り、政府での検討や議会での審議をへて、国会を一院制から二院制に変更したり、戦争放棄を定めた第九条に第二項を追加するなどして、形式上は大日本帝国憲法の改正という形で、一九四六年一一月に公布、一九四七年五月に施行されたのが現在の日本国憲法である。

こうした経緯から、現行憲法は日本に合わない押しつけられた憲法だと批判する向きがある。しかし、これは二つの理由で正しくない。まず、GHQは皇室存続のために急きょこの案を持ち出したわけで、皇室が存続できたのはむしろこのGHQの行動のおかげなのである。さらに、GHQの草案は、それまでの日本側で作られた憲法改正案が参考にされているという事実である。

それは、民間の評論家や学者たちが組織した憲法研究会が作成し、一九四五年末に公表された「憲法草案要綱」である。平和主義や自由主義、国民主権を基調とするこの案は、GHQ草案の概要と似ており、しかもGHQがこの案の内容を草案作成時に把握していたことが最近の研究でわかってきた。憲法研究会のメンバーには、清沢洌と同じく、自由主義者として太平洋戦争直前から言論活動を制限されていた政治評論家馬場《ばば》恒吾《つねご》が含まれていた。また、憲法第九条の戦争放棄につながる考え方は、すでに戦前から軍事評論家水野《みずの》広徳《ひろのり》、政治家尾崎行雄らによって唱えられていたことも知られている。

以上のことから、この憲法は、日本に合わない内容を押しつけられたのではなく、戦争の反省にもとづいた日本人自身の思索の成果が根幹部分に盛り込まれた憲法なのである。

日本国憲法は、国家主権の行使者は国民という国民主権の原則にたち、天皇は国民統合の象徴となって政治的権限を持たず、戦争放棄が規定された上で、基本的人権の保障、個人の尊重、国民の法の下の平等をうたった。個人の尊重を大前提として、国民の位置づけは、天皇の家来から国家主権の行使者へと立場が全く変わり、国民のさまざまな権利も、天皇から与えられたのではなく、自分たちの意志で活用できるものとなった。検閲は禁止、裁判も国民の権利に関する内容である限り公開すると定められた。国家権力の行使はガラス張りで公正に行われることになった。

国会は国権の最高機関とされた。条約の批准も国会の権限となり、政府は国会で可決成立した法律にもとづかない行為は一切できなくなった。国会は衆議院と参議院の二院制で構成された。参議院は日本側の修正で追加されたもので、議員の任期は六年、解散総選挙はなく、三年ごとに半分ずつ改選する。衆議院は従来通り任期四年で解散がありえる。選挙権は二〇歳以上の男女がもつこととなった。国家意思の決定方法は、議会制民主主義となった。国民の代表が議論して国家の意志を決定することになったのである。

行政の権限は内閣が持つこととされた。首相は国会議員のなかから国会の議決で選ばれ、閣僚の任免権は首相に与えられたが、閣僚の半数以上は国会議員から選ばなければならないとされた。国会を通して民意を行政に反映させる議院内閣制がとられたのである。権力の大きさでいえば、国民が一番上、次が国会で、その次が内閣ということである。

天皇に仕える立場だった官吏も、国民に仕える公務員に立場を大きく変えた。憲法と、憲法にもとづいた地方自治法により、都道府県も国の出先機関から完全な地方自治体となり、知事は公選となった。

戦争放棄については、吉田茂首相は一九四六年六月二八日の衆議院本会議で、自衛戦争は当然ではないかという共産党議員の質問に対し、戦争は一切認められないと答弁した。しかし、最近の研究では、この答弁はとっさのもので、実際には、吉田は、将来的には再軍備は当然すべきで、そのためには改憲もかまわないと考えていたが、当面の国民感情や経済復興のため、暫定的には憲法第九条にしたがって軍備は持たず、アメリカの軍事力の保護下にあるべきだと考えていたことがわかっている。

こうした国のあり方の位置づけの大きな変化は、さまざまな分野に大きな影響を及ぼした。法律関係では、刑法改正で不敬罪が廃止され、民法改正により、制度上男女平等が飛躍的に進んだ。経済関係では、財閥解体により、三井、三菱、住友など巨大財閥が解体された。占領終結後、旧財閥系企業はふたたび企業グループを形成するが、一部の特権的な人びとがばく大な利益を独占するようなことはなくなり、経済の民主化は一定程度の成果をあげたといえる。また農地解放も行われ、小作農はほぼ解消され、農村社会の民主化、生活水準の上昇が進んだ。

官公庁や各企業では労働組合が結成され、企業内民主化闘争が起きて、戦時中の経営陣や管理職が辞職させられるケースもあった。人びとは自分の生きる権利にめざめ、討論とデモを通じてその実現を図るようになったのである。

『読売新聞』はその典型で、一時期は紙面が共産党機関紙のようになった。大手映画会社の東宝は、争議の結果東宝と新東宝に分裂した。官公庁でも、共産主義者が労組の指導的立場になり、賃上げや吉田茂内閣退陣を主張して一九四七年二月一日には、官公庁のゼネラルストライキ（一斉罷業《いっせいひぎょう》）が計画されたが、国民生活の混乱や共産主義革命を恐れたGHQが中止を命令、これをきっかけに翌四八年七月に公務員の争議権を否定する法令（政令二〇一号）が出されることになった。

東宝争議。久我美子、池部良らスターが参加

†民主主義教育への転換

教育に関しては、敗戦直後に、教科書の軍国主義的、国家主義的な部分に墨を塗り、昨日まで軍国主義を賞賛していた教師が突然民主主義を賞賛するなどの事態が起き、社会への不信感を抱いた子どもたちもいた。

その後、アメリカから来日した教育使節団の勧告にもとづき、一九四七年制定の学校教育法によって、小学校六年、中学校三年、高等学校三年で小中が義務教育という、六・三・三制の単線型の教育制度を新たに導入した。義務教育は六年から九年に延長された。これはアメリカに次いで史上二カ国目という早さだった。

義務教育の延長は、一九二〇年代から日本でも国民の教育水準の向上策として検討されていた。一九四一年から実施された国民学校は、教育内容の軍国主義化だけでなく、一九二〇年代からの議論を背景に、高等小学校を義務化して連続させることが狙いのひとつであった。しかし、そこまで学年が進行しないうちに敗戦となっており、同じ方向性で民主化された案が実現したことになる。なお、大学も専門部と大学部の二重構造だったものが、四年制(医学部は六年制)の大学と二年制の短期大学に整理された。

実は、民主化という意味で注目すべきなのは、教育行政の制度と教育内容(カリキュラム)である。教育行政については、教育から国家主義を排除するため、各地方自治体ごとに公選で委員を選ぶ教育委員会を設けて管理することとなった。教科書についても検定制に戻り、教育指導要領はあくまで目安とされ、各学校の裁量権が重視された。教育内容では、社会生活における良識を養うという目的で社会科が新設され、民主主義的意思決定の手段を身につけるため、自主的な自治活動の実施が重視された。その結果、特別教育活動として、生徒会、生徒集会、クラブ活動、ホームルームなどが設定された。

その結果、新学制初期の小学校・中学校・高等学校では、学校の生活ルールや社会問題について、長時間にわたって生徒たちが活発に議論して結論を出していくようになった。学校は、実践を通して民主主義を身につけていく場となったのである。当然、多くの大学でも自治会が結成され、学内の問題のみならず社会問題について学生が意見を交わし、あるいはそれを実現する場として機能していくことになる。

実は、戦前でも、国定教科書制度になる前（明治前半期）の尋常小学校では、戦前・戦中の議会政治家秋田清が回想するように、国会をまねた討論会（擬国会）が開かれた例があった。また、高等学校や大学でも、学校の監督のもとではあったが、少なくとも満州事変以前は擬国会を一年に一度行うところがあった。また、中学校以上の学校では、学校の方針に反対して生徒や学生がストライキを起こすこともあった。

特別教育活動の特徴は、戦前にも多少は見られた生徒の自主的活動を、民主主義教育の一環として学校の正規の教育活動のなかに組み入れたこと、下限を再び小学校までとしたことである。広い視野でみれば、昭和戦前・戦中の政治の混迷のなかで、元老西園寺公望やジャーナリスト桐生悠々《きりゅうゆうゆう》がなげいた、義務教育における民主主義教育の欠如が日本の暴走の背景にあるという悔悟につながるところがある。

なお、戦後教育では、戦前は就学義務の対象外だった障害児も義務教育の対象となったことも民主化の一環と見ることができる。ただし、在日朝鮮人の教育については混乱があった。在日朝鮮人側は朝鮮学校を作って朝鮮語教育を進めようとしたが、一九五二年の講和発効までは日本国籍となっていたため日本側は朝鮮学校を廃止させようとし、混乱が起きたのである。講和発効後、朝鮮学校は各種学校として認められるようになる。

†広がる民主化の影響

官庁や企業でも民主化は進んだ。戦時中に職員や工員の区別なく徴用がなされたり、労働者の統制組織として各職場で事実上結成が強制された産業報国会が職場を一体化したことを背景として、工員も企業の直接雇用が増えていた。こうした背景の上に、日本国憲法の精神をふまえた労働法規の整備がなされ、戦後は出身校や職階による待遇の差が、少なくとも制度上は廃止または縮小され、能力主義的傾向が一層強まった。

それでも学歴や性別による待遇差別は残り、被差別部落出身者への非公式な差別は残ったが、出自や性による差別をしてはならないという原則が定まったという事実は、のちに大きな影響を及ぼすことになる。性差別に関連していえば、戦前からの懸案であった売春の防止・違法化も、一九五六年五月に売春防止法が公布され、五八年四月に全面施行されることで実現する。

生活の場でも、民主化の影響は少なくなかった。政府や財界の呼びかけがきっかけとはいえ、地域住民や職場の構成員が協力して社会道徳の再建や民主主義の確立をめざし、一九四七年以降、一九六〇年代にかけて、新国民生活運動、あるいは新生活運動とよばれる運動が全国で展開された。その特徴は、住民なり職場の同僚同士の話し合いを通して改善点や改善方策を見出していくというところにあった。戦時中も隣組や自治会、産業報国会という形で、話し合いによって改善するという仕組みはあったが、目的が戦争遂行、国家への奉仕だった。今度は目的が民主主義の確立であるから、「いかに国家の要求を満たすか」ではなく、「いかにより多くの人が満足できる社会を作るか」という、正反対の目的のための運動となったのである。

上映を禁止された映画『ハワイ・マレー沖海戦』をこっそり上映した映画館主や、それを見て喜んだ観客のように、かつての帝国日本の復活を願う人びともいなかったわけではないが、このように、多くの日本人は、民主主義を大喜びでかみしめていたのである。

政治の動向も民主化の進展を象徴する形になった。新憲法施行をひかえて一九四七年四月に行われた初の参議院選挙では定数二五〇に対し、片山哲《かたやまてつ》率いる社会党が四七、吉田茂率いる自由党が三九、芦田均率いる民主党（進歩党を改組）が二九、三木武夫《みきたけお》率いる国民協同党が一〇、無所属一〇八などとなり、衆議院総選挙でも社会党一四三、自由党一三一、民主党一二四、国民協同党三一などとなって、社会党は過半数には届かないものの衆参両院で第一党となった。全体として社会民主主義的傾向が強い選挙結果となった。

社会、自由、民主、国民協同党で連立工作が行われた結果、衆参両院での首班指名選挙を経て、六月一日に、社会、民主、国民協同連立の片山哲内閣が成立した。日本史上初の社会主義政党が中心となった内閣の誕生である。ただし、社会党自身、こうした展開を予想しておらず、党内対立などのため、内閣はわずか八ヵ月で退陣した。

常識的には次は自由党内閣の成立となるはずだが、自由党総裁吉田茂の保守的、非民主的傾向をきらったGHQの意向で、同じ三党の連立政権の継続となり、芦田均が首相となった。しかし、政府系金融機関（復興金融金庫）の昭和電工に対する不正融資疑惑（昭電疑獄）が発覚、芦田内閣は半年あまりで退陣となった。この事件では芦田も収賄容疑で逮捕され、首相経験者初の逮捕者となったが、のちに無罪となった。

結局、一九四八年一〇月に、自由党に民主党の一部が合流してできた民主自由党単独の第二次吉田茂内閣が成立したが、少数与党のため、法案も予算も通らない。そこで、野党と協議の上、一九四九年一月に総選挙を行い、民主自由党が二六四と衆院の単独過半数を獲得して政局は安定した。社会党を含む連立内閣は内紛や汚職で成果をあげられず、国民に見捨てられたのである。なお、この選挙で民主自由党から出て当選した議員のなかには、佐藤栄作《さとうえいさく》、池田《いけだ》勇人《はやと》ら高級官僚から政治家に転身した人びとがおり、マスコミでは吉田学校などとよんだ。

このように、ＧＨＱにより日本の民主化は進展したが、経済復興は進んでいなかった。しかし一九四八年秋、アメリカ政府は、日本をアジアにおける西側陣営の重要拠点と位置づけ、以後は経済復興を優先させる方針を固めた。こうしたアメリカの経済援助もあり、一九四九年に入ると、食糧が配給から自由販売となり、新聞の夕刊もしだいに復活しはじめたが、生活そのものの苦しさは変わらなかった。

芦田均

経済復興のために政府が重点産業に大量に補助金を配分したり、復員兵を政府の現業部門（特に国鉄）に採用して人件費がかさんだりしていたため、敗戦時基準で一九四九年までに二〇〇倍にものぼる驚異的なインフレーションが進行したからである。これに対しアメリカ政府は一九四九年二月に銀行家ドッジを派遣した。ドッジは経済復興の前提としてのインフレ収拾のため、日本政府に収支均衡予算の編成と徴税の強化を指示した。

日本政府はドッジの指示を実行に移し、インフレの度合いは緩くなったが、国家予算縮小のため、国鉄では大量の人員整理が行われて社会は不穏な情勢となり、七月から八月にかけて、下山定則《しもやまさだのり》国鉄総裁の変死事件（下山事件）、三鷹駅での無人電車暴走事件（三鷹事件）、東北本線松川駅近くでの列車転覆事件（松川事件）が起きた。下山事件はGHQの陰謀、三鷹事件と松川事件は共産党の陰謀ともいわれたが、松川事件については長期の裁判の末、一九六一年八月に容疑者全員が無罪となった。それ以外の事件の真相は不明である。

こうした事態や、日本共産党が急進化したこともあり、GHQは一九五〇年六月に入り、徳田球一《とくだきゅういち》ら共産党幹部を公職追放とし、以後共産党員の公職追放があいついだ。共産党の旗が赤旗であることにちなみ、これをレッドパージという。

一九四九年には、八月の古橋広之進《ふるはしひろのしん》の水泳の世界新記録や一一月の湯川秀樹《ゆかわひでき》のノーベル物理学賞受賞という、いずれも日本人初の快挙や、九月から国鉄東海道線の特急が復活するなど、明るいニュースもあったが、なお社会は動揺を免れなかった。

4　朝鮮戦争

†韓国と北朝鮮の分立

そうした状況を一変させたのは、一九五〇年六月二五日に起きた朝鮮戦争である。朝鮮半島では南部に李承晩《りしょうばん》率いる自由主義の大韓民国（韓国）、北部には金日成《キムイルソン》率いる共産主義の朝鮮民主主義人民共和国（北朝鮮）が分立し、内戦の危機が迫っていた。しかし、アメリカは朝鮮半島からの撤退を決定、それを知った北朝鮮が共産主義による朝鮮の統一をめざしてソ連や中華人民共和国の支援を得て南部に突如侵攻したのである。韓国の首都ソウルはたちまち陥落した。

この日、国連安保理は、ソ連欠席のまま国連軍出動を決議、アメリカ軍が国連軍となり、七月八日、マッカーサーは国連軍最高司令官となった。マッカーサーは、米軍の朝鮮出動により日本国内の治安維持に不安があるとして日本に警察予備隊の創設を求めた。もともと再軍備肯定派の吉田茂はこれを受けいれ、占領軍の指令という形で八月に警察予備隊が創設された。事実上の再軍備の第一歩である。民主党と国民協同党などが合同した国民民主党では、朝鮮戦争を背景として、本格的な再軍備が主張されるようになっていく。

また、米軍の指示で、同年一〇月に秘密裏に海上保安庁の掃海艇七〇隻が朝鮮近海に派遣され、機雷《きらい》（海に浮かぶ爆弾、船がふれると爆発する）の除去作業にあたった。しかし、一隻が魚雷にふれて一名が死亡、三隻が無断で帰国する事態が起きた。当時は伏せられ、死亡者は一九七九年に戦死者として認定された。

†朝鮮特需による好況

米軍と、中国やソ連の支援を得た北朝鮮軍は一進一退の攻防を繰り返したが、一九五一年なかばに朝鮮半島のほぼ中央部にあたる北緯三八度線付近でこう着状態となって停戦会談が始まり、一九五三年七月に停戦協定が結ばれて現在に至っている。犠牲者の数は正確にはわからないが、アメリカ軍、中国軍、北朝鮮軍、韓国軍の将兵、民間人合せて数百万人といわれる。家族離散や、北朝鮮への連行による消息不明などの悲劇も数知れない。また、北朝鮮への原爆使用を主張したマッカーサーは一九五一年四月に連合国軍総司令官を解任され、リッジウェイが後任となった。

日本はアメリカ軍の兵站基地となったため、兵器や物資の運搬、兵器の修理や物資の補給、将兵の往来や休養などの需要が急増し、朝鮮特需による好況がもたらされた。停戦協定締結までに、鉱工業生産額は三割増、国民総生産にして数パーセントの上昇となった。その結果、一九五一年ごろには、多くの経済指標が戦前の最盛期（一九三七年）に近づくか、超える状況となった。日本の経済復興は、朝鮮戦争を契機にようやく本格化したのである。

戦後日本の復興は、アメリカの協力のみならず、隣人の不幸もきっかけとなったのである。しかもその悲劇の淵源をたどれば、日本の敗戦によって朝鮮半島が東西両陣営によって分断されたことにあるともいえる。朝鮮半島の人びとの立場になれば、もし日本の植民地にならず、自主独立の国家として歩んでいたら別の可能性もありえたと考えることも十分にありえる。日本国民は、そのことをしっかり認識しておく必要がある。

5 講和

†戦争終結への合意形成

日本の講和問題は、アメリカ政府や日本政府内部で敗戦直後から検討が始まっていた。日本をアジアにおける軍事拠点として維持したいために早期講和に消極的なアメリカ国防省と、アジアにおける西側陣営を強化するために日本の早期講和を希望するアメリカ国務省の対立があったが、一九五〇年四月には、吉田首相は、早期講和と、日本やアジアの安全保障のためアメリカ軍の駐留を求める意向をアメリカに秘密裏に伝えた。講和と米軍駐留の両立という提案によって国防省と国務省の対立は解消された。かつては民主化を進めるGHQに嫌われていた吉田は、日本を西側陣営の一員とするという点でアメリカ政府と意見が一致し、協力して講和を進めていく。

講和に向けての本格的な準備は、一九五〇年九月、アメリカ大統領トルーマンの対日講和検討開始声明をきっかけに始まった。日本国内では、五〇年春ごろから講和のありかたについての議論がなされるようになり、保守系政党が西側諸国との講和で十分という単独講和論をとる一方、共産党や社会党左派、学者などは共産圏諸国とも講和すべきだという全面講和論を主張した。社会党は、全面講和を主張する左派と、早期講和のため単独講和やむなしという右派が対立、一九五一年九月に社会党左派と社会党右派に分裂した。

一九五一年一月にアメリカのダレス大統領特使が来日、二月にかけて吉田首相と何度か会談し、講和に向けての基本方針について合意した。米軍の日本駐留とそのための条約締結は合意したものの、ダレスが改憲による再軍備を日本に強く求めたのに対し、吉田は、再軍備できるほど国力が回復していない、軍国主義再燃の危険がある、社会不安が起きて共産主義者に有利になる、周辺諸国の理解が得られないとして強く反対し、マッカーサーも吉田を支持した。

もっとも、当時(一九五〇~五二年)の世論調査は、再軍備賛成派の方が反対派より多

講和条約に調印する吉田茂首相

く、調査によっては過半数が再軍備賛成という場合もあった。これは朝鮮戦争の影響とみられている。すぐ隣の国で起きている大戦争、それも共産主義と自由主義というイデオロギーをめぐる戦争が起きていることへの危機感がかなりあったことがわかる。

ただし、具体的方法としては、改憲による再軍備より警察予備隊の強化への賛成が多く、米軍の駐留についても賛成の方が反対より多かった。世界的にも東西の冷戦状態が続き、隣の朝鮮では不安定な状態が続いているなかで、丸腰を肯定する人は少ないが、かといって本格的な軍隊までを望む人は少なかった。改憲による再軍備を拒否した吉田の論理は一定の根拠があったのである。先の無謀な戦争に対する反省が日本社会に定着していたことがわかる。

その結果、アメリカが日本に再軍備を強制しないかわりに、日本は五万人規模の保安隊を創設することになった。また、米軍駐留の詳細については、国会での議論を回避するため、日米安保条約本文には詳細を明記せず、国会の批准を必要としない行政協定で定めること、講和条約によって小笠原や沖縄はアメリカの管理下に置かれることなどが内定した。

†講和条約・安保条約・行政協定の締結

この合意をもとに日米両国の準備が進み、一九五一年九月四日、サンフランシスコで対日講和会議が開かれた。会議には吉田首相以下の日本全権団のほか、アジアや西欧圏のほか、東欧圏からもソ連など三カ国が出席した。中華民国（台湾）、中華人民共和国、インドネシアは招かれず、インド、ビルマ、ユーゴスラビアはアメリカが示した条約内容に不満で参加せず、ソ連など東欧圏三カ国もアメリカ主導を批判して調印を拒否した。結果的に講和条約には九月八日に四九カ国が調印した。

条約の内容は、締結国は日本との戦争状態を終了する、日本の領土は九州、四国、本州、北海道とする、締結国は日本への賠償を求めることができる、日本は東京裁判の結果を受け入れる、日本が安全保障のため二国間条約を結ぶことを認める、などとなっていた。本土周辺諸島の領有権については規定の内容が曖昧だったため、ソ連との北方領土問題や韓国との竹島問題などが継続する原因となっている。

中国との国交については、一九五〇年から中華人民共和国と民間ルートによる貿易を開始していたこともあり、人民共和国との国交を望む声もあったが、アメリカの方針に従い、一九五二年四月に台湾の中華民国と国交を回復した。ただし、人民共和国との民間貿易は継続していく。

同じ日に日米安保条約も締結された。内容は、日本は自衛のための有効な手段を持っていないので、暫定措置として米軍の駐留を求める一方、防衛力を少しずつ増強することをアメリカに約束する、アメリカは駐留軍をアジアと日本の安全維持のために使うことができる、駐留の細目は行政協定で決めるというものだった。日本がアメリカに防衛をお願いするという片務的な条約で、日本は防衛力漸増の義務を負う一方、アメリカには駐留の権利はあっても日本防衛の義務はなかった。ただし、アメリカは日本を西側世界の防衛線のひとつと位置づけていたから、有事に日本を見捨てる可能性はゼロだった。

これと前後して、占領軍が接収していたビルや住宅が返還される一方、民主化の動きの一環でほぼ完全に地方分権化された警察が再び中央集権化されたり、公職追放が次第に解除されるなど、揺り戻しともいえる動きもあった。こうした動きを「逆コース」とよぶマスコミもあった（一九五一年一一月の『読売新聞』連載記事）。

在日米軍の地位に関する行政協定（日米地位協定）は一九五二年二月に締結された。その内容は、米軍の駐留経費は日本が負担すること、日本は駐留軍の活動に最大限の便宜を払うこと、駐留軍関係者の犯罪の捜査や裁判はアメリカに管轄権があるなどとなっていた。駐留米軍を非常に優遇しており、安保条約の不平等性が明確になる内容だった。

講和条約、安保条約、行政協定は一九五二年四月二八日に発効し、占領は終結、日本は独立を回復した。GHQはなくなり、言論統制・報道統制も完全に廃止されたが、占領軍はほぼそのまま駐留米軍となった。平和条約締結時には吉田首相の支持率も五八％と在任中の最高を記録したが、行政協定の内容から条約の不平等性が明らかとなったため、講和発効は冷静に迎えられたことが当時の新聞紙面からうかがえる。

賠償については、東南アジア諸国に対して行われた。ただし、具体的には相手国政府への経済援助という形になったので、日本の経済的利益になる一方、肝心の戦争被害者への直接の支援にはつながらないという問題も生じた。

なお、保安隊は、従来の陸上部隊に海上部隊も加えて一九五二年一〇月に発足、その後、アメリカのたびかさなる要求もあり、一九五四年七月には、さらに航空部隊を加えた自衛隊が発足した。この段階での兵員数は約一三万人、海上自衛隊の保有艦艇総トン数五万八〇〇〇、航空自衛隊と海上自衛隊の保有機数は練習機を含めて二〇〇機。陸上部隊の規模は日清戦争当時の日本軍と同じであるが、一九五四年段階での国家予算（一般会計）中の防衛関係費（米軍駐留費を除く）の比率は約一四％、国民総生産との比率では約一・八％で、戦前に比べれば著しく低くなっていた。

その後陸自は一九五八年に一七万人、空自と海自を合わせた航空機数は一二〇〇機前後で推移するが、海自の艦艇だけは艦艇数は七〇隻前後だが総トン数は増えて一九六〇年には一〇万トン弱、その後も微増していく。艦艇の大型化がすすんでいったことがわかる。国家予算中の防衛費の比率はその後一九五三年以後低下し、一九六〇年で一〇％、GNP比一・二％となる。

ちなみに、駐留米軍は独立回復当時には二六万人だったが、一九五五年には一五万人まで減少し、一九六〇年代以降は四万人前後で推移していく。

実質的には軍隊である自衛隊に関し、戦争を放棄し、戦力を持たないとした憲法第九条に違反するのではないかという疑問が野党や知識人たちのあいだから出たが、政府は、専守防衛のための実力部隊なので、憲法第九条には違反しないとして正当化した。その後、一九七三年九月に基地問題を巡る訴訟（長沼ナイキ訴訟）で地方裁判所がはじめて違憲の判断を示したが、最高裁は判断を示しておらず、現在に至っている。新聞の世論調査では自衛隊は必要という意見が設置直後から常に過半数を超えており、自衛隊の存在はおおむね国民に受け入れられてきたといえる。

いずれにしろ、吉田首相は、戦争忌避感が強い国民感情と憲法第九条を武器に、アメリカに守ってもらうという変則的な同盟関係を作り出すことによって軍備を最小限に抑え、高度経済成長の基礎条件を生み出したのである。

6 占領期の文化

†GHQによる民主化政策

敗戦後、占領期の文化の特徴は、なんといってもGHQによる民主化政策の影響である。敗戦後、映画雑誌が復刊して映画興行の実態がわかるようになってから最初のヒット作は、一九四五年末に封切られた東宝の喜劇映画『東京五人男』である。復員してきた五人の友人男性が力を合わせて闇取引などの不正を追放し、街を復興させていくという内容で、ラストシーンが住民デモということからも明らかなように、GHQの民主化政策を反映した内容であるが、当時の世相を鋭く風刺し、ギャグも次々と仕掛けられ、今見ても十分おも

『青い山脈』

しろい。一九四九年のヒット作、東宝製作の『青い山脈』も同じように、戦後の民主化がなければ実現し得ない、若い男女の自由恋愛を扱った青春映画である。

GHQは、軍国主義除去という方針にのっとり、軍国主義や封建主義を肯定的に扱った映画の上映や製作は禁止した。そのかわり、敗戦まではご法度だったキスシーンは許容された。太平洋戦争開戦以後上映されていなかったハリウッド映画がふたたび盛んに上映され、人気を博した。

流行歌でも、太平洋戦争期には自粛、のちには禁止されたジャズ調の音楽が復活し、人気を得た。服部良一《はっとりりょういち》が作曲し、笠置《かさぎ》シヅ子が歌う「東京ブギウギ」のヒットはその典型例である。アメリカ文化の影響が戦前以上に人びとに好まれて定着していったのである。敗戦後初のベストセラーが『日米会話手帳』であり、四六年に入るとNHKラジオでも英会話番組が復活したことも、アメリカの大衆文化が好意的に受け入られた裏付けとなる。

こうした状況について、日本人がアメリカに従うようにアメリカが日本人を洗脳したなどと批判する人もいる。しかしこれは間違いである。GHQが洗脳まがいの試みに手を出した事実はたしかにある。GHQは、敗戦までの日本政府・軍部の内情を暴露し、国民から軍国主義的な思想を除去するため、「真相はかうだ〔こうだ〕」というラジオ番組を一九四五年一二月からNHKで放送した。しかし、あまりにどぎつい演出に対する聴取者からの苦情や批判が相次いだため、わずか三カ月で、もう少し冷静で客観的な「真相箱」という番組に改編した。つまり、あからさまな洗脳は受け入れられることがなかった。

これに対し、映画やジャズは戦前期において、都市部の青少年を中心にある程度受け入れられていた。日本製の映画も、話の組み立て方、進め方、演出の内容など、あらゆる面でハリウッド映画の影響を色濃く受けていた。

つまり、アメリカの大衆文化は、洗脳などなくても戦後日本社会に自然と受け入れられる要素があった。それは、民主主義的であり、個人の自主性を重んじるということである。ハリウッド映画は、恋愛物でも喜劇物でもミュージカル物でも、すべて権威主義や身分制度とは無縁である。個人は才能と努力で世を渡っていくことができる、そうした人びとが公正なルールを自分たちで定めることで人間社会は成り立っていくべきだ、そういう理念がどの作品にも反映している。ジャズももともとはアフリカから奴隷としてアメリカに連れて来られた、差別された民としての黒人の音楽であり、大衆向けのダンス音楽として発展したのであって、権威とは無縁なハリウッド映画になじみやすい音楽であり、実際、ハリウッド映画でジャズ音楽は実によく使われている。

ある国家社会がいったん近代化を始めてしまうと、工場、会社、官庁、軍隊、そのすべてが能力主義をとらないと国家社会を発展させることができない。能力主義を尊重しつつ国家社会を発展させようとすれば、個人を尊重した民主主義に必ず行きつくことになる。しかし、日本では、近代化を始める時点での、その点についての指導者の洞察が不十分だったため、個人の尊重や民主主義の進展に対しさまざまな制約があり、昭和期に国家主義が強まるとそうしたことによるさまざまな弊害が表面化し、ついには破滅一歩手前まで暴走した。この苦い経験が前提にあった以上、GHQが個人を尊重した民主主義の意義を広く知らせた結果、日本の人びとがこれを受け入れたのはむしろ当然である。

ハリウッド映画は、この個人を尊重した民主主義を体現していたために、戦前日本においても魅力ある大衆文化として一定程度受け入れられつつあった。戦後GHQが人びとを洗脳したから普及したのではない。戦争中、日本が占領地で住民をなだめるために映画を上映した際、人気があったのはエノケン主演の喜劇映画や、『支那の夜』のような、サスペンスの味を加えた恋愛映画だった。いずれもハリウッド映画やジャズ音楽の影響を強く受けた娯楽映画である。アメリカの大衆文化は、近代化を進めようとする社会にあっては、喜ばれ、普及するのがむしろ自然なのである。

†同人誌の氾濫

人びとが個人を尊重した民主主義を積極的に受け入れたことを示すもうひとつの現象は、同人誌の氾濫である。GHQの検閲のため、商業雑誌のみならず同人誌もGHQに提出されており、その膨大なコレクションは、「プランゲ文庫」としてアメリカにあるが、近年整理と公開が進んだ。その結果、「プランゲ文庫」に収められた商業雑誌、同人誌の抜粋を収めた資料集が日本で何種類か出版され、研究も進んでいる。

同人誌は、職場や地域の文芸サークルで出されていたもので、そもそもは戦時中の軍需工場でストレス解消のための余暇活動として奨励され、広まり始めた風潮である。戦後の同人誌をみると、戦中のような制約はなく、政治や社会、経済について自分の考えを展開し、あるいは仲間で討論していたことが浮かび上がる。

また、GHQを批判しない限り、自由な言論が許されたため、先の戦争をめぐり、小説や回想、手記や実録ものなど、さまざまな出版物があらわれ、映画化されるものもあったことである。小説では竹山道雄《たけやまみちお》『ビルマの竪琴』、出陣学徒の手記をまとめた『きけわだつみのこえ』、毎日新聞の政治記者森正蔵《もりしょうぞう》が政治の内幕を暴露した『旋風二十年』、ゾルゲ事件で死刑となった尾崎秀実《おざきほつみ》が獄中から家族にあてた書簡集『愛情はふる星の如く』などである。占領期においてすでに戦争を様々な視点からとらえなおし、不戦への思いを強める動きが始まっていたのである。

当時の日記を集めて読み解いた吉見義明《よしみよしあき》の研究でも、戦争を経験した多くの人びとが、自分なりの立場や経験をもとに、非戦、反戦の思いを抱き、労働組合運動や平和運動に共感したり参加していたことがわかる。こうした人びとの思いは、一九五五年二月の総選挙の結果に如実に反映することになる。

7 独立回復

†メーデー事件と天皇巡幸

独立回復直後の一九五二年五月一日、メーデー事件が起きた。労働者の祭典メーデーは、大正中期から行われていたが、一九三六年に二・二六事件による戒厳令のため中止となり、敗戦後復活し、皇居前広場で行われていた。ところが一九五一年にGHQが皇居前広場での開催を禁止し、五二年も政府が開催を禁止した。これに不満を抱いた労働者や学生約三〇〇〇〇人が、メーデー後のデモで皇居前広場に向かったのである。広場に到着後、これを排除しようとする約五〇〇〇人の警官隊と乱闘となった。これにさらに数千人のデモ隊が加わり暴徒化した。警官は発砲するなどし、デモ隊の死者二人、負傷者約一五〇〇人、警官隊の負傷者約八〇〇人、デモ隊の逮捕者一二〇〇人以上という大規模騒乱事件となった。これがきっかけで、七月に破壊活動防止法(破防法)が制定された。

そのわずか二日後の五月三日、同じ皇居前広場で講和発効と憲法施行五周年を祝う式典が行われ、その席で昭和天皇は、先の戦争について遠回しながら反省の意を表し、民主主

メーデー事件。旗竿で乱闘（1952 年 5 月 1 日）

義を奉じつつ、天皇のつとめを果たす決意を明らかにした。国内世論は皇室の存在には圧倒的多数が賛成だったが、昭和天皇の在位を望む人は七割程度であった。日中戦争の拡大を許し、太平洋戦争の開戦を裁可した、昭和天皇へのわだかまりは決して少ないものではなかったのである。そのため、折にふれて知識人などから退位論が出ていた。しかし、昭和天皇は、一九四八年一二月に、政治的安定のためにに在位を求めるマッカーサーに対し、退位を否定していた。昭和天皇はこの時、批判を浴び続けることを覚悟で政治的動揺を防ぐために在位しつづけることを明らかにしたのである。

昭和天皇は、敗戦直後から一九五四年

まで、アメリカの施政権下にある沖縄を除き、全国各都道府県を訪問する行事（巡幸）を続け、各地で人びとに歓迎された。記者会見も年に何度か行うようになり、植樹祭や国民体育大会などのため各地への訪問もつづいたので、国民の一定の部分にわだかまりを残しつつも、象徴天皇制は次第に定着していった。

†吉田対反吉田の政界再編

政界では、独立回復を機に、保守勢力内で、吉田対反吉田の対立を軸とした政界再編の動きが激しくなった。自由党内では、従来からの吉田派に対し、公職追放解除で政界に復帰して自由党に再加入した鳩山一郎とその一派が主導権争いを演じ、一九五三年春には鳩山一派は脱党して分党派自由党を作った。そこへ一九五四年に入ると、朝鮮戦争停戦後の造船業界の不況救済をめぐる汚職事件（造船疑獄）が発生した。自由党幹事長佐藤栄作の逮捕は、犬養健《いぬかいたける》法相の指揮権発動で阻止されたものの、警察法改正を強行したこともあり、吉田内閣（第五次）の評判はがた落ちとなった。

そこへ、戦犯から公職追放となり、追放解除後自由党代議士となっていた岸信介が、国民民主党の後身である改進党と自由党内の反吉田派を仲介し、一九五四年一一月に鳩山を総裁とする日本民主党の結成をもたらした。岸と鳩山は、日米関係の対等化、日本の自主

鳩山一郎（右）と岸信介（左）（1955年5月7日）©朝日新聞社／時事通信フォト

性強化を目指す立場から改憲再軍備で意見が一致し、その方向で政権獲得と保守勢力の統一をねらったのである。民主党結成により自由党は衆議院で過半数を失ったため、吉田は解散総選挙に打って出ようとしたが、勝ち目がないと見た自由党幹部が拒否したので、吉田はついに退陣した。吉田は、国民世論の動向をふまえ、安全保障ではアメリカに依存する一方で軍備を抑え、経済発展をはかるという戦後日本の基本的な方向性を定める上で大きな役割を果たした。

かわって鳩山一郎内閣が成立した。しかし、やはり与党は衆議院で過半数に達していなかったため、一九五五年二月に総選挙が行われた。選挙結果は民主一八五、自由一一二、左派社会党八九、右派社会党六七、共産党を含む左派系諸派六となった。民主党は第一党とはなったものの過半数はとれず、逆に革新系を合計すると改憲阻止に必要な三分の一に達した。鳩山個人の人気は抜群だったが、改憲再軍備という民主党の看板政策は有権者から拒否されたのである。国民の戦争への嫌悪感の強さが改めて浮き彫りとなった。

†第五福竜丸事件

こうした事態となった背景として、一九五四年三月に起きた第五福竜丸事件も忘れられない。マグロ漁船第五福竜丸が太平洋ビキニ環礁付近で操業中、アメリカの水爆実験で被ばくし、乗組員の一人が死亡した事件である。広島、長崎の原爆被害は、占領中はGHQの意向でほとんど報じられず、独立回復後、ようやく広く知られるようになっていた。そうしたなかで起きたこの事件は、核兵器の恐ろしさを国民に再認識させ、五月に東京杉並で原水爆禁止運動が起きるきっかけとなり、翌年八月には広島で第一回の原水爆禁止世界大会が開かれることとなる。

また、米軍をめぐるトラブルもこの時期大きな問題となった。一九五三年には石川県内灘で米軍の試射場が無期限借り上げとなることに反対する住民が座り込みを開始、日本政府が十分な補償をすることで決着した。一九五五年五月、山梨県の北富士演習場でアメリカ軍が大規模な実弾演習を行うことがわかると、自然が破壊されて観光業に打撃になるとして地域住民がデモを含む反対運動を展開し、県も米軍に中止を要請したが米軍は演習を強行、警官隊とデモ隊の衝突に発展した。

さらに九月、米軍が東京の立川基地の拡張を計画し、地元住民がこれに反対、社会党や労働組合、学生などが反対運動を支援、政府の測量を阻止した。そのため反対派と警官隊の衝突に発展、九〇人以上の負傷者と数十人の逮捕者が出た（砂川闘争）。その後、一九五六年一〇月に政府は測量を強行、デモ隊と警官隊が衝突し、双方に合計八八〇人以上の負傷者を出した。結局測量は中止となった。いずれも、アメリカ軍側が一方的にことを進めようとして住民の感情を逆なでしたことに原因があった。こうした米軍基地問題の表面化は、安保改定問題や六〇年安保闘争の背景となる。

アメリカの支配下に入っていた沖縄の基地問題もこのころ表面化した。一九五五年一月、沖縄の人びとが、米軍の土地収用にあたって不当な扱いを受けていることが報じられた。沖縄は、沖縄戦終結後、アメリカ軍の軍政下におかれ、基地建設が進んで耕地の四割が基地となった。基地建設にあたって米軍は強制的に土地を借り上げたが、地代はタバコが買える程度の低さで、経済的に基地に依存せざるを得ない一方、住民の暮らしは貧しい状態が続いた。アメリカ議会は従来のやり方を維持したまま基地の拡張をアメリカ政府に勧告したため、沖縄では土地問題の改善を求める大規模な住民運動が起き、一九五六年六月には二〇万人が参加する住民大会も行われた。こうした動きは、日本における対米感情の悪化の要因のひとつとなるとともに、沖縄の祖国復帰運動が起きる要因ともなった。

8 保守合同

†自由民主党の結成

社会主義勢力に政治的主導権をとられることをおそれた保守勢力は、大合同に向かって本格的な協議を始めた。党首問題や政策問題で難航したが、経済界の強い要請があったこと、左右社会党も統一に向けて協議を進め、一九五五年一〇月に統一を実現したことが追い風となり、同年一一月に自由、民主両党が合同して自由民主党を結成した。これを保守合同という。総裁については、当面両党から鳩山を含む二人ずつ、計四人の代行委員を置き、政策については、日米安保は維持しつつも将来的には改憲を目指すという折衷案でまとまった。

保守合同は戦前の政党内閣末期からささやかれ始めた構想で、戦後も何度か試みられてきたが、ようやく実現したのである。ただし、総裁を決めることができなかったことからもわかるように、党内情勢は不安定だった。ただし鳩山につぐ総裁候補だった緒方竹虎《おがたたけとら》が一九五六年一月に急死したため、四月に鳩山首相が総裁に就任し、しかもちょうど保守合同のころから輸出が伸び始めて好況となったこともあり、党情は安定の方向に向かった。ちなみにこの五五年から五七年にかけての好況は、日本はじまって以来の規模だといわれたため、伝説上の初代天皇の名称をとって神武《じんむ》景気とよばれた。

†日ソ共同宣言

国民の審判によって改憲再軍備を封じられた鳩山は、すでに老齢だったこともあり、最後の花道として日ソ国交回復に全力をあげた。オホーツク海漁業の安定操業のためにも、日本の国連加盟実現のためにも(ソ連は拒否権を持っていた)、ソ連との国交回復は必要だった。ソ連との交渉は北方領土問題で難航したが、一九五六年一〇月、北方領土問題は平和条約締結後に棚上げするとした日ソ共同宣言によって国交を回復、一二月に国連加盟を実現し、総理総裁を引退した。

そのほか、鳩山内閣の政策で重要なもののひとつは、五六年に各自治体の教育委員会を公選制から自治体首長の任命制にしたことである。政治的中立性の確保が理由だったが、以後、教育現場に対する文部省の統制が強められる。そしてこのころから経済界の要求により、教育の社会的な意義が微妙に変化し、教育内容もそれにつれて変化が生じた。

民主主義社会の担い手の養成から良質の労働者の養成へと重点が移され、能力主義という観点から学校の序列化が始まり、五八年には学習指導要領が参考から強制へと位置づけが変わり、学習内容も、産業高度化に対応できる労働力を求める経済界の要求に基づき、体験重視から体系的な知識の学習に重点が置かれた。そして、都市化や進学熱の上昇によって協調性を社会で育てることがむずかしくなったとして、愛国心や遵法精神を教える道徳という科目が新設された。さらに、男女共学だった中学の職業・家庭科は、男性労働力養成の効率化という観点から男子は職業科、女子は家庭科に分離された。こうした変化は、大学紛争、受験戦争、男女差別などさまざまな社会問題が生じる背景となっていく。

†住宅公団の創立

もうひとつ重要なのは、住宅建設促進のため、政府が一九五五年に日本住宅公団を創設したことである。住宅公団が建設した大規模団地の入居は翌五六年からはじまり、同じ仕様の社宅なども含めれば、一九六〇年までに大都市近郊で一〇〇万人が団地に入居した。これらのほとんどは賃貸住宅だった。これらの団地は鉄筋コンクリート四、五階建てのビルが立ち並び、それぞれの部屋の間取りは3DK、2DKなど、ダイニングキッチンとよばれる台所と食事室を一体化した部屋があるのが特徴だった。

それまで、職員や工員むけの住宅や社宅というと、平屋の一軒家か長屋で、台所は北側の暗い所にあり、食事は日当たりのよい寝室兼居間などでとる形が多かった。ダイニングキッチンは、戦時中に軍需工場の工員住宅を量産する過程で生み出された考えで、台所と食事室を一体化し、そのかわり居間と寝室を分けることができる。限られたスペースに効率的に多くの住戸を設けることと、食事の配膳や後片づけ、部屋の掃除など、家事労働の手間を軽減するために考え出された間取りといえる。しかもトイレは当時はまだ珍しかった水洗式が採用された。いずれにしろ最先端の住まいだった。

入居には一定以上の収入(家賃の支払い能力)が必要で、かつ希望者多数の場合は抽選となったので、中流階層の上の方でなければ入ることができない、憧れの住宅だった。いずれにしろ、東京や大阪の郊外を中心に、こうした団地が次々と建設された。これら団地からの通勤の足としての鉄道は、輸送力を増やすため、加速や減速の性能を向上させた新型電車を投入、それらは従来の栗色一色の電車と異なり、車体がカラフルな色で塗られていたから、団地と新型電車は、都市部の発展を目にみえる形で示す手段ともなった。

†形成される党内派閥

鳩山の後任の自民党総裁の選出は、党結成後初の公選となった。だれに投票するかをめぐって金が飛び交い、この総裁公選がきっかけとなって党内派閥が形成されるようになった。その結果、石橋湛山《いしばしたんざん》が選ばれ、一九五六年末に石橋内閣が発足した。石橋は、大正期から日本の膨張政策の危険性を警告した自由主義的思想を持った経済ジャーナリストとして活躍、戦後政界入りし、第一次吉田内閣で蔵相を務めた。戦後初の私学（早稲田大学）出身の首相としても注目されたが、党総裁当選にあたってはかなりの金をばらまいたといわれる。

しかし、石橋は就任直後に過労で倒れ、五七年一月の国会では岸信介外相が首相臨時代理として施政方針演説を代読したが、経済発展とともに社会保険制度の充実や国民年金制度の創設などがうたわれている。結局、石橋は内閣発足後わずか二カ月で退陣した。国会の会期中だったこともあり、岸信介外相が後任首相に就任し、閣僚をほぼそのまま引き継いで、一九五七年二月末に岸信介内閣が成立した。

独立回復前後からここまで、経済や社会はおおむね上向きだった。一九五一年九月に民間ラジオ放送開始、同年一〇月には日本航空による国内航空路が復活、一九五三年二月に

『君の名は』

はNHKのテレビ本放送が開始され、八月には初の民放テレビとして日本テレビも本放送を開始した。テレビは当初は受像機が高かったこともあって普及の速度は遅かった。しかも、当時映画俳優のほとんどは各映画会社の専属で、映画会社はテレビへの対抗意識のため俳優も映画作品もテレビに提供しなかった。そのため、テレビ局は、スポーツ中継やアメリカのテレビドラマなどで対抗した。プロレスラーの力道山《りきどうざん》は試合のテレビ中継で日本中の人々に知られることになった。映画でも、NHKラジオの人気連続ドラマをもとに松竹が一九五三年から五四年にかけて製作し封切った『君の名は』三部作は大ヒットし、なお映画館数も観客数も増加傾向だった。新聞では夕刊が完全に復活し、頁数も戦前並みに増えてきた。

人びとの生活は、敗戦と戦後直後の苦しい時期を経て戦前並みとなり、さらにそれを超えて変化しつつあった。一九五四年ごろになると、大卒初任給は一万二〇〇〇円前後、平均給与は二万円前後で安定し、卸売物価指数も敗戦時基準の一〇〇倍前後で安定した。

アメリカの食糧援助により都市部での学校給食でパンが採用されるなどの事情や、ハリウッド映画、アメリカのテレビドラマなどの影響で、パンのような洋風のメニューを食べる機会が増えた。また、戦時中に動きやすいモンペ（和風女性用ズボン）が普及した影響や、アッパッパとよばれる、素人でも簡単に縫製である女性用ワンピースが考案されたこともあり、しだいに洋服が日常着としても使われるようになった。テレビのほか、電気冷蔵庫、電気洗濯機などの家電製品も、まだ高嶺の花とはいえ、確実に増産を重ねていった。

9　安保改定問題

†ジラード事件

政権の座についた岸は、かつて大日本帝国のエリート官僚であり、東条英機内閣に若くして商工大臣として入閣までしていた。戦犯として逮捕されたものの裁判は免れ、公職追放解除後、自由党代議士となってからは政界再編に辣腕《らつわん》を振るい、ついに首相となった。ただし、過去の経歴や、親しみやすいとは言えない人柄などのため、内閣発足時の支持率は三三%で、前の二つの内閣より二割前後低かった。

日本を再び強国のひとつにしたかった岸にとって、形式上日本がアメリカに従属している安保条約をできるだけ対等な形に改定することは、ぜひやり遂げたい課題だった。岸政権発足直前の一九五七年一月末に起きたジラード事件は、国民に安保改定の必要性を説明する格好の事例となった。これは群馬県内の米軍演習場で、薬きょうを拾っていた近所の主婦をジラードという兵士が故意に射殺し、日本は犯人の引き渡しを駐留軍に求めたが、日米地位協定の規定によりそれがかなわなかったという事件である。

開会中の国会では、社会党が政府に犯人逮捕を要求し、安保条約の不平等性を批判した。岸は、こうした反米感情の高まりをアメリカに説明するとともに、六月に第一次防衛力整備三カ年計画を策定、安保条約の規定をふまえ、自衛隊を増強する方向性を打ち出した。同月、岸は訪米してアイゼンハワー大統領と会談、核兵器の日本の基地への持ち込みは事前に協議すること、アメリカの日本防衛を義務化することなどを主眼とする安保改定案を提案した。

当初アメリカは消極的だったが、日本の対米感情に配慮して、一九五八年から改定交渉に応じ、一九六〇年一月に岸首相が渡米して改定条約に調印した。その内容は、両国の経済協力を促進すること、日米のいずれかが武力攻撃を受けた場合は、それぞれの国の憲法の範囲内で協力すること、日本は日本と東アジアの安全維持のために米軍の駐留を許す、などとなっており、岸首相とアメリカのハーター国務長官の間でやりとりされた交換公文によって、核兵器の持ち込みは両国の事前協議の対象となった。

†六〇年安保闘争

日米の対等化を戦争への危機と捉えた、社会党、労働団体（日本労働組合総評議会、総評）や学生団体（全日本学生自治会総連合、全学連）は、一九五九年三月に日米安保条約改定阻止国民会議を組織して反対運動に乗り出した。全学連は、翌六〇年一月の岸の渡米当日に、学生が羽田空港のロビーに立てこもる事件を起こして警官隊に排除されたが、世論の眼は自己中心的だとして学生側に冷ややかだった。岸渡米直前の朝日新聞の世論調査では、改定賛成二九％、反対二六％、わからない四〇％で、世間の関心も今ひとつだった。

岸の帰国後、衆議院で批准のための審議が始まった。社会党は、一九五九年一〇月に右派が脱党（のち民主社会党を結成）し、社会主義革命をめざす左派が主導権を握った。衆参ともに自民党が過半数を占めている状況をふまえ、社会党は、審議を引き延ばすうちに反対運動を拡大して批准を阻止し、政権崩壊をねらった。審議引き延ばしのため、のちに社会党の幹部自身がバカバカしいと回想するほど、ささいな問題の追及を繰り返したのである。しかし、これによって、知識人や学生の間には反対論がさらに広まりはじめ、自民党内の反主流派も慎重審議を求めはじめた。

しかし、岸首相としては、六月二〇日にアイゼンハワー米大統領の訪日を決めており、それまでに批准を済ませたいという思惑があった。憲法第六一条に、条約の批准は、衆議院で可決されたあと、一カ月たっても参議院で議決がない、あるいは両院の合意ができない場合は衆議院の議決が優先すると定められていることをふまえると、五月一九日に批准承認と会期延長を衆議院で決める必要があった。五月一九日、安保法案の特別委員会は、自民党所属の小沢佐重喜《おざわさえき》委員長（小沢一郎《おざわいちろう》の父）が採決を強行、清瀬一郎《きよせいちろう》衆院議長は衆議院本会議場に警官隊を導入して座り込む社会党議員を排除し、自民党主流派議員だけで批准と会期延長の採決を強行、可決させた。明らかに岸の思惑をふまえた行為である。

この強行採決に対し、マスコミの大部分は民意を無視した暴挙として批判、野党はもちろん自民党の反主流派からも岸首相の退陣要求が出た。強行採決に抗議し、岸退陣を求める学生や知識人、労組のデモ隊が、連日国会議事堂や首相官邸周辺に繰り出し、さらに繁華街や関係者の私邸まで押しかけ、日教組、公営交通、国鉄などの官公庁系組合の抗議ストライキや、さまざまな団体による全国各地での抗議集会も相次いだ。岸退陣運動が一気に盛り上がったのである。そして六月一五日、国会構内でデモ隊と警官隊がもみ合ううち、デモ隊にいた東大文学部の女子学生樺美智子《かんばみちこ》が死亡した。岸批判は頂点に達し、日本政府は六月一六日にアイゼンハワー大統領訪日延期を発表、六月一九日、国会前を数万人のデモ隊が取り囲むなか、条約批准は自然承認され、二三日に批准手続きが終わると岸は退陣を表明、六〇年安保闘争は終わった。

新聞で連日報じられていた国民的高揚は自然承認後急速にしぼんだ。七月初めから下旬にかけて行われた青森、埼玉、群馬の県知事選で社会党は安保反対を掲げたが、すべて敗北したことはそれをよく示している。

七月一四日、自民党総裁選挙で池田勇人が当選、一九日、池田内閣が成立、池田はかねてから持論だった所得倍増を目玉政策に掲げた。一一月の総選挙でも自民党は九議席増やした。もっとも、六〇年代前半の新聞の世論調査ではさすがに安保条約に賛成する人は少数派で、それが過半数を超えるのは七〇年代後半である。それでも選挙で自民党が議席を増やしたのだから、安保条約はもはや重要な争点ではなくなったことがわかる。安保闘争は結局のところ反岸闘争に変化してしまったため、資本主義経済自体を否定し、経済発展への方策を示せない社会党への追い風にはならなかったのである。

10 経済成長の開始

†神武景気と岩戸景気

その理由は、経済発展によって社会が豊かになりつつあるという実感が人びとにあったからにほかならない。経済成長率は五六年は七・五%、五七年が七・八%、五八年は六・二%だが五九年九・四%、六〇年一三・一%と急伸しており、「神武景気」を上回る勢いだったので、建国神話をさらにさかのぼり、「天の岩戸《いわと》」伝説にちなんで「岩戸景気」とよばれていた。事実上高度経済成長が始まっていたのである。

繊維製品や船舶の輸出が激増し、鉄鋼生産は五年間で約二・五倍となった。乗用車の年産は五五年の二万台から六〇年には一六万五〇〇〇台への八倍以上となった。こうした工業生産の回復、進展に、アメリカからの技術導入があったことは従来から指摘されているが、それだけでなく、戦前・戦中に仕事についた技術者たちの貢献があった。この人たちは、戦中期に、陸海軍の対立や経済統制、国力の不足など、さまざまな制約により、効率的な生産ができなかったことを悔やみ、戦後の平和や民主化に肯定的な立場から仕事に取り組んでいったのである。

自動車やトラックなど四輪自動車の保有台数はこの五年で約二・八倍になった。ただし、その余波で交通事故が増え、一九五八年にはスピードを出しすぎるタクシーの事故が話題となって「神風タクシー」という言葉が流行したりした。ただし、舗装道路は大都市の一部だけで、国道でさえ雨が降ればぬかるんで通行に支障が出るほどだったのではあるが。

また、石橋湛山首相が約束した社会福祉の充実は岸内閣に引き継がれ、一九五七年四月から政府は国民健康保険全国普及四ヵ年計画に着手し、一九六一年四月には国民皆保険を達成する。また、一九五九年四月に国民年金法が制定され、一九六一年四月には国民皆年金が実現した。一九六〇年代初頭で両方を実現した国はまだほとんどなかった。いずれにしろ、一見政治の季節に見える鳩山内閣から岸内閣の時期にも順調に経済は発展し、生活水準も確実に上昇していた。だから、岸は政治的に無理をしても自民党政権への影響は少なかったのである。

一九五八年一一月の明仁《あきひと》皇太子と正田美智子《しょうだみちこ》（現天皇・皇后）の婚約発表は社会的に大きな話題となり、週刊誌が普及する大きな要因となった。一九五九年四月の婚礼時に都内で行われたパレードはテレビ中継され、これをきっかけにNHKのテレビ契約数は二〇〇万の大台に乗り、当日は一五〇〇万人が中継を観た。その反動で、映画の人気は、一九五八年の常設館有料入場者数約二億三〇〇〇万人、六〇年の映画館数七四五七をピークに急降下していく。

なお、明仁皇太子婚約発表の直前には、東京—博多間の寝台特急「あさかぜ」の新型客車置き換え、東京—神戸間の電車特急「こだま」の運転開始、年末には高さ三三三メートルと当時世界一の高さだった東京タワーの完成といったできごともあった。東京タワーはテレビ用の電波塔であり、テレビ時代の幕開けを告げるできごとだった。

「あさかぜ」用の客車と「こだま」用の電車は、いずれも完全密閉式で防音の利いた明るい客室、クーラーや冷水器、電子レンジや電熱コンロなど、最先端の工業技術、家電技術が駆使された設備を誇り、乗り心地の良さで従来の鉄道車両の概念をくつがえした。東海道本線は一九五六年一一月に全線が電化され、「つばめ」「はと」などの特急列車は東京—大阪間を戦前より早い七時間半で走るようになったが、需要は増えつづけた。そこで増発とスピードアップのため、電車化が試みられたのである。東京—大阪間は六時間五〇分となり、鉄道での日帰りが可能となった。一九六〇年六月には「こだま」は六時間半にスピードアップされ、大阪に三時間滞在できるようになり、「つばめ」「はと」も愛称を「つばめ」に統一して同型の電車となった。

「あさかぜ」は一日一往復、「こだま」は一日二往復だから、まだ利用できる人は限られていたが、一〇年ほどの間に同型車が日本中を走り回るようになる。また、こうした措置でもまもなく需要に応じきれなくなるとみた国鉄は、一九五八年一〇月から新幹線の建設もはじめる。

†三池炭鉱争議

こうした時代の変化を別の面から象徴したのが三《み》池《いけ》炭鉱争議である。自動車の普及、鉄道の電化やディーゼル動車化が進展しはじめていたことにみられるように、エネルギー源は石炭から石油に転換しつつあり、石炭産業は斜陽化しはじめていた。そこで三井鉱山は三池炭鉱の合理化を決断、一九五九年に労組側に人員整理を通告した。しかし、社会党左派の理論的指導者だった向坂逸郎《さきさかいつろう》九州大教授に指導された三池炭鉱労組は強硬に拒否。向坂はこの闘争をきっかけに労働争議を全国に拡大し、社会主義革命のきっかけにしようとしていたのである。

会社側は一二月に一二〇〇人以上の指名解雇を通知し、一九六〇年一月にロックアウト（労組員の職場立ち入り拒否）を行った。組合はストに突入し、三井三池争議が本格化した。会社側は三月に会社側に立つ第二組合を結成、仕事をしようとした第二労組員とこれを妨害しようとした労組員が衝突、双方に一〇〇人以上のけが人が出た。

政府の中央労働委員会（中労委）が調停に乗り出したが組合側は拒否した。この闘争を社会主義革命の第一歩にしようという向坂の方針に従ったのである。そしてその後も二つの労組の衝突が続いて負傷者や逮捕者が続出した。結局、八月に中労委が再度調停案を提示、組合の上部団体の総評も調停受け入れを組合に迫ったため、九月に争議は終息、解雇は撤回されなかったため、事実上組合側の全面敗北となった。

五九年に人員整理案が出た段階で、組合が会社と話し合いの席につき、解雇者の救済策を協議していれば、多くのけが人や逮捕者を出さずに問題を解決できたはずだった。労働者たちは知識人の革命の夢の犠牲になったといわざるをえない。しかし、マルクス主義（社会主義、共産主義）の亡霊は、なお知識人の間でしばらくさまようことになる。

また、一九五九年七月には、水俣病《みなまた》が発覚した。日本初の公害病問題である。一九五二年ごろから熊本県水俣市の住民に見られていた、骨の痛みや歩行困難などの奇病の原因が、チッソ水俣工場の廃液中の有機水銀であることが発表されたのである。しかし、チッソはこれを認めず、一二月に患者に見舞金を払って問題をいったん収束させてしまった。

チッソ水俣工場は、当時の石油化学工業に必要なアセトアルデヒドを生産する国内ほぼ唯一の工場だったため、政府が対応に消極的だったうえ、テレビで報道されても、報道を見た人が、これぐらいの犠牲はやむをえないと感じるような社会の雰囲気だったことから、救済の声は盛り上がらなかった。憲法では個人の尊厳がうたわれていたものの、実質はまだ十分に伴っていなかったのである。

†洞爺丸事故

最後に、この時期最も多くの犠牲者を出した大惨事にふれておきたい。一九五四年九月二六日、国鉄の青函連絡船洞爺《とうや》丸が台風のために沈没した洞爺丸事故である。洞爺丸は一九四八年建造の新型船。船長は台風が通過したと誤認して函館港を出港したが、出航直後に台風が来襲、操船が困難となり、函館湾内で転覆、一一五五人が死亡、生存者は一五九人であった。死者数は平時では一九一二年のタイタニック号沈没事故に次ぐ数で、日本では今に至るまで平時では史上最多である。以後、荒天時の運航は船長だけでなく関係者の協議で判断することとなった。また、海底鉄道トンネル建設構想のきっかけとなり、青函トンネルは昭和末期の一九八八年に完成、青函連絡船は廃止となる。現代の大量輸送機関の盲点が明らかになり、戦後有数の一大プロジェクトのきっかけとなった大事故だった。

敗戦から六〇年安保闘争にかけての時期は、表面では政治的なできごとが目立つ。連合国による戦犯裁判と民主化、新憲法の制定、講和と日米安保、政界再編、安保改定など、敗戦までの権威主義的な政治の仕組みややり方を、議会制民主主義的な仕組みとやり方に

洞爺丸の事故

変えるための激動の時期だった。その一方で、占領初期の経済制度の民主化、アメリカの援助、朝鮮戦争などを背景に、特にこの時期の後半は顕著な経済発展が進行しており、一九五〇年代中ごろには生活水準は戦前の最高水準を抜いた。

この時期のおわりには、平和で豊かな社会が出現しつつあったのである。その背景には、もう戦争はいやだという、多くの日本国民の思いがあった。一方で、朝鮮戦争という他人の不幸が経済発展の起爆剤となった事実、国防についてはアメリカに依存していた事実、経済発展の裏で苦しむ人が軽視されていた事実を忘れるわけにはいかない。

第５章

成長と成熟

1960-1989

テレビ・冷蔵庫・洗濯機の三種の神器売行き好調（1959年11月）

年代	出来事
1960　昭和 35	7 月、池田勇人内閣成立
1962　昭和 37	5 月、三河島事故、サリドマイド薬害発覚
1963　昭和 38	11 月、三池炭鉱事故
1964　昭和 39	10 月、東海道新幹線開業、東京オリンピック開催 11 月、佐藤栄作内閣成立
1965　昭和 40	6 月、日韓基本条約調印
1967　昭和 42	8 月、公害対策基本法公布
1968　昭和 43	1 月、東大闘争勃発（〜1969 年 1 月）　4 月、日大闘争勃発（〜1969 年 2 月）
1970　昭和 45	3 月、日本万国博覧会（大阪万博）開催（〜9 月）、「よど」号事件
1971　昭和 46	6 月、沖縄返還協定調印、8 月、ドル・ショック
1972　昭和 47	5 月、沖縄返還実現　7 月、田中角栄内閣成立　9 月、田中首相訪中、日中共同声明
1973　昭和 48	10 月、石油ショック
1974　昭和 49	12 月、三木武夫内閣成立
1975　昭和 50	11 月〜12 月、スト権スト
1976　昭和 51	7 月、田中前首相逮捕（ロッキード事件）
1978　昭和 53	11 月、日米防衛協力のための指針決定
1982　昭和 57	11 月、中曽根康弘内閣成立
1985　昭和 60	9 月、プラザ合意（バブル経済の発端）
1987　昭和 62	4 月、国鉄民営化実施　11 月、竹下登内閣成立
1988　昭和 63	6 月、リクルート事件発覚
1989　昭和 64／平成元年	1 月、昭和天皇死去、平成改元　4 月、消費税実施
1993　平成 5	8 月、細川護煕内閣成立

最後の章は、一九六〇年代以後の時期を扱う。この時期はいわゆる高度経済成長期である。実は高度経済成長自体は一九五〇年代後半から始まっていたが、社会や政治の主な関心が経済成長に向いたという意味で、一九六〇年という区切りは十分な意味がある。

高度経済成長期の日本は、前後の時期と比べて、明らかな特徴がある。ひとつは「みんなで一緒に」ということ。国民が経済発展に一丸となったということである。テレビ、冷蔵庫、洗濯機を自分「も」欲しいという欲求が経済成長の国内的主因のひとつだったし、東京オリンピックはみんながテレビで見たし、高度経済成長期の最後をかざった大阪万博には全国からたくさんの人が押し寄せたのである。もうひとつは超人的なカリスマ的指導者やスーパースターがいなかったこと。佐藤栄作首相も、川上哲治《かわかみてつはる》巨人軍監督も、巨人軍の王貞治《おうさだはる》選手も、横綱大鵬《たいほう》も、大言壮語せず、地味にコツコツ手堅くものごとを進めるタイプだった。そうしたなか、高度経済成長末期におきた大学紛争は、この時期の雰囲気に対する息苦しさが示されたできごとだった。

高度成長期以後の日本はふたたび「人それぞれ」という雰囲気になった。ただし、占領期と全く同じではない。政治の世界で多党化が進み、自民党政権内でも内紛が絶えなかったことは国民の利害の多様化の反映である。カラオケやコンビニの登場と普及も人びとの好みの多様化のあらわれである。

今回の「人それぞれ」は高度経済成長によって、人びとの多様な欲求にこたえる工業技術と経済力が日本に備わり、高度成長後も世界有数の経済成長率を示していたという、経済的な要因が大きかったのである。そして、そうした欲求を開花させた背景として、大学紛争を忘れることはできない。「みんなで一緒に」の息苦しさに人びとが自覚的になったからこそ、経済力を生かした多様性の追求が可能になったと考えられるからである。

しかし、経済の好調も昭和が去った直後に終わりを告げ、時代は次の局面に入っていく。

1　自民党単独政権の継続

†なぜ自民党単独政権が続いたか

高度経済成長期の政治の話は、自民党単独政権が続いたということにつきる。一九六〇年七月に成立した池田勇人内閣は、池田が病気で引退する一九六四年一一月まで続き、総裁公選で選ばれた佐藤栄作が後継首相となり、一九七二年七月まで七年八カ月という今のところ首相在任の最長を記録した。この間の政治史は、多少の波乱もないではないが、限られた紙数で特にふれるほどの話もない。

このようになった要因は四つ考えられる。第一は、なんといっても、日本経済が、政府や国民の予想以上に高い成長を続けたことである。経済が成長すれば税収も増え、新規政策もやりやすい。伝統的に保守政権が消極的になりやすい福祉や公害対策でさえそれなりに進展したのである。当然自民党政権に不満を持つ人は少なかった。

第二の要因は、社会党の不振である。一九六〇年一月に右派が脱党して以後、社会主義革命をめざす左派が主導権を握った社会党は、資本主義そのものを否定していたから、自民党政権の掲げる経済成長政策に対抗できるような魅力的な政策を国民に訴えることができなかった。

佐藤栄作

結局、自民党はこの時期国会で過半数を維持した一方、党是《とうぜ》としていた改憲に必要な三分の二の議席を獲得することはできなかった。この時期の社会党などの野党（一九六四年一一月には公明党も誕生した）の歴史的役割は、高度経済成長の弊害に対し警告を発したこと、日本の軍事的拡大に歯止めをかけたこと、日中関係の維持に一役買ったことだった。

第三の要因は、池田首相や佐藤首相の内閣や党の人事方針である。二人とも官僚出身の地味な経歴で、党内でも日本社会においても特別に個人的な人気があるわけではなかった。そこで、党内各派閥に配慮して敵を作らない人事を行って対抗馬の出現を防いだ。さらに佐藤は、当選回数を重視する人事を行うことで党内に幅広く大臣就任の機会を開いた。その結果、反主流派の造反はほとんど起きなかったのである。

第四の要因として、政府が途中から成長だけではない経済政策を掲げたことである。鳩山から池田内閣までは、いずれも経済の自立や成長、生活水準向上、完全雇用などを掲げていたが、佐藤内閣は、ひずみの是正や均衡ある発展を掲げたことはそれをよく示している。そうなった背景として、予想以上の高度成長の継続、批判勢力としての野党の存在だけでなく、与党自民党が、社会党に近い考えの政治家も含む包括的な政党だったことも背景として考える必要がある。

二〇年にわたって続いた高度経済成長のからくりは以下のようなものである。まず、政府が、公共投資によって産業基盤を整備したり、減税や金利引き下げによって消費や経済活動を促進させようとした。これに対し企業が、戦前戦中の技術開発の遺産を生かしたり、海外から先進工業技術を積極的に導入して技術革新や旺盛な設備投資を行った。その結果、繊維製品や船舶、自動車などの輸出が伸びただけでなく、テレビ、電気冷蔵庫、電気洗濯機に代表される耐久消費財が安価で大量に国内に供給された。そして、多くの人がこれを購入することで企業の収益が上がって勤労者の収入が増え、ますます購買欲が刺激されるという好循環が続いたのである。しかし、耐久消費財が国民にひととおり行き渡ったことで、高度経済成長は一九七一年に終わりを迎えることになる。

2 高度成長の軌跡

†驚異的な成長率

この時期の経済成長の全体像を見てみよう。一九五四年から二〇年間の平均の実質経済成長率は約九・四%。単年度で一〇%を超えた年が八年あり、特に六六年から七〇年までは五年連続して二ケタ台で、六八年には国民総生産がアメリカにつぐ第二位となり、その順位を四〇年以上続けることになる。この時期、西側主要国で二ケタ成長率を記録した国はない。驚異的な高度成長だったのである。輸出額が世界貿易に占める比率は、五〇年の三・一%から七〇年の六・一%と倍増し、西側主要国に肩を並べた。一九六四年四月にはOECD（経済協力開発機構）に加盟したが、これは先進国が開発途上国に資金援助するための国際機関なので、この時点で日本は経済的に先進国の仲間入りをしたことになる。

国民総生産は実質で五倍になった。経済規模が五倍になったのである。東京証券取引所における平均株価は、五四年が三四〇円で、六〇年に一〇〇〇円を超え、七三年は四七五九円となった。一四倍近い上昇で、経済成長率の高さをうらづけている。このあいだ、政府の財政支出は約一五倍、経済成長に見合った拡大規模で、健全財政だったといってよい。

労働者の月額給与の平均は、五四年で二万一一六〇円が七三年に一四万四六二九円となり、約七倍。一九六〇年の平均の倍を超えたのは六七年。大手企業の賃上げ額の目安となる春闘の賃上げ率を見ると、六四年から七四年までは二ケタ台で、六九年以降は一五％以上となり、七三年に二〇％、七四年には約三三％という信じられない伸び率である。消費者物価指数は五四年六四九・七に対し一九七三年一五五一・九で約二・四倍。物価上昇より給与の上昇率の方が大きく、人びとの購買力がいかに拡大したかがわかる。

このあいだ、人口は五四年の八八〇〇万人から六七年に一億人を超え、七三年に一億九〇〇万人で約一・二倍。平均寿命は、男性が一九五〇年のおよそ六〇歳から七〇年の六九歳まで、女性が五〇年の六三歳から七五歳まで、平均して約一〇年延びた。こうしたなか、産業別就業者の比率をみると、一九五〇年には第一次産業約四九％、第二次産業約二二％、第三次産業約三〇％だったが、一九七〇年には第一次産業約一九％、第二次産業約三四％、第三次産業約四七%となった。農林水産業の従事者は実数で四割減った。生産額でみても、実額は三倍近く増えているが、一九五五年には農林水産業の比率は二三%だったのが一九七五年には六・六%まで低下した。農業国から工業国への変化が急速に進んだことがわかる。

†豊かになる人びとの生活

経済成長を目に見える形にしてみよう。三種の神器といわれた耐久消費財の普及率八割達成の時期をみると、白黒テレビが一九六〇年、電気洗濯機が六六年、電気冷蔵庫が六七年である。さらに、一九六〇年にテレビのカラー放送が開始されたことをふまえたカラーテレビの普及率が八割を超えるのが七二年、乗用車の普及率が四割を超えるのが七三年。国鉄の新型車両の導入も目に見える指標のひとつとなる。国鉄は地方路線の建設を進める一方、幹線の複線化や電化、無煙化(ディーゼル機関車、ディーゼル動車の導入)を進め、一九五六年ごろから特急、急行など長距離列車の増発やスピードアップを進めていった。特に重要なのは、一九六一年一〇月の時刻大改正で、特急が一八本から五二本に、急行が一二六本から二二六本にと大増発された。

それまで、特急は、東海道線の電車特急四往復のほか、京都―博多間の「かもめ」、東京―博多―長崎間の寝台特急三往復、東北本線のディーゼル特急「はつかり」のみだった。しかし、山陰線に「まつかぜ」、日本海側経由で大阪―青森―上野間の「白鳥」、函館―札幌―旭川間の「おおぞら」、ディーゼル化して宮崎行も加えた「かもめ」など、新型ディーゼル特急が全国の主要路線に走るようになった。また、昼間の新設急行列車のほとんどが新型の急行用の電車やディーゼル動車で運転され、夜行の急行も、「あさかぜ」型に似た急行用の新型寝台車を連結するようになっていた。

これ以後、電車やディーゼル動車による特急や急行、「あさかぜ」型の寝台特急、新型寝台車を連結した夜行急行が半年ごとに増発され、「こだま」型や「あさかぜ」型開発の成果を生かした、明るい色合いで乗り心地のよいこうした新型車両が全国で走り回るようになっていった。

また、一九五八年四月の富士重工製軽乗用車スバル三六〇の発売、六二年七月の世界最大(一三万トン)のタンカー日章丸の進水、八月の戦後初の国産旅客機YS-11の開発成功、六八年四月の日本初の超高層ビルとして東京に建設された霞が関ビルの完成なども、目に見える成果として重要である。そのほか、六一年四月には国民皆保険、皆年金が達成された。両方とも実現したのは主要国では初である。

また、天皇・皇后が、仮住まいの御文庫《おぶんこ》から新築の吹上《ふきあげ》御所に転居したのは高度経済成長まったなかの六一年一一月、閣僚への辞令交付などの儀式や賓客の接待などに使う宮殿が、近代的なデザインの新宮殿として再建されたのは、六八年一一月、経済発展の成果が国民にそれなりに行きわたってからのことであった。二三年半の間、儀式や接待は宮内庁庁舎で行われていたのである。これも昭和天皇のひとつの戦争責任のとり方といえる。

高度経済成長を象徴する個別のできごととしては、六四年一〇月の東海道新幹線の開業と東京オリンピックの開催、七〇年三月から九月にかけての日本万国博覧会(大阪万博)の開催が目立つ。

3 新幹線と東京オリンピック

†東海道新幹線と名神高速道路

第4章で述べたように、政府は五八年一〇月、六四年の開業予定で東海道新幹線の建設を決定、工事を開始した。戦前の新幹線計画の際に買収していた用地や着工・完成していたトンネルはそのまま使うこととして工事を続けたが、新規の用地買収は難航した場所もあった。国鉄の技術陣が、すでに十分に信頼性がある技術を組み合わせて開発した電車は、六三年八月に実験線で試験車両が時速二五六キロという電車の世界最高速度を記録した。

六四年一〇月一日、東海道新幹線東京―新大阪間が開業した。名古屋停車のみの超特急「ひかり」一四往復、「こだま」一二往復（ほかに区間運転二往復）が運転された。用地買収に手間どったため一部区間で徐行の必要があり、当初は「ひかり」でも四時間運転で、三時間一〇分運転になったのは、一九六五年一一月のことである。開業時の交通公社発行の時刻表をみると、料金は「ひかり」の二等（現在の普通車）で一三〇〇円、運賃は一一八〇円である。東京―大阪間の飛行機が所要一時間二〇分で六〇〇〇円、従来の「こだま」など在来線の特急料金は八〇〇円で、飛行機では空港と町の中心との移動時間がかかることも考えると、この値段で日中いっぱい滞在して日帰りできるのだから、それほど高いとはいえない。

東海道新幹線の建設については、これからは自動車と飛行機の時代だとして疑問視する声もあった。ところが実際には大好評で、列車は次第に増発され、大阪万博をきっかけに一二両編成から一六両編成に増結された。この成功をきっかけに全国で新幹線建設の要望があらわれ、建設が進められた。しかし、経済的効率性の観点からは、東海道新幹線ほどの収益は見込めず、在来線の赤字問題もあり、最近では、新線を建設するのではなく、在来線の線路幅を変えて新幹線を乗入れさせるミニ新幹線という形も取り入れられている。

東海道新幹線と名神高速道路　©毎日新聞社

交通機関の改善という点で関連して高速道路にもふれておきたい。これもさきほど述べたように、五七年に名古屋と神戸を結ぶ名神高速道路の建設が開始され、六二年に東京と名古屋を結ぶ東名高速道路や山間部経由で東京と名古屋を結ぶ中央自動車道の東京―富士吉田間の建設も開始された。名神高速は、六三年七月に日本初の高速道路として尼崎―栗東《りっとう》間が部分開業、六四年九月に全通した。東名高速は一九六九年五月に全通した。

その後も毎年二〇〇キロから二五〇キロの建設が進められ、政府が当初計画していた七六〇〇キロの高速道路網はすべて完成し、さらに増加している。東名高速全通当時、新聞は、トラック輸送の激増で流通革命が起きるだろうと予測しているが、実際、現在の宅配便サービスの便利さは、高速道の発達なしには考えられない。宅配便にとどまらず、高速道路の発達にともなうトラックによる小口長距離輸送の発達が、経済活動や日常生活をどれだけ便利にしているかはかりしれない。

†東京オリンピック開催

一九三六年に一九四〇年オリンピック大会の東京開催が決まりながら、日中戦争の影響により一九三八年六月に返上したことは前章でふれたとおりである。戦後、東京都は一九五二年の独立回復と同時にオリンピックの招致運動をはじめ、一九五九年に一九六四年大会の開催招致に成功した。一三万人もの外国人観光客が来日すると予測されるなか、東京ではさっそく関連工事が開始された。

主競技場は明治神宮外苑にあった国立競技場を改修してあてることとし、代々木の米軍宿舎跡が選手村とされ、一九四〇年大会で主競技場の建設予定地だった駒沢公園にも競技場が建設された。羽田空港の拡張はもちろん、都内の道路整備も行われ、環状七号線や山手通り、駒沢通り（国道二四六号線）といった幹線道路が新設や拡張されたほか、羽田空港と各会場を結ぶ首都高速道路、羽田空港と都心を結ぶモノレールも建設された。

ホテルオークラ、ホテルニューオータニなども、オリンピックを見に来る外国人観光客を目当てに建設され、営団地下鉄（現在の東京メトロ）日比谷線や東海道新幹線の建設も関連事業として位置づけられた。直接の経費は三〇〇〇億円弱、関連経費を含めると一兆円といわれ、六三年には都内各地で大規模な建設工事がみられ、この時期の好況はオリンピック景気と名付けられた。

六四年一〇月一〇日、九四カ国、七五〇〇人弱が参加して、東京オリンピックが開幕した。アジア初のオリンピックである。体操や女子バレーはNHKの中継放送の視聴率が八〇%を超えた。日本の人びとの大多数が、東京オリンピックのテレビ中継に熱狂したことはまちがいない。二四日までの会期中に日本が獲得した金メダルは男子重量挙げ、柔道、女子バレーなど一六個、アメリカ、ソ連に続く第三位の好成績だった。一一月には同じ施設を使って第二回のパラリンピック（障害者のためのオリンピック）も開かれた。

東京オリンピック開会式
（1964年10月10日）

なお、七二年には札幌でやはりアジア初の冬季オリンピックが開かれ、男子ジャンプで日本勢がメダルを独占するなどの活躍を見せた。札幌でもこれを契機に地下鉄が開業するなど都市整備が進んだ。だが一三万人と予測された外国人観光客は三万人にとどまり、ホテルやデパートは当てが外れ、家電業界も、すでにテレビの普及率が八割を超えていたため売れ行きは今ひとつで、終了後は不況におちいり、一九六五年の成長率は、高度成長期では二番目に低い五・七%となった。しかし、中層ビルが立ち並び、幅の広い幹線道路が縦横に走り、ビルのあいだを首都高速やモノレールが走り抜けるという高度成長期の東京の景観がオリンピックを契機に形作られたことはまちがいない。その意味で、東京オリンピックは高度経済成長の順調な進行を象徴するできごとのひとつだったのである。

†日本万国博覧会

万博開催構想は、一九六三年に万国博覧会国際事務局から万博条約加盟を薦められたことにはじまる。東京はすでに翌年にオリンピック開催の予定だったことから、大阪開催で政界や財界の合意ができ、一九六五年に政府、財界、地元自治体などにより日本万国博覧会協会が設立され、さらなる経済発展を促進することを目的として準備が始まった。「人類の進歩と調和」という基本理念のもと、七七カ国が参加。大阪北部の千里丘陵が会場となり、日本政府が出展した日本館のほか、外国館五八、企業館三三と遊園地が設けられ、

日本万国博覧会会場の様子

一九七〇年三月から九月まで開かれた。

入場料は大人八〇〇円、青年（一五―二二歳）六〇〇円、小人四〇〇円。万博協会は入場者を一日最大六〇万人、期間全体で五〇〇〇万人と予測していたが、夏休みから入場者が急増し、最終的には予想を大幅に上回る六四二二万人（うち外国人一七〇万人）となった。大成功といってよい。これはのべ人数なので、実人数にすると二六〇〇万人程度と推定されている。日本国民のおよそ四人に一人が観に行った計算になる。国鉄は万博客用の長距離臨時列車を増発、全体で二二〇〇万人、東海道新幹線だけで一〇〇〇万人の万博客を運んだと推定されているので、入場者のおよそ三分の一は関西圏以外からということになる。期間限定のイベントで、これだけの入場者をあつめた行事は日本史上初で、これからもないだろう。

あとでくわしくふれるように、当時すでに公害が大きな社会問題となっており、基本理念の「調和」にはそうした意味も含まれ、実際に北欧諸国の展示館では公害問題を扱っていた。しかし、人びとの関心は宇宙ロケットや宇宙船が展示されたアメリカ館とソ連館にほぼ集中し、この二館は連日長時間の入場待ちの行列が発生した。未来志向の展示に関心が集まったのである。当時の新聞記事を見る限り、ほとんどの人は並んでいる時間ばかりが長く、展示はあまり見られなかったものの、会場に行った雰囲気を楽しんだようである。いずれにしろ、大阪万博は、入場者数といい、人気だった展示の内容といい、高度成長期の最後をかざる国民的行事だったといえる。

4　成長のひずみ

†都市圏の人口増加

しかし、この間、弊害もあらわれていた。六四年一一月に発足した佐藤栄作内閣が成長のひずみ是正を目標に掲げたように、それはかなり広く認識されていたことではあった。

三大都市圏の人口増加は六二年ごろに年間六〇万人と最大値を記録しつつあり、同年には東京都の人口は一〇〇〇万人を超えた。都市の人口が一〇〇〇万人を超えたのは世界初である。

ちなみに、こうした人口増には、一九六〇年代前半に最も盛んだった、地方農村から大都市部への中学卒業生の集団就職も寄与していた。これは、農業の停滞により農村で人手が余る一方、三大都市圏では工業の拡大により人手不足が深刻化していたことが背景にある。集団就職の人びとの職場への定着率は、厳しい労働環境のため高くなかったが、こうした人びとが、農村からの出稼ぎの人びととともに、高度経済成長を支えたのである。

東京では一九五〇年代後半以降、水不足による断水がたびたび起きるようになり、六〇年代に入ると日常茶飯事ともいえるほどになっていた。大都市での交通渋滞は年々ひどくなり、一九六二年一年間の交通渋滞の発生件数は東京都で一万回、大阪府で五〇〇〇回にのぼった。大都市部の大気汚染もすすみ、冬にはスモッグがしばしば発生、一九七〇年七月には、東京の屋外で活動中の人が突然気分が悪くなって倒れる現象が発生、自動車の排気ガスや工場の排煙が太陽光線で有毒ガスに変化する光化学スモッグという現象であることが判明した。以後、東京では光化学スモッグを観測すると人びとに注意を促すようになった。

また、交通事故も激増し、六二年の全国の交通事故件数は四三万件、死者は一万一〇〇〇人、負傷者は三〇万人を超え、七〇年には死者が一万六〇〇〇人を超えた。六六年にはマスコミには交通戦争という言葉さえあらわれた。

こうした都市問題について、行政の側も予測して、貯水ダムの建設、浄水場や上水道の整備、道路や安全施設の整備（信号、横断歩道、ガードレール、標識、歩道橋、立体交差）などを進めていなかったわけではないが、経済成長や人口増加が予測をはるかにこえて進んでしまったため対応しきれなかったのである。一九六三年四月の横浜市長選における社会党の飛鳥田《あすかた》一雄《いちを》の当選、一九六七年四月の東京都知事選における社会・共産両党推薦の美濃部《みのべ》亮吉《りようきち》の当選という事態は、こうした状況に対する住民の不満のあらわれといえる。ただし、水不足は六〇年代後半に徐々に解消し、交通戦争も一九六五年の交通施設整備法で安全施設の整備が促進されはじめ、死者は七〇年をピークに減少に転じ、一九七六年には一万人を割り込むまで減少した。

†交通機関の事故の増加

大量交通機関の大事故が目立つのもこの時期の特徴である。一六〇人の死者を出した六二年五月の国鉄三河島事故、一六一人の死者を出した翌六三年一一月の国鉄鶴見事故、合

三河島事故

計三七一人の死者を出した六六年の四件の航空機事故などがある。このなかで、高度成長期特有の性格を持っていたのは三河島事故である。

一九六二年五月三日夜、東京都荒川区の国鉄常磐線三河島駅で、赤信号なのに過《あやま》って発車した下り貨物列車が車止めにぶつかって下り本線側に脱線、乗客が線路に降りて避難しているところへ青信号で走ってきた下り電車が接触して上り線側に脱線し、そこへ上り電車が気づかずに突入、下り電車に激突して脱線、死者一六〇人、重軽傷者三二五人を出した。死者数は戦後最多である。

事故の原因は、職員の注意力の限界を超える過密ダイヤや保安設備の不備にあるとされた。乗務員には相互連絡用の無線設備がなく、電車には車内放送設備がなかったのである。過密ダイヤは高度経済成長による輸送量の増加が原因だったが、国鉄も過密ダイヤが問題であることはわかっており、東京近郊の複々線化の検討をすすめていた。国鉄は当面の対策として、ATS(自動列車停止装置)や列車無線、車内放送設備の導入を開始した。常磐線の複々線化は七一年四月に実現する。つまり、高度経済成長のひずみから起きた事故は、経済力を生かした対処によって克服されていったのである。

そのほか、一九六六年には、二月の羽田沖全日空機墜落事故(死者一三三人)、三月のカナダ太平洋航空機の羽田空港着陸失敗(六四人死亡)、BOAC(英国海外航空)機の富士山上空での空中分解事故(一二四人死亡)、一一月の全日空機松山沖墜落事故(五〇人死亡)と旅客機の大事故が続いた。羽田空港の過密化が指摘され、千葉県成田に国際線専用の新空港を作る計画が進められることになったが、地元との意思疎通が不十分だったため、一九七八年の開港以後まで強力な反対闘争が長年続くことになる。

†広がる公害問題

公害は高度成長期最大の社会問題だった。一九五九年三月、四日市の石油コンビナートの第一期工事が完成、以後日本各地に石油コンビナートが建設されていくことになったが、工場の排煙による、ぜんそくなどの健康被害が問題となりはじめた。一九六三年、静岡県駿河湾東部（沼津市、三島市、清水町）でも石油コンビナートの建設構想がもちあがったが、四日市でのぜんそく被害や水俣病の報道をふまえ、公害のおそれなしという行政の調査の誤りを住民グループが指摘、反対運動が地域住民の幅広い支持を得たため、一九六四年九月にコンビナート建設は断念された。個人の尊重と民主的手続きの重視という、日本国憲法や戦後教育の成果である。

その後も、一九六五年六月、阿賀野川流域で水俣病と似た有機水銀中毒患者が出ていることがあきらかになった。一九六七年四月には、昭和電工鹿瀬《かのせ》工場の排水が原因であることは早い段階からわかっていたが、行政や企業が隠ぺいをはかりつづけた。同月、富山県でみられていた奇病イタイイタイ病は、三井金属神岡鉱業所の排水中のカドミウムが原因であることが判明、問題化し、六月には新潟水俣病患者が昭和電工に損害賠償を求めて提訴した。

四日市ぜんそくの患者

高度経済成長のひずみ是正を掲げた佐

藤栄作首相は、こうした状況もふまえ、一九六七年八月に公害対策基本法を成立させた。企業に公害の防止と発生時の補償を求めるもので、審議の過程で財界の圧力で骨抜きにされた面もあるものの、公害の防止や救済に国が積極的に対応せざるを得なくなったという点で画期的な措置であった。同法成立直後の九月、四日市ぜんそくの患者が企業に損害賠償を求めて提訴し、六八年三月にはイタイイタイ病患者と遺族が企業に損害賠償を求めて提訴した。

一九六八年には、厚生省がイタイイタイ病、熊本水俣病、新潟水俣病を公害病と認定、六九年六月には熊本水俣病患者もチッソを訴えた。こうした状況をふまえ、政府は一九七一年七月に公害対策や環境保護を所管する官庁として環境庁を設置し、七二年には公害の無過失賠償責任を認める法律が制定された。

公害病の各訴訟は七二年までに地裁段階で原告が勝訴し、企業側が控訴を断念したり、控訴しても棄却され、和解に向かった。ただし、熊本水俣病については、国や県の責任を問う訴訟も提起され、救済対象の患者認定の基準をめぐる問題もあって、なお完全解決には至っていない。

高度経済成長のひずみとしては、ほかにもこの時期ならではのできごとがあった。病気を治すはずの医薬品が病気を引き起こした薬害問題もそのひとつである。一九六二年五月、マスコミが西ドイツでサリドマイド系睡眠薬を服用した妊婦の奇形児出産が相ついでいると報じ、同じ薬を日本で製造していた製薬会社が出荷を停止する事態となった。この薬が開発された西ドイツでは一九六一年一一月にこの問題が指摘され、日本の厚生省や製薬会社も知っていたが、一度販売を許可した医薬品の販売中止は社会的影響が大きすぎるとして、放置していたのである。そのため、日本では対応が遅れ、のちに認定された被害者(新生児)としては三〇〇人に及ぶ被害が出てしまった。しかも国や企業は責任を認めなかったため、被害者やその親は一九六五年以降国や企業を提訴したが、七四年一〇月和解が成立した。また、薬事法改正で新薬の検査体制が強化された。

この問題が係争中の一九六九年五月には、日産やトヨタの欠陥車問題が発覚した。乗用車のエンジン発火やブレーキの不良という欠陥について、両者が秘密裏に回収していることをアメリカの新聞が報じ、それを日本のマスコミが追ったのである。回収対象の乗用車はアメリカに輸出されており、アメリカではこうした修理・回収(リコール)は公表されることになっていたため発覚したのである。

貿易を所管する通商産業省(通産省)の幹部は、自動車は重要な輸出品なので欠陥公表は好ましくないと述べていたが、この報道をきっかけに、それ以外の自動車会社でも欠陥車問題が発覚、欠陥車は当時日本で走っている日本車の一〇台に一台(一三〇万台)にのぼることも判明、各社は対応に追われ、運輸省も欠陥の公表を義務づける方向となった。その後海外での日本車の評判は上がり、一九七一年には年間三七二万台と世界第二位の輸出量を誇るほどになった。

一九六九年一〇月には、日本で広く使われていた人工甘味料チクロの発がん性が確認されたとしてアメリカで使用禁止となったことが報じられ、日本でも使用が禁止されるというできごとが起き、人工の食品添加物の安全性が問題となった。

このほか教育の問題もここでふれておく必要がある。経済成長が進むにつれ、高校進学熱が高まり、さらに戦後直後のベビーブームで生まれた世代が中学を卒業する時期を迎え、高校増設の要望が高まった。政府はこれに応じたものの、経済界の要望に応え、工業高校を増設したことで高校の序列化が始まり、高校の受験競争、さらには大学の受験競争が顕在化、激化する結果を招いた。

高校受験に伴う子供の負担を少しでも軽減する現場の工夫として、一回の試験だけで合否を決めないように内申書重視の入試や、学力に見合った受験校決定の手段としての偏差値が一九六〇年代なかばに生み出された。しかし内申書重視は子供の思想統制につながるという批判もあり、偏差値は高校の序列化を一層進める結果を招くなど、問題は簡単に解決できるものではなかった。

このように、高度経済成長に伴って、さまざまな新しい問題が発生したが、その多くが数年で解決の方向に向かった。ただし、熊本水俣病は、最も早く発覚していたにもかかわらず、あるいはそれゆえに理解が進んでいなかったために、患者や家族の苦しみが余りにも長すぎたことは実につらいことである。そのことをふまえた上で、なおかつ戦前の足尾鉱毒問題の場合に政府の不十分な対応が続いたことも考えれば、被害者の立場からは十分とはいえないとはいえ、さまざまな問題に、行政や企業の責任が認められ、被害者に救済の道が講じられることが当然とされるようになった。その背景として、やはり個人の尊重と民主的手続きの重視という日本国憲法の理念の重要さを指摘せざるを得ない。ただし、薬害については、平成に入り、全く同じ構図で薬害エイズ問題が発生した。教訓は十分に生かされなかったのである。

5 沖縄返還

†韓国との国交樹立

佐藤栄作内閣は、外交関係の案件の解決に積極的だった。国内の経済発展が順調で、余裕があったためである。かつて植民地として支配した韓国との国交樹立は、占領末期からの課題であった。海を隔てているとはいえ、隣国であり、在日韓国人も多数おり、人やモノの交流がある一方、漁業問題などの懸案もあったからである。ところが、一九五三年一〇月の交渉の際、日本側代表が、日本の朝鮮統治は朝鮮人民に恩恵を与えたという問題発言をしたため中断するなど紆余曲折があった。

しかし、一九六三年の朴正熙《パクチョンヒ》の大統領就任を機に交渉が進展し、一九六五年六月に日韓基本条約や付属の諸協定が締結された。内容は、一定の条件を満たす在日韓国人の永住権を認め、漁業問題は韓国が譲歩し、日本は賠償のかわりに一一億ドル以上(当時円固定レート換算で三九六〇億円)の経済援助を約束した。国会での批准審議では、野党が南北分断を固定化するとして激しく反対したが、強行採決により一一月に批准された。こうして、韓国との国交が正式に成立し、五五年ぶりに朝鮮半島との関係を(南半分とだけであるが)正常化できたのである。

†沖縄返還交渉始まる

次はアメリカの施政権下におかれた地域の返還問題である。そのうち、奄美群島は一九五三年一二月にいち早く返還されたが、これはアメリカにとって戦略上の必要が薄く、住民の復帰要求も強かったためであった。その後問題になったのは沖縄と小笠原、特に沖縄の返還問題である。

一九五〇年代半ばには、アメリカの強硬な基地拡張策に住民が強く反発した沖縄だったが、さすがにアメリカ政府も一九五七年以降政治の一定の自由化や経済振興策の実施など、融和政策に転じた。しかし一九六〇年四月には沖縄県祖国復帰協議会が結成され、学校教員や青年団体、婦人団体、労組、自民党以外の諸政党など、幅広い勢力が結集した。

こうした状況をみた佐藤栄作は一九六四年七月の自民党総裁選に出馬した際に沖縄返還を政策のひとつに掲げた。この時は池田勇人が三回目の当選となったが、池田が病気で総理総裁を辞任し、有力者の話合いで一一月に首相に就任した佐藤は、公約通り沖縄返還を推進していく。

佐藤は一九六五年一月の訪米でさっそくジョンソン米大統領に沖縄返還を申し入れた。アメリカは消極的だったが、佐藤首相は八月に沖縄を訪問した。日本の首相の訪沖は史上初である。佐藤は那覇空港で沖縄が返還されなければ戦後は終わらないと述べて、返還推進の強い決意を明らかにした。

その後、一九六七年一一月の訪米の際の日米首脳会談で、基地の存続を前提とした返還と、返還にむけて沖縄と本土の一体化を進める方向で合意した。しかし、アメリカ側で早期返還に消極的な意見もあったため、ジョンソン大統領は返還の時期を明言することができなかった。そこで、日米共同声明では、小笠原諸島の一年以内の返還を明示し、沖縄返還をいつやるかについて六年以内に合意するとした。しかし、佐藤は帰国の際、羽田空港で、沖縄県民に対し、きたるべき祖国復帰にそなえて本土との一体化を進めるよう希望した。小笠原は一九六八年六月に返還された。

返還自体は既定方針となったので、以後焦点となったのは、米軍基地の返還とアメリカ軍が持つ核兵器の扱いである。一九六七年一二月、国会で佐藤首相が、「核を作らず、持たず、持ち込ませず」といういわゆる非核三原則を持ち出したのは、基地の全面返還はありえないという状況で、返還を進めるための方便だった。それは、六八年に入り、野党が非核三原則を国会決議にしたいとした際に拒否したことからわかる。

しかし、唯一の被爆国として国民の反核感情がそれなりにある以上、基地を維持する場合、返還後も核兵器持ち込みを容認するのでは返還は不可能である。また、六八年の世論調査でアメリカの傘の下から脱するべきという意見が五七％に達したことからわかるように、一九六四年以降ベトナム戦争に介入していたアメリカが、六五年以降沖縄の基地からも爆撃機を出撃させていたことで、世論の反米感情が高まっていたことも考えると、世論に対し何らかの譲歩をしないと国内の合意を取り付けることはむずかしい。

沖縄返還協定抗議集会（1971 年 6 月）

そこで佐藤は一九六九年三月に、「核抜き本土並み」という条件で交渉を進めることを決意した。佐藤は、国際政治学者の若《わか》泉敬《いずみけい》京都産業大学教授を密使としてアメリカ側と交渉し、有事の際の核持ち込みを容認するという密約付きで、同年一一月の訪米で「核抜き本土並み」返還の合意を取り付けた。こうして一九七一年六月、沖縄返還協定が締結された。

国会での批准審議では、核持ち込みの疑惑や基地縮小の確約がない点が議論となり、審議は難航した。佐藤は、一一月に非核三原則の国会決議を容認するなど譲歩に努めたが、それでも基地をほぼそのまま残した形での返還に対する異論は強く、最終的には強行採決で批准せざるを得なかった。

†沖縄返還の実現

一九七二年五月、沖縄返還が実現し、佐藤はこれを花道に六月に首相を引退する。沖縄は二七年ぶりに日本に復帰はしたが、アメリカ軍基地は存続し、基地依存経済もそのまま、県民所得の平均も本土の五八%にとどまっていた。東西冷戦という国際情勢を踏まえれば基地を存続させたままの返還はやむを得なかった。ベトナム戦争へのアメリカの介入は行き過ぎであったが、社会主義・共産主義が国家体制となると、とたんに権威主義となり、思想表現の自由が奪われ、経済が停滞することは世界史を見れば明らかであり、長い目で見れば佐藤の判断は適切だったといえる。だからといって、政府としても沖縄の貧しい経済状態や基地依存経済を放置しておくことはできるはずもない。

「本土並み」を約束した政府は、返還と同時に沖縄開発庁を設置、三次一〇年にわたる沖縄振興開発計画によって県民所得本土比八〇%を目標に施策を展開したが、十分な成果をあげられなかった。沖縄振興策のひとつとして行われた一九七五年から七六年にかけての沖縄海洋博覧会も見込まれたほど客が集まらず、成功したとはいいがたいが、観光産業が県の産業の主軸となっていったことを考えると、一定の意味はあったといえる。

また、少なくとも冷戦終結までは在日アメリカ軍の基地や駐留部隊の縮小は非現実的であったものの、日本政府は、それらの本土への移転分散に努めるべきだった。しかし、少なくとも昭和時代のあいだに目に見えるほどの努力や成果はみられなかった。戦後日本が議会制民主主義の国であることをふまえれば、これは単に政府の責任ではなく、本土の有権者、ひいては本土の住民の責任でもある。いずれにしろ、沖縄は、戦前においても冷遇されていたが、戦後も本土から基地を押し付けられ、苦難の道を歩みつづけざるを得なくなり、沖縄の人びとが本土に対する屈折した感情を持たざるを得なくなっているのである。

†貿易摩擦と皇室外交

なお、外交関連でその他の重要なできごとにいくつかふれておこう。日本は高度経済成長のさなか、繊維製品や自動車の輸出も急増していたが、繊維製品の対米輸出増加問題で苦境に陥ったアメリカの繊維産業がアメリカ政府に日本からの輸入規制を要望、政府間の貿易問題が発生した。両国間交渉は一九七〇年六月に決裂したが、結局は日本の業界の輸出自主規制というかたちで七一年七月に解決した。

しかし、アメリカは、日本だけでなく西ドイツからの輸入激増の影響もあって輸入超過に陥り、貿易決済用の金準備が不足しかねない事態となった。そこで、七一年八月、ニクソン大統領はドルの金との交換停止を発表した。ドルは第二次世界大戦後、貿易決済の通

昭和天皇の訪欧（イギリスでエリザベス女王と）（1971年10月5日）

©毎日新聞社

貨として使われてきたので、世界経済への影響は大きく、ドル・ショックと言われた。

日本は独立回復時に一ドル三六〇円の固定相場制をとっていたが、これを機に変動相場制となり、一ドル三〇八円まで円高が進んだ。株式市場や輸出産業は一時混乱したが、政府が支援策を講じ、混乱は沈静化した。いずれにしろ、日本の経済力は、支援してきてくれたアメリカ経済をゆさぶるほどに強まってきていたのである。

一九七一年九月下旬から一〇月中旬にかけて、昭和天皇が皇后とともに西欧に旅行した。昭和天皇は皇太子時代に同じ西欧に旅行したが、天皇としては史上初の外国訪問である。飛行機の給油のため立ち寄ったアメリカ領アラスカのアンカレッジではニクソン大統領と会見、デンマーク、ベルギー、フランス、イギリス、オランダ、スイス、西ドイツを訪問した。各国の政府や王室は来訪を歓迎したものの、特にイギリスやオランダでは、来訪に抗議する動きが目立ち、広く一般の人びとが天皇・皇后をわだかまりなく歓迎してくれたかどうかは疑問の余地がある。人びとの抗議は、第二次世界大戦時の捕虜虐待や女性の慰安婦化の最終責任者としての昭和天皇に対するものであり、在位し続けることを選んだ昭和天皇としても覚悟の事態だった。それでもこの旅行は全体としては成功とみなされ、結果的には皇室外交が本格化していく地ならしの意味を持った。

6 学生運動と大学紛争

†過激化する学生運動

この時期に目立った動きとして最後にふれておくべきは、学生運動と大学紛争である。いずれも大学生が主役である。大学進学率は六〇年代初頭で一七%、七〇年代初頭で二三%、戦前に比べればかなり増えてきたが、なおまだ大学生はエリートとみなすのが社会の風潮だった時代である。以下、小熊英二のすぐれた研究も参考にしながら話をすすめる。

六〇年安保闘争で労組とともに重要な役割を担ったのが左翼学生運動組織であるが、再び活発な動きを見せ始めたのは一九六七年、日米政府間の沖縄返還交渉が本格化したころからである。中心になったのは、共産党の合法路線に批判的なため新左翼ともよばれた、三派全学連というグループである。

学生運動側は、政府の交渉は沖縄の米軍基地を存続させるもので、それはベトナム戦争においてベトナム民衆を抑圧する側に加担することにもなるとして抗議活動を展開し、それを足がかりに社会主義・共産主義革命を起こそうとしたのである。ベトナム戦争に対する一九六四年以来のアメリカの介入は、共産主義の拡大防止が理由ではあったが、一九六六年八月にワシントンやニューヨークで反戦デモが起きるなど、アメリカ本国でも反対の動きが出ていた。

一九六七年一〇月、佐藤首相の東南アジア歴訪を阻止するため、三派全学連約二五〇〇人は羽田空港への突入を試み、警察の警官隊約二〇〇〇人と衝突した。訪問先に南ベトナム親米政権が含まれているのが理由である。学生たちはヘルメットをかぶり、角材（ゲバ棒）や投石で警官隊に襲いかかり、警備車両に放火した。従来と全く異なり、非常に暴力的な実力行使を行ったのである。そして以後このスタイルが定番となったので、以後こうした学生たちのことを過激派とよぶようになっていった。警官隊も激しく応戦、学生一人が死亡し、警官隊と学生側双方合わせて約二五〇人の重軽傷者を出し、学生五八人が公務執行妨害で検挙された。学生の死因は混乱のなかだったため不明である。

一一月にも佐藤首相の訪米に反対して羽田空港周辺に過激派学生約五七〇〇人が集まり、約五〇〇〇人の警官隊と衝突、学生三三三人が検挙され、双方に計約一七〇人の重軽傷者が出たほか、一般の人にも初めて八人の重軽傷者が出た。新聞で見る限り、知識人も一般の人びとも、動機は理解できるとしながらも暴力に訴えることには批判的だった。

一九六八年一月、アメリカの空母エンタープライズが佐世保に寄港することになり、その阻止闘争が起きた。エンタープライズはベトナム戦争で活躍していただけでなく、核兵器も搭載しているとされていたからである。関東や関西からも集まった過激派学生約八〇〇人と警官隊約一三〇〇人が衝突、学生の検挙者二七人、重軽傷者は双方と報道関係者を含め八〇人以上となった。今回は、警官隊が学生に暴行する姿がテレビ中継されたり、報道関係者に暴行するなど警官隊の行き過ぎた行動もあり、世論は学生に同情的だった。

しかし、左翼が「国際反戦デー」とした同年一〇月二一日夕方、新宿に騒乱状態を起こすことを目的に過激派学生約四六〇〇人が国鉄新宿駅に集まり、うち約一〇〇〇人が二万人ともいわれるやじ馬とともに駅構内に乱入して電車や駅設備を破壊、深夜まで警官隊と衝突し、やじ馬が放火したりした。この騒ぎで新宿を経由する国鉄各路線は翌日午前一〇時まで運休し、通勤通学の足が大きく乱れた。さすがに世論の同情はなくなったが、過激派内部の主導権争いが生じたため、なお過激な行動は続いた。

一九六九年四月二八日には、沖縄即時返還とアメリカ軍基地全面撤去を求める左翼の統一行動日「沖縄デー」となっていたが、過激派学生は東京の新橋・銀座などで警官隊と市街戦まがいの激しい衝突を演じ、国鉄線路にも乱入したため、夕方以降、東海道新幹線、東海道本線、山手線、京浜東北線などが運転できなくなった。九月からは過激派学生同士の暴力抗争(内ゲバ)が起き始めるなか、一〇月の「国際反戦デー」でも過激派学生は都内各地で火炎ビンも用いて暴れ、一部で国鉄の運転が止まった。さらに一一月中旬の佐藤首相訪米阻止闘争でも、過激派学生は国鉄や私鉄の駅周辺で火炎ビンを投げ、駅員や一般の人びとのけが人が相次ぎ、鉄道ダイヤも乱れ、二〇〇〇人以上の学生が検挙された。

過激派学生は、いずれも強い正義感から、政治や社会を変えなければと考え、自己の人生や出世を度外視して運動に参加した。しかし、あまりにも純粋すぎる思考形態や、変革を急ぐべきだという焦りから、暴力にはしり、それでもうまくいかないと、暴力をエスカレートさせ、うまくいかない原因の追及を内部にも向け、内ゲバにはしってしまった。

その背景には、かれらが思想的なよりどころとした左翼思想の問題点にいきつく。一九世紀ドイツの思想家マルクスが考え出したマルクス主義は、社会主義、共産主義ともよばれ、二〇世紀の世界史に大きな影響を及ぼした。資本主義によって苦しい生活を強いられていた人びとの救済を目標としたマルクスの動機はすばらしい。しかし、結果としての平等を最終目標としたため、人びととの自由な発想や行動をきらう傾向があり、つきつめていくと反対者への不寛容が生じやすい。正義のための実力闘争が許容されやすいのである。その点では国体論とよく似ている。

†「よど」号事件から浅間山荘事件へ

世論の同情がなくなっても暴走はなお続いた。過激派の構想のなかから生まれた赤軍派は、一九七〇年三月に「よど」号事件を起こした。日本初のハイジャック（飛行機乗っ取り）事件である。彼らは日航国内線の飛行機「よど」号を乗っ取り、韓国経由で北朝鮮に渡った。事件は乗客全員解放の身代わりとなるという当時運輸政務次官の自民党代議士山村新治郎の勇気ある行動もあって、最終的には犠牲者なしで解決した。この事件をうけて六月にはハイジャック処罰法が制定され、七月からは空港での乗客の持ち物検査が始まった。

その後も過激派は火炎ビンや爆弾を使ったゲリラ活動を展開し、ついに七二年二月、連合赤軍というグループが浅間山荘事件を起こす。彼らは軍事訓練と称して群馬県の山中に

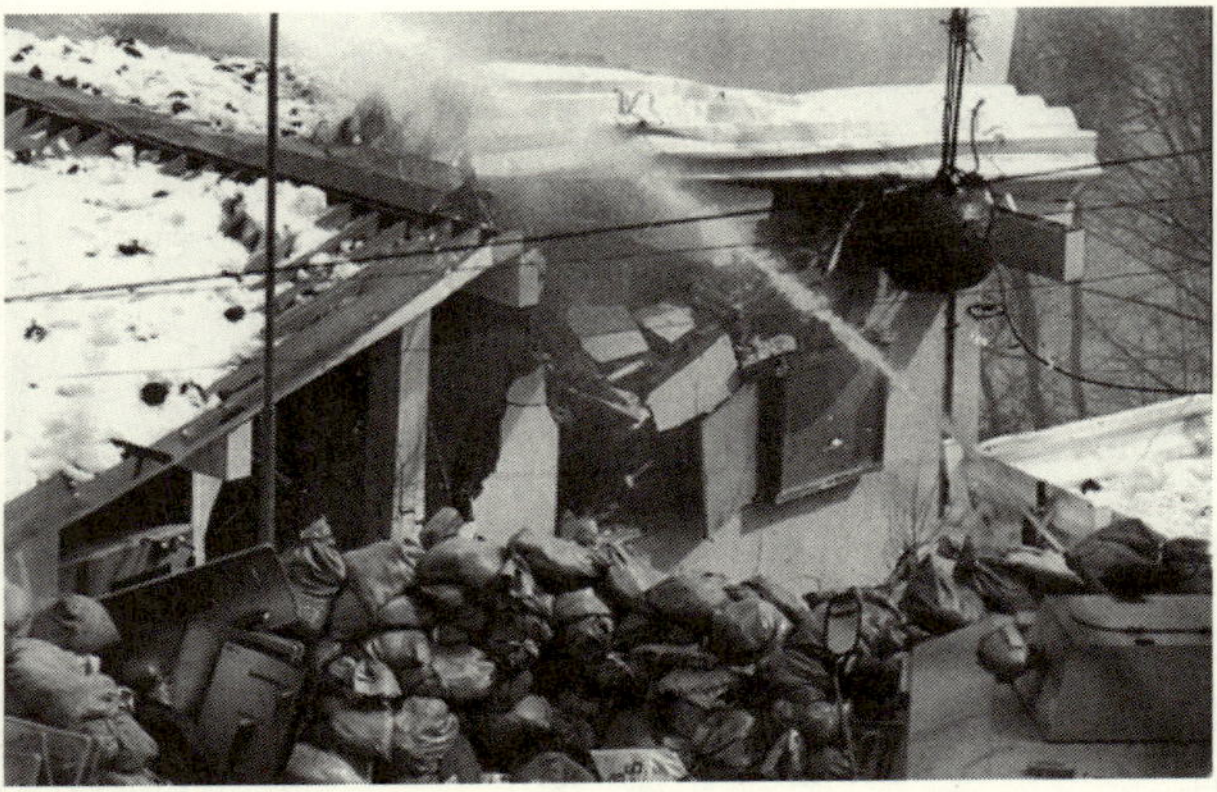
浅間山荘事件

こもっていたが、警察の捜査が迫ったため、長野県軽井沢のある企業の山荘に逃げ込み、家具でバリケード(防御壁)を築き、管理人の女性を人質に立てこもったのである。犯人たちは警察権力と戦っているとして女性を説得しようとしたが、女性は納得しなかった。

犯人たちは警察の説得工作には全く応じず、ライフル銃などで応戦、警察側には死者二人、重傷者一三人が出た。結局一〇日目に警察が突入して人質と犯人グループ五人を確保した。突入作戦の模様は九時間あまりにわたってテレビ中継され、多くの国民がテレビにくぎ付けになった。その後、犯人グループは、山中のアジトで、凄惨なリンチによって仲間一四人を殺害していたことが判明した。追いつめられて疑心暗鬼になったグループのリーダーが命じた行為だった。世間はあまりの凶悪で凄惨な事態に驚愕した。

この事件を機に、過激派の大規模な暴力的行動はほぼ封じられたが、なお暴力革命を信じる人々は残っており、小規模なゲリラ活動、内ゲバは続いただけでなく、のちに海外での活動にまでおよぶことになる。

†大学紛争

一九六八年から六九年にかけて大きな社会問題になったのは大学紛争である。学校側の方針に反対して学生・生徒がストをする事態は戦前からあったが、この時期はそれが全国の大学で同時発生したことから社会問題化したのである。前哨戦として、一九六五年以降、慶応義塾大学、早稲田大学、横浜国立大学、中央大学などで学費値上げ反対闘争が行われた。早大だけは学生運動組織が介入して複雑な様相となったが、それ以外はもっぱら根拠薄弱な値上げに反対する一般学生の自然発生的な闘争で、上級生が収拾に動いたため大事には至らず、要求がある程度認められた場合もあった。

一九六八年一月、東京大学では医学部学生が研修医制度の改定に反対して無期限ストに突入、医学部は一部学生の処分を決めたが、対象者の認定に誤りがあり、学生側が態度を硬化、卒業式が中止された。六月に医学部の学生が安田講堂を占拠すると、大学側は機動隊を導入してこれを排除、これに反発した各学部の学生自治会が七月に東大闘争全学共闘会議（東大全共闘）を結成し、各学部でストに入った。

この組織自体はもっぱら大学側の強権的姿勢の撤回を求めることが目的で、加入も脱退も自由だった。東大全共闘は、大学側に医学部の処分撤回、機動隊導入の自己批判を求めた。しかしここに三派全学連と、日本共産党系の学生組織（民主青年同盟、民青）が介入して主導権争いをはじめ、事態は混迷した。

一〇万人を超える学生を抱える日本一のマンモス大学、日本大学でも四月に大学の不正経理疑惑が報じられると、以前から、学生活動に対する大学の過剰な介入や、教授が講義ノートを読み上げるだけの大人数講義（マスプロ講義）の多さに不満を抱いていた学生たちが、大学運営の透明化を求めて動き出し、五月に日大全学共闘会議（日大全共闘）が結成され、各学部でストに入った。

しかし大学側が交渉に応じず、警察だけでなく体育会系学生まで使って暴力的に弾圧しようとまでしたため、事態は混迷した。九月にようやく日大全共闘と大学側の団体交渉が行われ、大学側は全共闘の要求を受け入れたが、佐藤首相がこれを批判したため、大学側は約束を破棄、機動隊を導入して全共闘を排除、全共闘側も尖鋭化して政治的主張をするようになり、四年次の学生は卒業が迫っていたこともあって闘争は一般学生の支持を失い、

東大闘争

六九年二月までに収拾された。
　東大闘争も泥沼化し、日大全共闘からも参加者があらわれていたが、文部省がこのままでは入試を中止するとしたため、大学側は六九年一月に機動隊を導入して全共闘系学生を学内から排除するとともに、民青系を中心とする学生側との交渉によって学生の要求を一部受け入れた。
　これにより各学部でのストは解除されたが、三派全学連の一部と全共闘は妥協を拒否し、安田講堂のほか、大学構内の各学部の研究室を荒らしたうえで占拠した。彼ら彼女らは、東大闘争を世界革命の足がかりにするとの主張を掲げるようになっていた。一月一八日、大学側は彼ら彼女らを排除するため機動隊を導入、翌日午後までかかって学生を排除した。この模様はテレビ各局が中継放送し、関東地方ではほぼすべての家庭が一度はこの中継をみた。大学側は学生排除には成功したものの、学内が廃墟と化したため、結局入試は中止となった。

東大や日大と並行する形で、全国各地の大学で、学校運営の民主化、マスプロ授業の改善、学費値上げ反対などを理由とする紛争が相つぎ、一部は七〇年まで続いた。また、一部の進学校を中心に高校でも紛争が起きた。生徒たちの不満は、建前で人間性の尊重や教養の重視を唱えながら、本音では受験実績を重視する教師たちの偽善性にあった。

もちろん、大学紛争に積極的に参加した学生は大学生全体の三割程度といわれており、学生運動への参加者はさらに少ない。それでも、それだけの学生が、エリートとしての将来を棒に振るような活動に参加した事実は重要である。彼ら彼女らは、民主主義的教育と受験戦争の中で、エリート的な立場にある者として、自分たちのあり方について真剣に悩みつつも、簡単に答えが出ない状況で、こうした活動に参加していったのである。その真摯さを否定するわけにはいかない。また、その動機が純粋であるだけになおさら現実的な妥協は正義感が許さないという場合もあった。

いずれにしろ、大学紛争は、占領期の、自分で考え討論する民主主義教育を受けながら、受験戦争に直面するという、高度経済成長による日本社会の大きな変化をどう受けとめればよいかわからなかった若者たちの社会への反乱だったといえる。

ただし、大学紛争はなにも影響を残さなかったわけではない。十年一日のごときマスプロ講義を続け、団体交渉で毅然とした態度を示せなかった大学教授たちの権威は失墜した。学生の自主性を重視した少人数授業を増やす大学が増え、大学での講義題目や研究テーマも身近な問題をとりあげやすくなった。大衆文化と芸術文化の垣根も低くなった。映画、音楽、演劇をはじめあらゆるジャンルの文化に関する情報を等価値で掲載する情報誌『ぴあ』が一九七二年に創刊され、人気となっていったことはそれをうらづけている。

7 テレビ時代

†娯楽番組の普及

この時期の文化現象の中心は、なんといってもテレビである。NHKの娯楽放送の基本パターンができたのはこの時期である。一九五〇年代前半からはじまっていた年末恒例の『紅白歌合戦』は、視聴率調査が始まった一九六二年の段階で、すでに八〇%の視聴率を記録していた。朝の連続テレビ小説は一九六一年から放送が始まり、翌年から八時一五分

『8時だョ！　全員集合』

開始となり、一九六六年の『おはなはん』は年間平均視聴率四五・八％を記録した。日曜夜の大河ドラマは一九六三年からはじまり、六四年の第二作『赤穂浪士』が平均視聴率三一・九％を記録した。これら三つの番組、あるいはシリーズ枠は二〇一五年現在も継続している。テレビアニメーションも、手《て》塚《づか》治虫《おさむ》原作で一九六三年から六六年までフジテレビが放映した『鉄腕アトム』は平均視聴率二五％を記録、アニメは民放テレビの子供向け番組として欠かせない存在になった。

一九六九年には三つの高視聴率長寿番組が放送開始されている。ＴＢＳテレビの時代劇『水戸黄門』、同局のザ・ドリフターズが主役の公開録画バラエティ番組『8時だョ！　全員集合』、長谷《はせ》川《がわ》町子《まちこ》原作のフジテレビのアニメ

『サザエさん』である。『水戸黄門』は、講談や映画の題材として戦前から有名だった話をもとに、ホームドラマの要素を取り入れた勧善懲悪物で、二〇一一年まで断続的に放送され、一九九八年までの平均視聴率二五・六%を記録した。『8時だョ！ 全員集合』は一九八五年まで放送され、平均視聴率二七%、『サザエさん』は二〇一五年現在も放送継続中で、アニメではトップを争う視聴率を維持している。

プロスポーツの世界では、プロ野球で、読売巨人軍が一九六五年から七三年まで九回連続日本一となったこと、六二年から七四年まで巨人軍の王貞治が一三回連続でセントラルリーグの本塁打王となったこと、六〇年から七一年まで、大相撲で大鵬が五八場所中三二場所で優勝したことが特徴的である。九連覇をした巨人軍の川上哲治監督や王貞治、大鵬の特徴は、コツコツ努力して手堅く勝利をつかんでいく手法である。こうしたテレビやプロスポーツの状況から垣間見えるのは、みんなで同じものを楽しむ傾向である。それは耐久消費財の普及の様相ともよく似ている。みんなで同じようにコツコツ努力して豊かになる、というのがこの時代の時代精神だったのである。

8　田中角栄と石油ショック

†日本列島改造論

一九七二年七月七日、田中角栄《たなかかくえい》内閣が発足した。田中は従来の首相とは全く異なった経歴の持ち主だった。新潟県の農家に生まれ、高等小学校卒業後上京して働きながら中央工学校土木工学科を卒業し、土建会社で財を成した。戦後の首相はすべて旧制中学卒あるいは同等以上の学歴があったことを考えれば、当時報道されたように庶民派という側面はたしかにある。戦後政界への資金提供者となり、さらに政界入りし、議員立法という手法を活用して地方の振興に努めてきた一方、政治資金をめぐる黒いうわさも絶えなかった。

田中は党総裁選直前に『日本列島改造論』という本を出版した。実際には、官僚や側近たちが書いたものだが、田中の持論をふまえた内容なので、田中の政策論とみなして差支えない。全国に通信網や新幹線や高速道路などの交通網を整備すれば工場を全国に分散でき、過疎や過密が解消されて全国民が豊かな生活ができるという底抜けに明るい内容だった。この本はベストセラーになった。田中は列島改造を内閣の目玉政策として推進するとして新幹線の建設推進などを表明し、さらに九月下旬には日本の首相としてはじめて中華人民共和国を訪問し、日中共同声明を出して国交樹立をなしとげた。

中国共産党が一九四九年に樹立した中華人民共和国は、中国大陸を統治する中国の正統政権として次第に承認する国が増えていった。一九七一年七月、アメリカはニクソン大統領が七二年春までに訪中すると発表、中華民国（台湾）を支持してきたアメリカも共産党政権支持に回ったため、一九七一年一〇月、国連は中華人民共和国を中国の代表と認め、台湾は排除された。さらにニクソン大統領は七二年二月に中国を訪問、共同声明を出すなど関係正常化が始まった。そこで日本としても共産党政権承認の必要が生じたが、台湾との関係が深い佐藤首相のもとでは実現不可能だった。

田中角栄

田中は政権発足後さっそく準備を進め、電撃的に北京を訪問して国交回復を実現した。それまでも貿易上の関係はあったが、ようやく中国大陸と正常な関係を持つことができたのである。台湾とは国交は断絶したが、実質的な関係は今に至るまで継続している。

こうしたことから、一〇月に行われた読売新聞の世論調査では、史上初の内閣支持率六〇%を記録した。しかし、一二月に行われた総選挙では、自民党は過半数は確保したものの微減となり、社会党と共産党が票を伸ばした。特に大都市部で社共両党の進出が目立っていることや新聞報道の内容から見て、大都市部の有権者が列島改造政策を農村重視とみたことや、当時物価や地価の上昇が始まっていたことへの批判などのためと考えられる。

物価や地価の上昇は、列島改造論による内需拡大の期待に加え、高度経済成長による輸出増が諸外国の批判を浴びたため、日銀が国内需要拡大のため金利を引き下げ、それが商社による生活必需品や土地の買い占めを誘発したためであった。

七三年一月段階での公示地価は一年前の三割増しとなり、生活必需品も品薄で一割から二割の値上がりとなった。さすがに消費者団体などから抗議が出て国会でも取り上げられ、六月には摘発される商社も出た。田中内閣の支持率は五月には二七%まで急落した。

†第四次中東戦争勃発

さらに一九七三年一〇月に、パレスチナの帰属をめぐるイスラエルとアラブ諸国の対立から第四次中東戦争が勃発、アラブ諸国がイスラエルを支持する西側主要国に対し原油の供給制限や原油価格値上げを始めたため、いわゆる石油ショックが起きた。

政府は一一月に消費節約を決定、大都市では夜のネオンサインが消えたりしたが、週休二日がこれを機に導入され始めたのは皮肉な現象である。これと前後して、大都市圏ではトイレットペーパーを始めとする生活必需品の買い溜め騒動が発生した。石油ショックで値上がりと品薄がさらに拡大するのではないかという不安が、人びとのあいだに生まれたのである。

政府は一二月に三木武夫副総理を中東に派遣し、供給制限は撤廃されたが、原油価格の値上がりはそのままだったため、物価上昇はとまらなかった。そのうえ、企業の売り惜しみが次々と発覚した。そのきっかけは、近所の倉庫に品薄のはずの洗剤が大量にあるのに気付いた主婦の担当官庁への通報だった。

七四年初頭の国会は企業への糾弾大会と化したが、物価上昇は続いた。その結果、企業倒産件数は戦後最悪の多さとなり、経済成長はマイナス一・四％と戦後初のマイナス成長を記録した。七二年から七四年にかけての消費者物価は二割増しという、戦後直後を除けば異例の高騰ぶりを示した。七四年七月の参議院選挙では、自民党は過半数は維持したものの金権選挙（事実上の買収）ぶりがマスコミで大きく批判され、三木が田中を批判して副総理を辞任するなど自民党内でも田中批判の動きが表面化した。

そこへ金にまつわる疑惑が直撃した。七四年一〇月上旬に発売された『文藝春秋』一一月号に掲載された立花隆「田中角栄研究」は、田中が政治的地位を利用して土地の転売など違法性の濃い方法で秘密裏に政治資金を作っていたことを明らかにした。同月下旬、外国人記者クラブでの昼食会で田中がこの問題で追及されたことをきっかけに、国内でも大きく報じられるようになり、野党はもちろん自民党内でも辞任論が噴出、一一月の世論調査では支持率は一二%まで下落した。一一月中旬、現職大統領の来日としては史上初となるフォード米大統領の来日がすむと二六日に辞意を表明した。

なお、田中内閣期には昭和天皇の訪米構想が浮上した。昭和天皇としては乗り気だったが、田中首相は貿易摩擦などでややギクシャクしていた日米関係改善に利用する意図があり、野党や宮内庁側から天皇の政治利用として警戒されたためこの時は実現せず、七五年秋に実現、アメリカ各地ではおおむね歓迎されて日米親善に一役買った。旅行前のアメリカのマスコミとの記者会見では戦争責任問題が盛んに問われたが、存命の関係者への批判になりかねないとして明言を避けた。しかし、一九七八年に中国の鄧小平副首相が来日した際には、非公式に過去の日本の行動について謝罪し責任を認めて鄧を驚かせた。

田中の後任の首相は、金銭スキャンダルがないということで三木武夫が就任した。七五年一一月、国鉄、郵便など三公社五現業の総評系労組（公共企業体等労働組合協議会、公労協）は、占領期にいったん認められながら奪われたストライキ権を取り戻すとして一〇日間にもおよぶ大規模ストを始めた。三木首相ははじめはスト権付与の方向だったが、自民党内に異論が強く、スト突入となった。

自民党内には、このストには国民の同情が少ないという判断があった。実際、公労協系の国鉄の二つの組合、国労（国鉄労働組合）、動労（国鉄動力車労働組合、運転士の組合）は、スト権奪還を目標に、七二年春ごろから、ストや順法闘争（安全確認を念入りに行って列車を遅らせる）をしばしば行い、七三年三月一三日には、順法闘争による列車の遅れや混雑への乗客の不満がついに爆発、埼玉県の高崎線上尾駅で乗客約六〇〇〇人が暴動を起こし、列車や駅を破壊し、再び順法闘争が行われた二四日にも都内の主要駅で乗客が暴動を起こしていた。たび重なるストや列車の遅れで仕事上や生活上の迷惑をこうむった国民の多くは、国鉄労組のやり方を自分勝手だとして批判的になっていたのである。

†ロッキード事件

結局、七五年一一月のストは国民の支持を得られず八日間で中止、三木首相に対する党内の不満も高まった。この状況を見た田中角栄は、復権をめざして動き始めた。しかし、七六年二月、アメリカ連邦議会上院で、航空機製造のロッキード社が日本への売り込みのために数年前から政府高官に贈賄していたことが明らかになった。時期的に当然田中前首相や田中内閣の閣僚だった人物に疑惑が浮上した。

さっそく国会では民間側の関係者の証人喚問が行われたが、あいまいな証言に終始したため、三木首相は検察当局に徹底解明を指示、四月から民間側関係者の逮捕が始まり、ついに七月末に田中前首相も外国為替及び外国貿易管理法違反で逮捕、八月に刑法の受託収賄罪にも問われて起訴された。田中は二億円の保釈金で三週間後に保釈されたものの、八三年一〇月に東京地裁で有罪判決をうけ、控訴したが、事実上政治生命を断たれることになる。

田中のような経歴の人物が首相になるなど、戦前の権威主義的な政治状況ではおよそ考えられなかった。その意味で、田中は戦後の民主政治を象徴する存在であった。しかも、田中は地方と都市の格差是正に本気で取り組んでもいた。二世議員（父親の選挙地盤を継いだ議員）やエリート官僚から何となく政界に入ってしまった人びとにくらべれば政治家らしい政治家ともいえる。党内で田中派という一大派閥を築き上げたのも、単に金の力ではなく、こうした理念と行動力による面もあることはたしかである。

しかし、彼の目玉政策である列島改造が経済の混乱を引き起こしてしまったところへ、エリート的な学歴がないために、持論実現のための人脈作りを結局は金をつかって築くしかなかったという盲点を突かれてしまったのである。また、田中の尽力もあって、高速道路や新幹線の建設は進んだが、それがかえって地方産業の空洞化、過疎化を進行させた側面もある。そういう意味で、田中は悲運の政治家といえる。

その後さらに自民党から二名の逮捕者が出て、世論の自民党政権批判は高まり、自民党若手議員の一部は脱党して新自由クラブを結成した。自民党内には三木はやり過ぎだという声が強まるなか、任期満了にともなう七六年一二月の総選挙で自民党は四九一議席中二四九と結党後初めて過半数を割った。ただし選挙後の追加公認で二五七議席と過半数維持には成功したものの、自民党批判の強さが浮き彫りとなった。

9 成長を取り戻した経済

†ジャパン・アズ・ナンバーワン

三木は総選挙敗北の責任をとる形で退陣、福田赳夫《ふくだたけお》が後任首相となり、七八年一二月には党総裁公選で当選した大平正芳《おおひらまさよし》が後を引き継ぎ、一九八〇年六月の大平急死を受けて七月には鈴木善幸《すずきぜんこう》が後を引き継いだが、いずれも田中派とそれ以外派閥の合従連衡《がっしょうれんこう》による内紛の影響により、特筆すべき業績は残していない。なお、一九七八年一一月には日米の事務レベルで「日米防衛協力のための指針」が取り決められた。これは自衛隊と在日米軍の協力体制を強めたものである。

田中退陣後の日本経済は、成長率が三〜五%の年が多く、高度経済成長期に比べれば低成長ではあるが、それでも主要国のなかでは最も高い成長率を維持しており、国民総生産世界第二位の位置は保っていた。一九七九年に日本的経営を賞賛するアメリカ人社会学者エズラ・ヴォーゲルの著書『ジャパン・アズ・ナンバーワン』が出版され、すぐさま日本語で翻訳出版されて話題になったりするほど、うまくいっていると自他ともに考えられていたのである。

その状況を統計的にみると、消費者物価指数は一九七二年から八九年までで二・六倍になった一方、月額給与平均は一一万二〇〇〇円弱から四四万六〇〇〇円弱と、四倍になっている。高度成長期より差は縮まったものの、やはり給与の伸びの方が大きく、購買力は衰えてはいなかった。その証拠に、乗用車の普及率は七二年段階でほぼ四〇%だったものが八九年にはほぼ八〇%、七二年段階では十数パーセントだったエアコンの普及率は八九年には六〇%を超えた。

産業別の就業率は、一九七〇年と一九九〇年で比較すると、第一次産業は一九・三%から七・一%と激減し、第二次産業は三三、三四%でほぼ変わらず、第三次産業従事者は四六・六％から五九％と、伸び率は落ちたもののなお増えている。産業別の国内生産額でみても、同じ傾向である。大学進学率が増加しつづけたのは当然のことといえる。

こうした好況の継続には、政府の各種の支援策（補助金や優遇税制、保護関税）を背景としてではあるが、各企業の経営努力もあった。自動車や家電製品、電子機器など、良い品質のものを効率よく生産して、政府の支援にだけに頼らずに国際市場で勝負できるものを開発し、生産できたのである。技術者の創意工夫と、労働者の堅実な労働の成果という一面は見逃せない。一方で、政府の保護政策が続いたにもかかわらず、農業の衰退は進んだ。自動車の全国的普及に見られるように、農村はこの時期かなり豊かになったが、それは農業自体の生産性が向上したからというより、農家の八割が兼業農家となり、別の手段でも収入を得るようになったためだった。食糧自給率も昭和末期には五割を切った。

こうしたなかで社会の成熟化が進んだ。豊かでゆとりある生活を求めて核家族化、少子化が進んだ結果、人口は八〇年代に入ると微増となり、八九年で約一億二三〇〇万人、平均寿命はさらに延びて、一九九〇年には男七六歳、女は八二歳と八〇の大台を超えた。年齢別人口比は、七〇年に一四歳まで約二四％、一四〜六四歳六九％、六五歳以上約七％だったのが、九〇年にはそれぞれ約一八％、六九・五％、一二％となり、少子高齢化の傾向が表れ始めた。七〇年代半ばには高校はほぼ全入、大学進学率は四割弱に達し、以後はほぼこの割合で推移していく。

国家財政の特徴は、急激な借金財政化である。一九七〇年には一般会計歳入約八兆四六〇〇万円のうち公債及び借入金は三四七〇億円、借金率は四％に過ぎないが、一九八〇年には四四兆円のうち一四兆一〇〇〇億円と、借金率は三二％に膨れあがった。実際、この時期には経済成長促進のための補助金の増加や税の軽減が行われる一方、さらなる成長を見越して地方と都市の格差是正を掲げた公共投資の成果が目につく。

一般道路の舗装率は七〇年には一五％だったのが九〇年には七〇％を超え、高速道路は七〇年に六四〇キロだったのが九〇年には四六〇〇キロを超えた。新幹線は、一九七五年に山陽新幹線の岡山—博多間が、八二年に東北新幹線が盛岡から、上越新幹線が新潟から大宮まで暫定開業し、八五年に東京まで全通した。八八年には、第4章でもふれた、本州と北海道を結ぶ海底鉄道トンネルとして青函トンネルが開通している。

この時期の経済成長は、高度経済成長期と異なり、政府の借金財政も一役買っているという点で不健全な側面があった。政治の課題は、この問題をどうするかという点にあった。それに積極的に取り組み、一定の成果をあげたのが中曽根康弘である。

10　中曽根康弘と国鉄民営化

†公営三社の民営化

一九八二年一一月、総裁公選で鈴木の後任首相となった中曽根康弘《なかそねやすひろ》は、東京帝大法学部を卒業後、出征をはさんだ短期の役所勤めのあと、戦後直後に代議士となり、自主独立の強い日本の実現を目標に、早くから首相をめざして政治活動を続けてきた点で、池田以後の首相たちと違っていた。

総裁選での当選には田中派の助けを得たが、さきにも述べたように、八三年一〇月、田中は東京地裁で有罪判決をうけ、政治的影響力を事実上失った。そこで中曽根は独自の施策に乗り出した。社会的に影響が大きかったのは、三公社の民営化である。

占領改革のなかで公営企業化されていた国鉄、電話（電電公社）、たばこ（専売公社）のうち、特に国鉄は、高度経済成長のなかで地方ローカル線を増やしたものの、高度成長後半に自動車が地方まで普及すると赤字が累積し、このころは二〇兆円におよんでいた。八三年度一般会計予算が四三兆円だから、大変な巨額である。国鉄としても合理化や運賃値上げ、採算の取れないローカル線の廃止に踏み切りたかったが、合理化には労組の反対が強く、運賃値上げやローカル線廃止には政界の反対が強く、身動きの取れない状態が続いていた。しかし、その赤字は政府が特別会計で補てんせざるを得ず、国家財政を悪化させていた。国家財政の悪化がひどくなれば増税につながる。

しかも、一九八二年六月の上越・東北新幹線開業は、地元にとっては悲願だったものの、建設費用が膨大な割に収益は東海道新幹線ほどではなく、並行する在来幹線の赤字化も引き起こし、国鉄財政を一層悪化させた。

三公社の民営化は、すでに鈴木善幸首相が設置した第三次臨時行政調査会が増税なき財政再建のための方策のひとつとして打ち出しており、特に国鉄については経営効率化の観点から分割民営化が提唱されていたが政界の反対でそのままになっていた。

電電公社と専売公社については、関係者や労組も容認しており、早くから話が進んで八五年四月に民営化が実現し、NTTと日本たばこ産業（JT）となった。国鉄については労組はもちろん、自民党内でもローカル線廃止は選挙に不利になるとして反対論が強かった。しかし、一九八四年一一月に中曽根は党総裁選で勝利して党内の統制力を確立、反対派の説得に努めた。中曽根は、一九八六年七月には不意打ちの衆参同時選挙で圧勝して党内の異論を抑え、一一月の臨時国会で国鉄民営化関連法案を成立させ、一九八七年四月に分割民営化を実現した。これによって財政赤字増大の一大要因が取り除かれただけでなく、労働運動の一大勢力であった公労協が事実上解体され、労働運動が穏健化する結果をもたらした。

†社会問題化する校内暴力

そのほか、中曽根は、一九八四年二月に臨時教育審議会(臨教審)の設置を決めた。その背景には、中学校や高校でのいじめや校内暴力がエスカレートし、社会問題化していたことがあった。一九八〇年には、東京都や三重県で校内での非行を注意した教師が生徒に暴行を受ける事件が発生、東京では大学受験二浪中の男子が叱った親を逆恨みして両親を殺害する事件も起きた。八三年には、情緒障害児への行き過ぎた教育で死者を出したヨットスクール校長戸塚宏が逮捕される事件も起きた。いずれにしろ、こうした事件は、高度成長のなかで形成された画一的な学校システムや受験戦争の問題性を世間に感じさせた。

こうしたことを背景に、臨教審は学校教育の自由化、多様化を打ち出した。その内容は、大学入試における共通一次テスト(七九年スタート)を、科目選択を柔軟にした大学入試センター試験に変えたり、一九八〇年代末から、公教育における学校選択制の実施や、中高一貫校の容認などの形で実現していったが、学校選択制や中高一貫校の増加は、経済状態による教育格差を助長している面もあると指摘されている。

また、中曽根首相は外交でも積極的な動きを見せた。一九八二年夏、中学の社会科歴史分野の教科書検定で侵略が進出と書き換えられたという報道に対し、中国や韓国から抗議が出され、日本側が中韓の主張をうけいれる事態が起きた。中曽根は一九八三年一月、日本の首相として初めて韓国を訪問して、さらに一九八四年八月、韓国の全斗煥《チョンドファン》大統領の訪日を発表した際に朝鮮植民地支配への反省を表明し、九月には全大統領の訪日を実現させた。韓国大統領の訪日はもちろん初めてのことであり、日韓関係の進展を示すできごとだった。

このあいだ、野党は自民党と勢力が伯仲していた時期が長いが、保守の新自由クラブ、比較的穏健な公明党、民社党、社会民主連合と、左翼の共産党、社会党では政策的にも共通点をさがすことがむずかしく、自民党が人気があったというより、野党が結束できなかったために自民党政権が続いた、という側面もかなりあると考えられる。社会党は昭和末期の一九八六年一月にようやく社会民主主義に路線転換したが、さきにみた中曽根首相の不意打ち解散で大敗し、路線転換は手遅れとなった。

中曽根がさまざまな成果を上げられた背景には当時の好景気もあった。当時の好況はバブル景気とよばれる。一九八五年九月に先進国の蔵相がアメリカ・ニューヨークのプラザホテルでおこなった会議で、日本や西ドイツの輸出好調によって苦境に陥ったアメリカ経済救済のため、金利を引き下げることで国内の需要を誘発することにした。これがプラザ合意である。

日本ではこれにともなって好況がおとずれた。株や土地などの投機的な経済活動が目立ったためである。東京の公示地価は八七年から八八年にかけて約七割と史上最高の上昇率となり、日経年平均株価も、一九八六年から八七年にかけては約一万六〇〇〇円から約二万三〇〇〇円と一・四三倍、一九八九年の年平均は二〇一五年現在までで最高値の三万四〇五八円となった。当然、一九八七年二月のNTT株の上場も絶好の投資先として大きな話題となった。

11　改元前後の政治と経済

†相次ぐ首相スキャンダル

ただし、中曽根は、財政健全化のさらなる手として売上税(消費税)の導入をめざしたが、結局失敗し、田中派を乗っ取って一大派閥を築いていた竹下登《たけしたのぼる》を一九八七年一一月に後継首相とした。

竹下は、一九八八年一一月、消費税法案を成立させたが、リクルート問題という汚職疑惑で足をすくわれた。これは同年六月に発覚した問題で、政界上層部が就職情報産業の大手リクルート社の未公開株取得によって不当な利得を得ていたという疑惑である。消費税は一月に元号が平成に変わった直後の一九八九年四月に実施されたが、その直後に竹下は退陣を発表、自民党内の派閥力学のなかで後任選びは混迷し、ようやく六月二日に派閥領袖ではない宇野《うの》宗佑《そうすけ》が首相となった。

しかし、宇野首相は女性スキャンダルも起きたなかでの参議院選挙で自民党が惨敗したためわずか二カ月で退陣、次の首相の海部《かいふ》俊樹《としき》も派閥のリーダーではなかった。自民党の派閥政治は、多様な国民の要求を吸い上げ、長期政権を維持する上で大きな役割を果たしてきたが、長年の経過の中で精緻化が進んだ反面硬直化も進み、政治改革の重要性が叫ばれるようになり、自民党内からも改革に賛同する動きが出始めた。しかも、消費税と折からの好況もあって財政健全化が実現の緒についたかと思われたが、一九九二年には好況が破綻し、財政出動で経済を回復させる方向となったため、財政健全化も失敗に終わった。

一九九三年には、宮沢《みやざわ》喜一《きいち》内閣のもとでついに自民党が分裂して内閣不信任案が成立して総選挙となり、野党が過半数を占め、八月に細川《ほそかわ》護熙《もりひろ》を首相とする連立政権が成立、半永久的に続くかと思われた自民党長期政権は終わりを告げたのである。

偶然とはいえ、同じ時期に世界情勢の面でも社会主義体制の破たんが明らかとなった。一九八七年ごろからアジアや東欧の社会主義国で民主化の動きが相次ぎ、ソ連は東西和解、軍縮に積極的となった。元号が平成に変わった一九八九年の一一月にはベルリンの壁の崩壊という象徴的なできごとがあり、一九九〇年に東西ドイツの統一、一九九一年にはソ連邦解体となる。

高度経済成長後の時期の日本の特徴は、「みんなで一緒に」から「人それぞれ」への変化の時代ということである。それは生活や文化だけでなく、政治も同じだった。多党化が進み、総選挙で自民党が苦戦することが多くなったが、自民党政権は続き、一回だけ新自由クラブと連立政権を組んだ以外は単独政権だった。それは野党が一致して自民党の政策より魅力的な政策を有権者に訴えることができなかったからであった。自民党の方も、この時期の前半は内紛が絶えなかったが、政権を失いたくないという一点で分裂を免れた。そして、多様な利害を調整するために政府と自民党の間で精緻な仕組みが形作られて行ったが、それはかえって政治の硬直化を招き、自民党長期政権の崩壊を招いたのである。

12　多様化と成熟

†進む洋風化と小型化

この時期の社会・文化の動向の特徴は多様化と成熟である。食の多様化が急激に進んだのがこの時代である。インスタントラーメンに代表されるインスタント食品、冷凍食品、レトルト食品といった、保存がきき、手軽に調理できる食品は高度経済成長時代に実用化されて普及し始めていたが、これらが多様な品種をそろえて日常生活に定着したのはこの時期である。また、食材も洋風化、高級化が進み、食事メニューの洋風化、多様化が進んだのもこの時期であった。

商品の購入方法も多様化した。一九七四年、東京都江東区に「セブン-イレブン」第一号店が開店した。いつでもどこでも好きな商品を購入できる業態として、アメリカで普及していたコンビニエンスストアが日本に導入されたのである。名前の通り最初は朝七時から夜一一時までだったが、まもなく二四時間営業が主流となり、いくつかの大手ブランドが全国に普及した。家のすぐ近くでいつでも日用品や食料が購入できるこの業態は今ではすっかり日本に定着している。

一九七九年、ソニーはウォークマンという商品を発売した。携帯用のカセットテープの小型再生機とヘッドホンを組み合わせた商品である。スピーカーはついていないので、完全に個人が一人で好きな音楽をどこでも好きな時に楽しむための機器である。この商品は大ヒットとなり、日本のみならず世界にも広まった。その後はソフトをCD（コンパクトディスク）、MD（マイクロディスク）、さらにはフラッシュメモリーを内蔵してパソコンやインターネットから音楽データをダウンロードするタイプも出現し、機器はさらに小型化してますます多くの人びとが使うようになっている。

また、歌の伴奏だけの録音に合わせて歌を歌うカラオケも、一九七〇年代前半の関西ではじまり、七〇年代後半には関東にも広まり、その後全国に広まった。機器を購入して個人で楽しむことも可能だが、ふつうは飲食店あるいはカラオケ専門店で楽しまれる。最初はカセットテープを用い、映像も入ったレーザーディスクを経て、現在では通信カラオケが主流である。

この娯楽の特徴は、家族や友人、職場の同僚など複数で楽しむものではあるが、みんなで同じ歌を歌うというより、参加者各自が、用意されている選択肢の範囲ではあるが、好きな歌を歌って楽しむというところにある。コンビニやウォークマンと違って複数の人で行うのが基本なので、まったく個人的な行為とはいいがたいが、六〇年安保ぐらいまでの時期に東京などで流行したうたごえ喫茶が、みんなで同じ歌を歌う場であったことと比較すれば、多様化のひとつの現われであることはたしかである。

また、余暇の過ごし方のひとつである旅行も、高度経済成長期までは職場の団体旅行が主流だったが、その後は、旅行会社が商品として売り出す団体旅行が、あくまで個人や小人数グループの参加を前提としたものであることも含め、個人や小人数の旅行がしだいに盛んになった。国鉄が、万博終了後、「ディスカバー・ジャパン」という旅行宣伝を始めたり、『アンアン』『ノンノ』といった若い女性向けの雑誌の主力企画が旅行となっていることはそれをよく示している。そして個人旅行は現在では旅行形態の主流となっている。

†男女雇用機会均等法の成立

女性の社会的地位の改善が進んだのもこの時期の特徴である。戦争は一時的に女性の社会での活躍の場を広げたが、多くの男性が戦場から帰ってくると元の状態に戻ることが多かった。雇用者中の女性の比率は、一九五〇年代の二割台から六〇年代には三割台を超え、昭和末期には四割弱に達したが、その三割以上はパートやアルバイトなど不安定な立場が多かった。日本国憲法では両性は平等なはずであったが、多くの職場で、戦前からの慣行により、人事や給与における差別が公然、あるいは非公然と行われた。フルタイムで勤める場合でも、リーダー的な立場になれる機会は非常に少なかった。

そうしたなかで戦後の女性運動の先駆けとして一九七〇年からのウーマンリブ（女性解放）運動がある。これは、新左翼の学生運動家のあいだにも女性差別があることに失望した女性たちが独自にはじめた女性解放運動である。

一九七五年は国連が女性差別解消のために定めた国際婦人年だったが、ハウス食品のテレビコマーシャルに「私作る人、ぼく食べる人」というセリフがあることが性役割の固定化を助長するとして、「国際婦人年をきっかけとして行動を起こす女たちの会」の抗議を受け、放映を中止するという事件があった。このころから、歴史や、文学、社会学などの学問分野で女性の役割を見直す女性学の研究が盛んとなり、ひいては、女性差別の解消策として、社会的、文化的な性のありようという意味でジェンダーという英語が使われ始めた。

一九七九年、国連で女性差別撤廃条約が採択された。もちろん日本も参加しており、一九八五年、男女雇用機会均等法の成立とともに批准した。これにともない、就職、人事、給与などでの女性差別は禁止された。また、中学校における職業科は男子、家庭科は女子という区別は女性差別につながるとしてようやく一九八九年に男女とも両方を学ぶ形に戻された。しかし、その後もなお企業や官庁における管理職への女性登用率は低く、非公然の女性差別が完全になくなったとはいいきれない。

全体として、この時期の社会と文化は、民主的で公正な制度、経済や技術の蓄積を生かした多様化と成熟が見られたといえる。

†日航ジャンボ機墜落事故と過激派のその後

この時期社会を震撼させたできごととしては、一九八五年八月一二日の羽田発大阪行き日航ジャンボ機墜落事故がある。機体修理の不備から飛行中に後部が損傷、操縦系統が利かなくなって群馬県御巣鷹山に墜落、乗客乗員五二四人のうち五二〇人が死亡するという、飛行機単独事故では史上最悪の大惨事となった。最新の高度技術を駆使しているはずの大型旅客機の意外な盲点が露呈したできごとだった。

また、過激派のその後であるが、批判的な世論を背景とした警察の取締り強化のため、国内での大規模な活動は困難となり、一九七四年から七六年にかけて大企業や官庁をねらった連続爆破事件のようなゲリラ的行動に追い込まれて行くか、活動を海外に移した。七五年八月、日本赤軍がマレーシアの首都クアラルンプールで大使館が多数入居するビルに侵入、アメリカやスウェーデンの外交官、日本人を含む民間人など五二人を人質として立てこもり、日本で拘置中の過激派七人の釈放を要求した。日本政府は人質の命を最優先するため要求に応じる超法規的措置にふみきり、釈放を拒否した二人を除く五人が日航特別機でクアラルンプールに到着、人質代わりの日本やマレーシアの政府高官と犯人が合流してリビアの首都トリポリに向かい、犯人たちと釈放犯たちは自由の身となった。

ついで七七年九月末、乗客乗員一五六人を乗せたパリ発東京羽田行の日航機がボンベイで日本赤軍のグループに乗っ取られ、日本政府は犯人の要求に従い、日本で拘置中の過激派九人(うち一人はクアラルンプール事件の犯人)の釈放と、人質の身代金六〇〇万ドルを要求した。日本政府はふたたび「超法規的措置」として要求に応じ、犯人たちと釈放に同意した六人の釈放犯たちはアルジェリアの首都アルジェで自由の身となり、身代金を受け取った。

要求に応じた日本は諸外国から強く批判されたが、国内の世論調査では政府の措置を支持する人が六割にのぼった。ただし、これ以後、日本の過激派の大きな動きは内外ともになくなっていった。

13　昭和天皇の死去

†最長寿・最長在位期間の天皇の死去

最後に、昭和時代のおわりをもたらした昭和天皇の最期についてふれておきたい。訪米を果たした昭和天皇は中国と沖縄への訪問を念願していたが、中国へは沖縄訪問を果たしてからという方針だった。沖縄訪問は、一九八七年一〇月、沖縄国体開会式への参加ということで念願がかなうかに見えたが、その年の四月二九日、自身の誕生日の祝宴で体調をくずしたことで中止となった。九月には天皇としては史上初となる手術を受けた。病名は慢性すい炎と発表されたが、実はすい臓がんであったことが一年後の新聞のスクープで知られることになる。年末には体調が回復し、八八年四月の記者会見では「先の大戦を一番いやな思い出とし、国民がそれを忘れずに平和を守ってほしい」と述べた。これほど明確に戦争について語ったことはほとんどなく、そしてこれが最後となった。

九月、吐血した昭和天皇はふたたび病床に伏し、日本社会はイベントの中止など自粛ムードに包まれ、見舞いの記帳者も全国で相次いだ。ただし、本心では昭和天皇には批判的

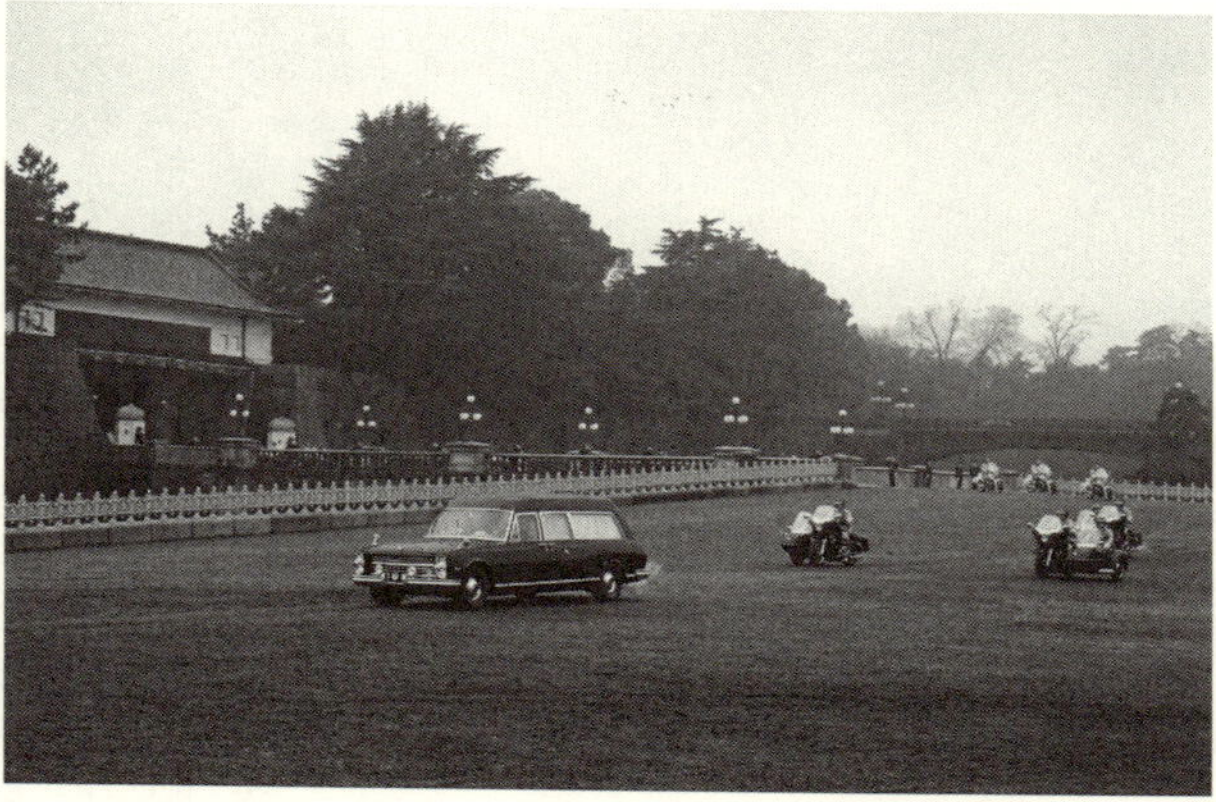

昭和大喪　©時事

だが、立場上記帳したという人もいたので、こうした行動には、本心からというよりは、企業なりそれなりの立場にある人物なりの社会的な体面という側面もあったことはまちがいない。

一九八九年一月七日、昭和天皇は八七歳でついに死去した。記録が確かな歴代天皇のなかでは最長寿であり、在位期間も歴代天皇では最長だった。そして、戦後においては、敬愛される一方で、批判的なまなざしも向けられざるを得なかった。それは死去時の内外の新聞報道にも現れていた。

その戦争責任についていえば、戦争という手段による問題の解決を積極的に主張したり主導したことは一度もなく、破滅の瀬戸際で降伏という大事な決断をしたことはたしかである。しかし戦争による問題の解決という方向性をしぶしぶとはいえ最高責任者として承認し、全面降伏を避けるために一撃講和論に賛成して惨禍を拡大することに加担したことも事実である。晩年には戦争責任を追及され続けることの重圧を側近に語ったこともある。昭和天皇は、一生のうちに最高権力者と国民の象徴という、全く異なる立場を経験し、戦後は毀誉褒貶《きよほうへん》のはざまで苦しんだ。昭和という時代の複雑さを体現した一生だった。

おわりに

かけあしで昭和の六四年間(とその前後)を振り返ってきた。あらためて戦前と戦後の落差が大きいことを痛感させられる。

戦前の日本も、政治体制を批判さえしなければそこそこは暮らしていくことができたし、楽しいこともないわけではなかった。生活が向上する希望も持てた。しかし、戦争は、最初は好景気をもたらしたこともあったが、最終的には、息苦しい生活、さらには大変な惨禍をもたらした。そしてなにより周囲の国や地域に絶大な迷惑をかける結果を招いた。

戦争は天災ではなく人災であり、政治の領域の問題である。その意味で戦前の日本の政治は失敗だらけだった。見ていただいた範囲だけでもわかるように、その根源をたどると、無理に無理をかさねる政治の体質にあった。

敗戦までの日本政治において、国民はあくまで国家を盛り立てるための道具にすぎなかった。人びとが苦労して働いて生み出した成果も、かなりの部分を軍備にもっていかれてしまった。政党内閣が定着していれば、解釈改憲のような形で、多少は違った展開になったかもしれないが。

もちろん、理屈としては、国家が栄えれば住民も幸せになるはず、だから当分は我慢して国家の栄光のためにがんばりなさい、ということだったのであろう。しかし、実際には、軍部官僚の出世争いや権限争い、政党の政権争い、そしてそれらに格好の論拠を提供した国体論というやっかいな政治思想のおかげで、目標はしだいに過大になり、満州国から東亜新秩序をへて大東亜共栄圏と、誇大妄想的なものに膨れあがり、ついには破綻した。しかも、政党内閣が崩壊したあとは、官僚や軍人、華族など、選挙を通して国民に責任を問われない人びとが権力を握った。こうなると、上下関係からいえば、首相や大臣、軍の最高幹部を任命した天皇の責任となるが、天皇が責任を取って退位するようなことがあると国家存立の前提が崩れかねないので、責任はうやむやになった。

しかも、そうした政治の目標の設定や変更について、国民は蚊帳《かや》の外だった。政党内閣の時代は、それでもある程度は公開の場で議論されたが、帝国国防方針や張作霖爆殺事件、満州事変にみられるように、こと軍事に関しての根幹部分は事実上極秘に軍部が勝手に決めてしまった。政党内閣の崩壊前後からは、軍事のみならず政権交代の内情や外交の交渉過程など、政治の動向を左右する大事なところはみんな非公開になってしまい、国民は結果を伝えられるだけだった。その結果、軍部や官僚の暴走に対し、十分に歯止めをかけることができなくなってしまった。国民生活に直接関係がある一部分についてだけ、帝国議会が歯止めをかけることができただけである。

日本国家は、国民に対し自分で考えるための教育を十分にせず、考えてもよい範囲もだんだん狭められていき、内外の人びととの判断の材料となる情報も不十分にしか、あるいは日本国家に都合の良い情報しか与えなかった。国家があやまちや不公正なことをしても、国家の権威を維持するために隠蔽され、ごまかされた。

当事者としては、これぐらいのあやまちで自分の仕事や出世の機会を失うのは嫌だし、これまで積み重ねて来たものを失うのは嫌だし、次の機会に何とかすればいいじゃないか、ということだったのだろう。その立場に立ってみればその気持はよくわかるし、日常生活ではそれですんでしまうこともある。しかし、こと国家ということになるとその積み重ねは大変な結果をもたらした。国家としての国際的な信用を失い、国内の社会も、闇経済がはびこり、公共心も吹き飛んだ、不正だらけの世界になってしまった。

あやまちを何度もおかしたり、あやまちをしても取返すことができなかったのは、軍事力を過信し、国家の権威を維持したり、さらに高めるために、既成事実を作ってしまえば、大きい声を出せば無理が通るという甘い見通しで、国力に見合わない誇大な政治目標を掲げ、反省することがなかったからである。国際紛争のおもな相手国だった中国の実力を見誤ったり、第一次大戦後の国際秩序に関する新しい潮流の強さを過小評価したりしたのも、つきつめれば原因はそこにある。しかもその国家の権威というものは、至高の存在とされた天皇に由来するものだったので、批判には勇気が必要だったし、実際、批判すれば処罰されたのである。

結局のところ、国家の方針について、幅広く議論し、政治家が責任を持って取り組む仕組み作りが不十分だったことが戦前日本の破たんをもたらした。敗戦までの日本の政治制度を作ったのは伊藤博文や山県有朋といった明治の元勲たちである。彼らは限られた彼らの仲間だけが日本を導くことができるという過信から、自由な議論をしにくい制度作りを行った。これに異論を唱えたのが大隈重信だったが、彼は政府から排除された。しかし、この制度では権力者が権力にしがみつき、弊害が大きいという、一八八一年の大隈の意見は、六五年後にその通り大変な結果を招いてしまったのである。

その結果はあまりにもひどいものだった。単なる数字ではなく、機密保持という理由でひっそりと出征し、帰ってこなかった兵士の妻、故国を遠く離れ、戦場で飢えて家族のことを思いながら死んでいった兵士、満州での逃避行の途中、足手まといになるから殺してくれと申し出た女性に手を掛けなければならなかった男性、原爆症で苦しみながら亡くなった少女、日本兵に無理やり慰安婦にされ、心と体に深い傷を負ったオランダの女性、ゴリラと誤認されて息子を日本兵に殺された中国の母親、そうした人びとの気持を想像して見ればわかることである。

敗戦後の日本は、この弊害に気づき、民主化改革をなしとげた。その過程では占領軍、実質的にはアメリカの助けも大きかったが、憲法改正問題の経過にみられるように、日本側の独自の動きもあった。国のありかたは、天皇主権から国民主権となり、国家のための国民から国民のための国家に一八〇度変わった。基本的人権の保障によって、個人の尊重と公正さが国家社会が動く基本原理となった。教育も、上から言われたことをその通りやることをよしとするのではなく、自分たちで考えて議論して決めることを大事にする方向に変わった。おかしいと思うことは声を上げても罰せられないし、それを解決するための合法的な手段も旧憲法下よりはるかに手厚く設けられた。おかしいことについては自由に議論し、必要があれば自分たちで変えられるのが原則の国になったのである。

国の政治は国民が選挙で選んだ国会議員たちが動かすものとなった。当然、政治の動きは大部分がオープンに行われた。料亭での秘密の会合も、行われた事実はすぐに報道され、その内容もそれほど経たないうちに報じられるところとなった。

女性や障害を持った人びと、いわゆる部落差別など、いわれのない差別を受けたり、自分たちの過失がないのに心身の苦しみを受けなければならなかった人たちは司法の場に訴えることができ、公正な裁きによって、少しずつではあれ、救済されていった。もちろん、二〇〇九年に一応の解決をみたハンセン病患者の差別問題を含め、当事者から見れば、遅すぎるし、まだ不十分という場合も多い。また、在日朝鮮人、在日韓国人といった、日本の歴史的経緯と深くかかわる人びとについてもなお問題が残っていることは否定できない。それは十分にふまえつつも、世論調査で日本国憲法の基本理念を否定する意見が圧倒的に少ない事実も考えれば、歴史的には、旧憲法下の状況に対する反省が、差別された人びとも、少数者でも救済されることが当然という社会をもたらしたことはたしかである。

いつの世でも、新しいことを試みたり、外からやってきた新しい状況に何らかの対応を試みる時、よかれと思ってやってみたことでも思わぬ問題を引き起こすことは珍しくない。戦後日本でいえば公害・薬害や交通戦争、大量輸送機関の大惨事などそうした例である。そして試行錯誤の過程での予期しない問題の発生はいかなる世の中でもある程度は避けられない。ただし、旧憲法下では、それが国家の威信や利害に関わることが多かったために、救済を求めようとしても、抑圧されたり無視されることが多かったが、現行憲法のもとでは、救済を求めること自体は正当なこととして認められるだけでなく、公正な手続きを通して救済される可能性は大幅に増えたのである。

戦後の高度経済成長も、国民の購買力がなぜ爆発したかといえば、戦争への不安もなく、政治の公正さ、個人の尊重、働いた成果の公正な配分が、生活向上への欲望を安心して爆発させることができる社会を生み出したことが大前提としてあったことは、戦前、戦中の社会状況と対比すればわかる。また、もうひとつの大前提として、講和にあたって、かつての敵国、あるいは日本が迷惑をかけた国々が、日本を疲弊させるような規模や形での賠償を求めなかったことも忘れてはならない。

ただし、戦争への不安がなく済んできたことは、日本国憲法第九条のおかげだけではない。第一次大戦後の世界の最有力国としてのアメリカ、そして日米安保条約の存在を抜きしては戦後日本の平和は語れない。もちろん、戦後日本が軍事費を少なめに済ませ、積極的に他国や他地域の戦争に関わらないでくることができたのは憲法第九条のおかげであり、第九条はこれからも維持されるべきである。

ただし、戦後日本が、自由で公正な社会を維持できたのは、西側世界にとどまったからであり、東西冷戦下で西側世界に留まり続けられた要因として、アメリカの軍事力、核の傘の下に入っていたことは不可欠だった。日本の平和的発展が続いた要因として、アメリカ軍事力という後ろ盾があったことも忘れてはならない事実なのである。

要するに、昭和戦前戦中期は、明治期の遺産の重さに苦しみ、破綻した歴史であり、戦後はその反省の上に、アメリカの支援を受けながら、平和で公正で個人を尊重する豊かな社会を築き上げてきたのである。一貫していることは、多くの庶民がこつこつと自分の仕事をこなし、日々の生活を営んできたその積み重ねである。ただし、それをより良い未来につなげるためには、国のあり方を基本から変える必要があった。残念ながら、我々日本の住民は、空前絶後の大失敗を通してしか変えることができなかった。

もちろん、平成に入ってから、経済の停滞、財政赤字の増大、東西冷戦終結後の新たな国際情勢の展開など、昭和戦後期とはかなり異なった状況のもとにわれわれ日本の住民は置かれている。東西冷戦が崩壊し、新たな国際情勢が展開する中で、従来の日米安保体制を維持すべきか、変えていくべきか、日本は難題を突きつけられている。二〇一五年の夏に国論を二分したいわゆる安保法制問題は、こうした状況を象徴するできごとだった。

しかし、われわれは自分たちの幸せのためにも、世界に貢献するためにも、本書で見てきた昭和期の日本の歴史、ひいては同時代の世界の歴史、さらにはそれ以前からの日本や世界の歴史の経緯を十分に踏まえていく必要がある。その結果として特に重要なのは、個人を尊重し、公正な手続きで自由に議論して国の行く末を決めていく国のあり方を維持していくことである。そうでなければ時代の変化についていけず、自分たちでより良い未来に踏み出すこともできないことが、昭和の日本の失敗と再生の歴史から見えてくるからである。

主要参考文献（文中に明記した史料類は除く）

青木学「近代日本における『ジャズ』の定着過程」（学位請求論文　日本大学　二〇一五年度）
阿部武司ほか編『朝倉毎人日記』三（山川出版社　一九八九年）
天野郁夫『高等教育の時代』上・下（中央公論新社　二〇一三年）
有沢広巳監修『昭和経済史』上（日本経済新聞社　一九八〇年）
有山輝雄『情報覇権と帝国日本』Ⅱ（吉川弘文館　二〇一三年）
アンドルー・ゴードン編（中村政則監訳）『歴史としての戦後日本』上・下（みすず書房　二〇〇一年）
石川寛子・江原絢子編著『近現代の食文化』（弘学出版　二〇〇二年）
板垣邦子『日米決戦下の格差と平等』（吉川弘文館　二〇〇八年）
一ノ瀬俊也『銃後の社会史』（吉川弘文館　二〇〇五年）
一ノ瀬俊也『戦艦大和講義』（人文書院　二〇一五年）
百瀬孝・伊藤隆監修『事典昭和戦前期の日本』（吉川弘文館　一九九〇年）
井上敏孝「戦時下における大日本航空株式会社の航空輸送業務に関する一考察」（『東洋史訪』二〇、二〇一三年）
猪瀬直樹『昭和16年夏の敗戦』（文藝春秋　一九八六年）
岩瀬彰『「月給百円」サラリーマン』（講談社　二〇〇六年）

大久保邦彦・三宅俊彦・曽田英夫編『鉄道運輸年表』最新版（ＪＴＢ『旅』一九九九年一月号付録）
遠山茂樹・安達淑子編『近代日本政治史必携』（岩波書店　一九六一年）
荻野富士夫『特高警察』（岩波書店　二〇一二年）
小林英夫『日本軍政下のアジア』（岩波書店　一九九三年）
小熊英二『〈日本人〉の境界』（新曜社　一九九八年）
小熊英二『〈民主〉と〈愛国〉』（新曜社　二〇〇二年）
小熊英二『１９６８』上・下（新曜社　二〇〇九年）
外務省外交史料館日本外交史辞典編纂委員会編『新版日本外交史辞典』（山川出版社　一九九二年）
河西秀哉『「象徴天皇」の戦後史』（講談社　二〇一〇年）
柏木博『芸術の複製技術時代』（岩波書店　一九九六年）
片山杜秀『近代日本の右翼思想』（講談社　二〇〇七年）
笠原十九司『南京事件』（岩波書店　一九九七年）
笠原十九司『南京事件論争史』（平凡社　二〇〇七年）
加藤聖文『「大日本帝国」崩壊』（中央公論新社　二〇〇九年）
加藤陽子『それでも、日本人は「戦争」を選んだ』（朝日出版社　二〇〇九年）
河原理子『戦争と検閲』（岩波書店　二〇一五年）
神奈川県立近代美術館編刊『「日本の写真１９３０年代展」図録』（一九八八年）
金山泰志『明治期日本における民衆の中国観』（芙蓉書房出版　二〇一四年）
金城正篤・上原兼善・秋山勝・仲地哲夫・大城将保『沖縄県の百年』（山川出版社　二〇〇五年）

金子龍司「太平洋戦争期の流行歌・「ジャズ」の取締り」（『年報日本現代史』二〇一五年）
北岡伸一『清沢洌』増補版（中央公論新社　二〇〇四年）
木村元『学校の戦後史』（岩波書店　二〇一五年）
清沢洌『暗黒日記』（評論社　一九七九年）
栗原俊雄『シベリア抑留』（岩波書店　二〇〇九年）
黒川みどり・藤野豊『差別の日本近代史』（岩波書店　二〇一五年）
黒羽清隆『太平洋戦争の歴史』（講談社　二〇〇四年）
倉田喜弘『日本レコード文化史』（東京書籍　一九七九年）
楠綾子『吉田茂と安全保障政策の形成』（ミネルヴァ書房　二〇〇九年）
久留島典子・長野ひろ子・長志珠絵編『歴史を読み替える　ジェンダーから見た日本史』（大月書店　二〇一五年）
熊谷奈緒子『慰安婦問題』（筑摩書房　二〇一四年）
小泉和子『昭和のくらし博物館』（河出書房新社　二〇〇〇年）
航空局編刊『各国別主要国際航空路一覧』（一九四一年）
小林道彦『政党内閣の崩壊と満州事変』（ミネルヴァ書房　二〇一〇年）
坂口太助『太平洋戦争期の海上交通保護問題の研究』（芙蓉書房出版　二〇一一年）
櫻澤誠『沖縄現代史』（中央公論新社　二〇一五年）
佐藤卓己『『キング』の時代』（岩波書店　二〇〇二年）
沢井実『帝国日本の技術者たち』（吉川弘文館　二〇一五年）

篠原初枝『国際連盟』（中央公論新社　二〇一〇年）
柴山哲也『真珠湾の真実』（平凡社　二〇一五年）
霜村光寿『金森徳次郎の憲法思想の史的研究』（同成社　二〇一四年）
将基面貴巳『言論抑圧』（中央公論新社　二〇一四年）
庄司俊作『近現代日本の農村』（吉川弘文館　二〇〇三年）
衆議院・参議院編『議会制度百年史』議会制度編、院内会派編衆議院の部、院内会派編貴族院・参議院の部、資料編（大蔵省印刷局　一九九〇年）
白幡洋三郎『旅行ノススメ』（中央公論社　一九九六年）
季武嘉也・武田知己編『日本政党史』（吉川弘文館　二〇一一年）
鈴木正幸『皇室制度』（岩波書店　一九九三年）
鈴木光男『学徒勤労動員の日々』（近代文藝社　二〇一〇年）
大門正克編著『新生活運動と日本の戦後』（日本経済評論社　二〇一二年）
大日本航空社史刊行会編『航空輸送の歩み』（日本航空協会　一九七五年）
高岡裕之『資料集　総力戦と文化』第2巻（大月書店　二〇〇一年）
高岡裕之『総力戦体制と「福祉国家」』（岩波書店　二〇一一年）
髙杉洋平『宇垣一成と戦間期の日本政治』（吉田書店　二〇一五年）
武部健一『道路の日本史』（中央公論新社　二〇一五年）
竹山昭子『ラジオの時代』（世界思想社　二〇〇二年）
大霞会編『内務省史』第一巻（地方財務協会　一九七一年）

谷村政次郎『日比谷公園音楽堂のプログラム』（つくばね舎　二〇一〇年）
塚瀬進『満洲国』（吉川弘文館　一九九八年）
辻浩美『作曲家・吉田隆子　書いて、恋して、闊歩して』（教育史料出版会　二〇一一年）
筒井清忠『二・二六事件とその時代』（筑摩書房　二〇〇六年）
東京裁判ハンドブック編集委員会編『東京裁判ハンドブック』（青木書店　一九八九年）
東京都美術館・山口県立美術館・兵庫県立近代美術館・朝日新聞社編『1920年代日本　展』（朝日新聞社　一九八八年）
東洋経済新報社編刊『完結　昭和国勢総覧』第三巻（東洋経済新報社　一九九一年）
徳富蘇峰『徳富蘇峰終戦後日記』（講談社　二〇〇六年）
戸ノ下達也『音楽を動員せよ』（青弓社　二〇〇八年）
中澤俊輔『治安維持法』（中央公論新社　二〇一二年）
新田太郎・田中裕二・小山周子編『図説東京流行生活』（河出書房新社　二〇〇三年）
日本コロムビア編刊『オリジナル盤による　昭和の流行歌』別冊解説書（一九九八年）
日本放送協会編刊『20世紀放送史』上（二〇〇一年）
野間恒『増補　豪華客船の文化史』（NTT出版　二〇〇八年）
野田正穂・青木栄一・原田勝正・老川慶喜編『日本の鉄道』（日本経済評論社　一九八六年）
秦郁彦『旧日本陸海軍の生態学』（中央公論新社　二〇一四年）
秦郁彦『明と暗のノモンハン戦史』（PHP　二〇一四年）
秦郁彦著・戦前期官僚制研究会編『戦前期日本官僚制の制度・組織・人事』（東京大学出版会　一九八一

年）
波田野節子『李光洙』（中央公論新社　二〇一五年）
服部聡『松岡外交』（千倉書房　二〇一二年）
服部龍二『中曽根康弘』（中央公論新社　二〇一五年）
原秀成『日本国憲法制定の系譜』Ⅲ（日本評論社　二〇〇六年）
「阪神間モダニズム」展実行委員会編著『阪神間モダニズム』（淡交社　一九九七年）
福永文夫『日本占領史』（中央公論新社　二〇一四年）
福永文夫・下河辺元春編『芦田均日記』第三巻、第四巻（柏書房　二〇一二年）
藤井信幸『テレコムの経済史』（勁草書房　一九九八年）
藤森照信・初田亨・藤岡洋保編著『写真集　幻景の東京』（柏書房　一九九八年）
舟橋正真「佐藤栄作内閣期の昭和天皇「皇室外交」」（河西秀哉編『戦後史の中の象徴天皇制』吉田書店　二〇一三年）
舟橋正真「昭和天皇訪米決定の政治過程」（『歴史学研究』九〇八　二〇一三年）
拙著『あるエリート官僚の昭和秘史』（芙蓉書房出版　二〇〇六年）
拙著『皇紀・万博・オリンピック』（中央公論社　一九九八年）
拙著『近衛文麿』（吉川弘文館　二〇一五年）
拙著『昭和戦後史』上・中・下（講談社　二〇〇六年）
拙著『昭和戦中期の議会と行政』（吉川弘文館　二〇〇五年）
拙著『昭和戦中期の総合国策機関』（吉川弘文館　一九九二年）

拙著『昭和天皇』（中央公論新社　二〇一一年）
拙著『政治家の生き方』（文藝春秋　二〇〇四年）
拙著『戦時下の日本映画』（吉川弘文館　二〇〇三年）
拙著『戦時議会』（吉川弘文館　二〇〇一年）
拙著『東条英機』（山川出版社　二〇〇九年）
拙著『ポツダム宣言と軍国日本』（吉川弘文館　二〇一二年）
拙稿「犬養政友会総裁期の前田米蔵」（『研究紀要』（日本大学文理学部人文科学研究所）八六号　二〇一三年）
拙稿「京極高鋭の思想と行動」（『軍事史学』第四四巻第二号　二〇〇八年）
拙稿「田中義一内閣期の前田米蔵」（『史叢』八八号　二〇一三年）
拙稿「流行歌と映画」（戸ノ下達也・長木誠司編著『総力戦と音楽文化』青弓社　二〇〇八年）
古川隆久・鈴木淳・劉傑編『第百一師団長日誌』中央公論新社　二〇〇七年
政野淳子『四大公害病』（中央公論新社　二〇一三年）
松野修『近代日本の公民教育』（名古屋大学出版会　一九九七年）
町田祐一『近代日本と「高等遊民」』（吉川弘文館　二〇一〇年）
水島朝穂・大前治『検証　防空法』（法律文化社　二〇一四年）
水野直樹『創氏改名』（岩波書店　二〇〇八年）
三澤真美恵『「帝国」と「祖国」のはざま』（岩波書店　二〇一〇年）
三和良一・原朗編『近現代日本経済史要覧』補訂版（東京大学出版会　二〇一〇年）

三和良一『概説日本経済史　近現代』（東京大学出版会　一九九三年）
森永卓郎監修『物価の文化史事典』（展望社　二〇〇八年）
山田朗『軍備拡張の近代史』（吉川弘文館　一九九七年）
山田朗『護憲派のための軍事入門』（花伝社　二〇〇五年）
山中恒『暮らしの中の太平洋戦争』（岩波書店　一九八九年）
山中恒『子どもたちの太平洋戦争』（岩波書店　一九八六年）
山室信一『憲法9条の思想水脈』（朝日新聞社　二〇〇七年）
楊大慶［ヤンダーチン］（小沢弘明訳）「歴史家への挑戦」（『思想』八九〇　一九九八年）
吉田裕『アジア・太平洋戦争』（岩波書店　二〇〇七年）
吉田裕『日本の軍隊』（岩波書店　二〇〇二年）
吉田裕・森茂樹『アジア・太平洋戦争』（吉川弘文館　二〇〇七年）
吉見俊哉『ポスト戦後社会』（岩波新書　二〇〇九年）
吉見直人『終戦史』（NHK出版　二〇一三年）
吉見義明『従軍慰安婦』（岩波書店　一九九五年）
吉見義明『焼跡からのデモクラシー』上・下（岩波書店　二〇一四年）
INAXギャラリー名古屋企画委員会企画『名古屋のモダニズム』（INAX　一九九〇年）

あとがき

なぜ太平洋戦争が起きたのか知りたくて、大学入学と同時に日本近現代史研究のまねごとをはじめて三十数年、職業としての研究者歴も二五年になる。昭和史を主な研究分野としてきた以上、新書版『昭和史』執筆の機会をいただけたことは大変ありがたいことで、おもしろく、役に立つ本になるよう、精一杯がんばってみた。ただし、本書のできばえについての判断は、読者のみなさんにお任せするほかない。

本書に盛り込みたいこと、盛り込むべきことはもっとあったが、昭和史を新書一冊にまとめるという形では、これが現在の自分の力量の限界である。今後も研鑽を積んで、力量のさらなる向上を期したい。

それでも、冒頭にも書いたように、本書が、昭和史や日本近現代史について考えたり議論したりする際の手がかりとして（批判的にであっても）活用され、人類社会のよりよき未来を模索することに少しでも資するならば、これに過ぎる喜びはない。

最後に、本書執筆の機会を与えてくださった編集担当の小船井健一郎氏、思わぬ誤記を指摘してくださった校閲担当の方、原稿の最初の読者であった妻に、さらに、たくさんの勉強の機会を与えてくださっている、実に多くの方々に感謝の意を表したい。

古川隆久

二〇一六年三月

若槻礼次郎内閣（第一次）　18, 77, 79-82, 85, 92
若槻礼次郎内閣（第二次）　76, 98, 101, 103
ワシントン会議　18, 56
ワシントン海軍軍縮条約　56
早稲田大学　282, 337

や行

靖国神社　68
闇市　225, 237
闇取引　157, 160, 196, 266
輸出入品等臨時措置法　144
翼賛政治会　187, 223, 239
翼賛政治体制協議会　185, 186, 239
翼賛選挙　138, 185, 186, 221, 238–240
翼賛壮年団　186
吉田茂内閣（第一次）　226, 240, 249, 282
吉田茂内閣（第二次）　226, 254
吉田茂内閣（第五次）　274
四日市ぜんそく　319, 320
「よど」号事件　298, 335
予備役　45, 47, 48, 121, 123, 197
予備士官　48, 197
読売巨人軍　343
『読売新聞』　179, 249, 264
読売新聞社　171
四カ国条約　56

ら行

落語　68
ラジオ　12, 18, 38, 69, 132, 133, 163, 170, 179, 185, 204, 209, 216, 229, 268, 282, 283
ラバウル占領　189
陸軍士官学校　46, 47
陸軍省　36, 49, 119, 120, 193, 221
陸軍大学校　47, 119, 241, 242
陸軍幼年学校　47, 155, 242
リクルート問題　360
立憲政友会　18, 31, 36, 78–87, 89, 95, 96, 101, 103, 107, 108, 110, 113, 115, 117, 121, 123, 124, 159, 186, 240
立憲民政党　76, 85, 86, 92, 94, 97, 108, 117, 122, 124, 158, 186
リットン調査団　109, 110
琉球王国　21
流行歌　132, 133, 178, 179, 209, 267
良妻賢母　64
臨時教育審議会（臨教審）　357
臨時軍事費特別会計　144, 207
臨時資金調整法　144
冷蔵庫　284, 297, 299, 302, 305
『レイテ戦記』　197
レイテ島　139, 189, 197
レイテ沖海戦　139, 197
レッドパージ　256
連合国　196, 198, 203–205, 217, 226, 227, 229, 231, 232, 236, 241, 258, 294
連合国軍　226, 227, 229, 231, 232, 236, 258
連合国軍総司令部→GHQ
連合赤軍　335
連隊　49, 143, 192
ロイター通信　39
浪曲　68, 69
労働組合　66, 236, 249, 271, 277, 286, 348, 349
六・三・三制　250
六〇年安保闘争　277, 286–288, 294, 331–334
盧溝橋事件　138, 139–142, 192
ロシア革命　114
ロシア帝国（露）　18, 21, 22, 43, 50, 52, 56, 63, 101, 114, 146, 147, 172, 218
ロッキード事件　298, 349–351
ロンドン海軍軍縮条約　76, 96

わ行

YS-11　306

ベビーブーム　322
偏差値　322
保安隊　226, 262, 264
防共協定強化問題　155
防空壕　211
防空法　199, 222
北支事変　140
北伐　76, 89
北部仏印　138, 160, 162
北部仏印進駐　138, 162
保守合同　278, 279
ポツダム宣言　138, 203, 204, 235, 241, 245
北方領土問題　263, 279
ホテル・オークラ　310
ホテル・ニューオータニ　310
香港　22, 129, 189
本間家　62

ま行

マーシャル諸島　23, 189
まつかぜ（特急）　306
松川事件　226, 256
『待つて居た男』　209
マリアナ諸島　23, 189
マリアナ沖海戦　189
マルクス主義　293, 334
マレー沖海戦　189, 208, 253
満州　22, 23, 48, 50, 57, 59, 76, 77, 89–91, 97–102, 104–113, 120, 123, 125, 128, 129, 145, 152, 154, 155, 157, 166, 168, 169, 172, 173, 177, 179, 182, 198, 203, 205, 213, 215, 230, 233, 241–243, 251, 372, 374
満州国　76, 98, 104–107, 109, 110, 112, 123, 129, 152, 154, 155, 166, 169, 177, 182, 189, 198, 205, 230, 233, 242, 372
満州事変　50, 76, 77, 98–103, 108–111, 124, 145, 152, 157, 168, 171, 172, 199, 213, 215, 241, 243, 251, 372
「満州娘」　179
満　鉄　22, 23, 48, 76, 99, 104, 106, 110, 128
満鉄付属地　22, 48, 104, 106, 110
三池炭鉱争議　298, 292, 293
三河島事故　298, 316, 317
三鷹事件　226, 256
三井鉱山　292
三　井（財　閥）　54, 107, 248, 292, 319
ミッドウェー海戦　138, 188, 189, 218–220
三菱（財閥）　54, 248
『水戸黄門』　342, 343
水俣病（熊本）　226, 293, 319, 320, 323
南満州鉄道→満鉄
南満州鉄道付属地→満鉄付属地
民社党　358
民主自由党　254, 255
民主党（1947-1950 年）　254
民政党→立憲民政党
民法　64, 248
民本主義　29
『麦と兵隊』　179
無差別爆撃　198, 200
無産政党　32, 57, 85, 87, 117, 119, 238
無 条 件 降 伏　138, 203, 204, 206, 229
明治維新　18, 19, 21, 34, 54
明治憲法→大日本帝国憲法
明治十四年の政変　18
名神高速道路　307, 309
メーデー事件　226, 272, 273
木曜会　97, 118
モノレール　310, 312
モンペ　284

日本テレビ　283
『日本ニュース』　209
『日本評論』　72
『日本文学全集』　72
日本民主党（1954-1955年）　274-276
日本郵船　60, 129
『日本列島改造論』　344
日本労働組合総評議会→総評
ニュース映画　209
ニュルンベルク裁判　241
人間宣言　226, 237
農会　65
農地解放　248
農民組合　66
ノモンハン事件　138, 155
『ノンノ』　364

は行

売春防止法　226, 253
廃娼運動　65, 147
破壊活動防止法（破防法）　272
『8時だョ！　全員集合』　342, 343
はつかり（特急）　306
鳩山一郎内閣　275, 276, 278, 279, 290, 302
『ハナ子さん』　210
羽田沖全日空機墜落事故　318
バブル景気　298, 358
浜口雄幸内閣　76, 92-95, 98, 123
浜松高等工業学校　181
パラオ　23, 182, 189
ハリウッド映画　267-270, 284
『ハワイ・マレー沖海戦』　208, 253
反英運動　156
反軍演説事件　138, 158, 159, 186
万国博覧会（万博）　134, 153, 298, 299, 307, 308, 312-314, 364
『ぴあ』　341
B29　196, 198, 199, 225
B25　185
非核三原則　326, 327
引揚げ　229, 232, 233, 237
ビキニ環礁　276
日比谷公会堂　142
ビルマ　160, 189, 192, 217, 262, 271
『ビルマの竪琴』　271
フィリピン　189, 197, 216, 217
復員　229, 232, 237, 255, 266
不在地主　62
『婦人倶楽部』　179
婦人公民権法案　98
婦人参政権　65, 98, 226, 238, 239
不戦条約　76, 91, 99, 110, 146, 172, 173, 243
二葉会　96
仏印（フランス領インドシナ）　138, 160, 162, 167
普通選挙（普選）　18, 29-33, 37, 40, 57, 77-79, 84-86, 187
普通選挙法　18, 29, 32, 40
仏教　68
普仏戦争　43
プラザ合意　298, 359
プランゲ文庫　270
フランス（仏）　37, 43, 44, 52, 55, 91, 109, 138, 159-160, 162, 167, 230, 231, 331
プロイセン（普）　43
『文学界』　213
文官高等試験　38, 63, 114
文官任用令　84
『文藝春秋』　72, 347
分党派自由党　274
幣制改革　109, 113
平成改元　298, 359, 360
北京　48, 89, 99, 113, 139, 189, 345

隣組　165, 253
ドル・ショック　298, 330

な行

内閣官制　26
内閣情報部　145, 163
内大臣　27, 32, 34, 91, 104, 120, 157, 158, 161, 168, 200, 234, 236, 241
内務省　36, 37, 68, 71, 116, 150, 164, 165, 222, 234
中支那方面軍　148
長沼ナイキ訴訟　265
ナチス　122, 123, 146, 159, 165, 202
南京　23, 138, 148–151, 155, 189, 241, 243
南京虐殺事件（南京事件）　138, 150, 151, 241, 243
南部仏印　138, 167
南部仏印進駐　138, 167
南洋群島　23, 183
新潟水俣病　319, 320
二・一スト　226
二十一カ条要求→対華二十一カ条要求
日大全共闘　338, 339
日大闘争　298, 338–340
日独伊三国同盟　138, 158, 162, 163, 166
日独防共協定　76, 122
日米安保条約　226, 262, 263, 286, 377
日米安保条約改定阻止国民会議　226, 286
日米交渉　138, 166, 168
日米地位協定　264, 285
日米通商航海条約　138, 156
日米防衛協力のための指針　298, 352
日米諒解案　166
日満議定書　109
日露戦争　18, 22, 43, 50, 52, 56, 63, 101, 146, 147, 172
日活　131
日韓基本条約　298, 324
日航ジャンボ機墜落事故　366
日産自動車　144
日章丸　306
日清戦争　18, 21, 57, 63, 172, 265
日ソ基本条約　18, 57
日ソ国交回復　226, 279
日ソ中立条約　138, 166, 205
日中国交回復　345
日中共同声明　298, 345
日中戦争　34, 45, 48, 77, 85, 125, 128, 138, 139, 142, 143, 145, 160, 173, 175, 177, 179, 182, 184, 190, 191, 198, 205, 207, 208, 213, 216, 241, 243, 273, 310
二・二六事件　75, 76, 109, 120–122, 272
日本共産党　87, 88, 238, 248, 249, 256, 260, 275, 316, 332, 338, 346, 358
日本銀行　55, 80, 122
日本航空　282
日本国憲法　226, 245, 246, 248, 252, 253, 265, 266, 272, 287, 294, 319, 323, 364, 375–377
日本国憲法第九条　245, 246, 248, 265, 266, 377
日本社会党　226, 238, 240, 253, 254, 260, 275, 277, 278, 285–288, 292, 301, 316, 346, 358
日本住宅公団　280
日本自由党（1945–1948年）　238, 240, 253, 254
日本進歩党　238, 240, 253
日本赤軍　366, 367

燕（特急）　127, 128
つばめ（特急）　291
鶴見事故　316
D51　128
D52　194
帝国議会　27, 28, 32, 30, 73, 87, 117, 123, 139, 164, 221–224, 373
帝国国防方針　43, 372
帝国在郷軍人会　83
逓信省　36, 37, 60
ディスカバー・ジャパン　364
ディズニー　132
鉄道省　36, 37, 58, 182
テレビ　71, 135, 181, 182, 226, 283, 284, 290, 291, 293, 297, 299, 302, 305, 311, 312, 333, 336, 340–343, 365
電気洗濯機→洗濯機
電気冷蔵庫→冷蔵庫
天津　24, 57, 60, 100, 138, 156
天津封鎖問題　138, 156
電通（日本電報通信社）　99
伝統右翼　32, 95, 96, 114, 115, 124, 125, 164
伝統邦楽　68, 69, 133
天皇機関説　76, 114–116, 123, 173
天皇主権　25, 29, 85, 375
天皇大権　26, 27
ドイツ（独）　23, 24, 43, 52, 76, 111, 122, 138, 142, 146, 155, 156, 159–163, 166, 167, 173, 174, 181, 202, 241, 244, 321, 330, 334, 359, 361
東亜新秩序　138, 153, 154, 158, 216, 372
東亜新秩序声明　138, 153, 154
東海道新幹線　182, 298, 307–309, 311, 313, 334, 356
灯火管制　185, 229
『東京朝日新聞』　39
東京オリンピック（1940年）　153, 182, 310
東京オリンピック（1964年）　298, 299, 307, 310–312
「東京行進曲」　133
『東京五人男』　266
東京裁判　226, 241–244, 262
東京証券取引所　304
東京大空襲　138, 200, 201
東京タワー　291
東京帝国大学　38, 42, 63, 101
東京都　37, 222, 310, 315–317, 357, 362
『東京日日新聞』　39
東京万博（1940年）　134, 153
東京府立第一中学校　42
東宮御学問所　20
東条英機内閣　138, 168, 169, 197, 220, 222, 223, 236, 241, 284
統帥権　32, 50, 95, 108
統帥権干犯　95
統帥権の独立　50, 95, 108
統制派　118–121, 123, 124
東大全共闘（東大闘争全学共闘会議）　338
東大闘争　298, 337–340
東宝　131, 177, 180, 210, 249, 266, 267
東方会　124, 186
東宝争議　249
東北新幹線　354, 356
東名高速道路　309
同盟通信社　145
洞爺丸事故　226, 294, 295
特設師団　143, 146
独ソ不可侵条約　138, 155
特高（特別高等警察）　28, 87, 213, 235
特攻　137, 138, 204, 205, 228
特攻隊　137, 138, 204

273
大本営　50, 146, 161, 169
大本営政府連絡会議　161
対満事務局　106
代用燃料車　181
代用品　180
台湾（日本統治下）　21, 23, 24, 38, 55, 59, 60, 80, 84, 184, 189, 198, 202, 230, 233
台湾（中華民国）　230, 262, 263, 345
台湾銀行　55, 80, 84
台湾総督府　38
竹島問題　263
『他山の石』　152
龍田丸　129
田中義一内閣　76, 81, 84–86, 89, 91, 92
田中角栄内閣　346, 348, 350
「旅の夜風」　178
塘沽停戦協定　76
丹那トンネル　76, 128
治安維持法　18, 28, 57, 76, 78, 87–89, 91, 165, 212, 237
治安警察法　28, 187
蓄音機　70, 180
チクロ　322
千島・樺太交換条約　18
千島列島　18, 23, 205, 231
秩父丸　129
チッソ　293, 320
『中央公論』　143, 150
中央自動車道　309
中学校（旧制）　41, 42, 46, 47, 71, 190
中学校（新制）　41, 250, 251, 357, 358, 365
中華人民共和国→中国
中華民国→中国・台湾
中国（清朝以前）　11, 19, 21, 22, 23, 100
中国（中華民国）　23, 24, 34, 44, 45, 48, 49, 54, 56, 57, 59, 60, 72, 77, 80, 81, 85, 89–91, 99, 104, 105, 107, 109–113, 123, 125, 128, 130, 138–156, 159–162, 166–168, 172, 173, 175, 177–179, 182, 184, 189, 190, 191, 197, 198, 203, 205, 207, 208, 213, 214, 216, 218, 229–231, 241, 243, 273, 310, 373, 375
中国（中華人民共和国）　226, 230, 233, 244, 257, 258, 262, 263, 298, 301, 345, 348, 358, 368
中国共産党　57, 90, 140, 150, 229, 230, 345
中国国民党　57, 112, 140, 230
中国残留孤児問題　233
中等学校野球大会　133
中労委（中央労働委員会）　293
張鼓峰　138, 151, 152, 174
張鼓峰事件　138, 151, 152, 174
張作霖爆殺事件　76, 88–91, 102, 372
朝鮮　21, 22, 23, 24, 30, 38, 55, 59, 60, 105, 106, 108, 123, 128, 148, 184, 190, 198, 226, 227, 230, 233, 252, 257–259, 261, 274, 295, 324, 335, 358, 376
朝鮮学校　252
朝鮮銀行　55
朝鮮総督府　38
朝鮮民主主義人民共和国→北朝鮮
町内会　165, 195
徴兵検査　44, 46, 197
徴兵制　43, 44, 198
徴兵逃れ　46
超法規的措置　367
勅選議員　32, 36, 83
対馬丸　193, 195
『土と兵隊』　179

青函トンネル　294, 354
青函連絡船　294
聖戦　143, 159, 173
聖戦貫徹議員連盟　159
「贅沢はできない筈だ」　183
西南戦争　18, 35
青年学校　42
政友会→立憲政友会
政友本党　31, 78, 79, 85, 86
政令二〇一号　249
世界恐慌　76, 92, 94, 96, 102, 103, 108, 118, 131, 135, 211, 237
世界情勢の推移に伴う時局処理要綱　162
石油ショック　298, 344, 346, 347
セブン-イレブン　362
零戦　217-219
全学連　286, 332, 338, 339
戦艦大和　202
戦時緊急措置法　203
戦時国際法　142, 149, 198-199, 241, 243
戦時標準船　193
戦争責任　234-236, 238, 242, 307, 348, 369, 370
洗濯機　284, 297, 299, 302, 305
全日本学生自治会総連合→全学連
『旋風二十年』　271
専門学校（旧制）　41, 42, 63, 64
創氏改名　184
造船疑獄　274
総評　286, 293, 348
総力戦研究所　169
租界　24, 156
祖国復帰運動（沖縄）　278
ソビエト社会主義共和国連邦（ソ連）　18, 44, 52, 57, 106, 118, 138, 140, 144, 151, 152, 155, 156, 159, 161, 162, 166, 167, 174, 175, 189, 203, 205, 218, 226, 230, 231, 233, 244, 257, 258, 262, 263, 279, 311, 314, 361
ゾルゲ事件　174, 175, 271
ソ連参戦　139, 189, 203

た行

第一高等学校　42
第一次世界大戦　18, 23, 24, 44, 48, 52, 54-57, 63, 65, 79, 80, 93, 97, 215, 374, 377
大映（大日本映画制作）　180
大学入試センター試験　357
大学紛争　280, 298-300, 331, 337-341
大学予科　41
大河ドラマ　342
対華二十一カ条要求　18, 57
大韓帝国（1897-1910年）　22, 23
大韓民国→韓国
第五福竜丸　226, 276
第三次臨時行政調査会　356
大正改元　18
大審院　28, 187
大西洋憲章　138, 215, 216
大政翼賛会　138, 158, 163-165, 183, 194, 211, 239
大東亜会議　138, 217
第二次世界大戦　138, 161, 329, 331
対日理事会　232
大日本航空　182
大日本政治会　223
大日本帝国憲法　18, 22, 25, 26, 29, 32, 33, 34, 35, 38-40, 68, 73, 82, 86, 114, 115, 117, 158, 163, 164, 167, 186, 245, 375, 376
太平洋戦争　45, 130, 137-139, 144, 148, 156, 166, 170, 172, 182, 189, 192, 196, 207, 208, 213, 214, 216, 217, 219, 235, 241-243, 246, 267,

上海事変（第一次）　76, 104
上海事変（第二次）　138, 141
上海派遣軍　143, 146, 148
「上海ブルース」　179
十月事件　76, 101
衆議院　29-33, 36, 78-80, 84, 85, 87, 94, 96, 98, 103, 108, 110, 117, 123, 124, 158, 159, 165, 186, 187, 200, 220, 222, 223, 226, 236, 238, 239, 247, 248, 254, 275, 286, 287
衆議院議員選挙法　29, 30, 78, 238
従軍慰安婦　147, 148
重慶　150, 154, 199
終戦の詔書　229
集団就職　315
自由党（明治時代）　31
自由党（1950-1955年）　274, 275, 285
『週報』　145, 164
自由民権運動　31, 34, 43
自由民主党（自民党）　12, 226, 278, 282, 286-288, 290, 299-302, 325, 335, 346-349, 351, 356, 358, 360, 361
受験戦争　280, 340, 357
出版法　28, 143
ジュネーヴ条約　46, 149
巡幸　237, 272, 274
順法闘争　349
上越新幹線　354, 356
『少女倶楽部』　134, 179
松竹　131, 177, 180, 283
昭電疑獄　254
『少年倶楽部』　134, 179
消費税　298, 359, 360
情報局　163, 216
条約派　95, 113
昭和改元　18, 20, 23, 27-29, 40, 41, 43, 48-50, 52, 55, 72, 77, 79
昭和恐慌　94, 119, 127, 131, 153
昭和（金融）恐慌　76, 77, 79-84
昭和大喪　369
昭和電工　254, 319
『書経』　19
食糧デモ　240
女性差別撤廃条約　365
ジラード事件　284, 285
新安保条約　226
新幹線　59, 181-183, 292, 298, 307-309, 311, 313, 334, 344, 345, 351, 354, 356
新国民生活運動（新生活運動）　253
新左翼　332, 365
新自由クラブ　351, 358, 361
真珠湾　170, 171, 189, 208
真珠湾攻撃　170, 171, 189, 208
尋常小学校　39-42, 62, 63, 251
新体制運動　138, 160, 161, 163-165
新体制準備委員会　163, 164
清朝→中国
神道　68
新東宝　249
新聞紙法　28, 143, 150
神武景気　279, 289
「人類の進歩と調和」　312
すいとん　211
枢軸国　198, 216
枢密院　27, 32, 80-82, 87, 95, 155, 162, 234, 236
鈴木商店　80
スチムソン・ドクトリン　100
ステープルファイバー（スフ）　180
スト権スト　298
スバル三六〇　306
住友（財閥）　54, 248
西安事件　140
請願委員会　222

護憲運動（第二次）　18, 33, 36, 78, 83
護憲三派内閣　36, 77, 78, 81, 82, 103
五族協和　105
小平事件　238
こだま（特急）　226, 291, 306, 308
こだま（新幹線）　308
国家総動員法　138, 151, 157, 165, 194
近衛文麿内閣（第一次）　76, 125, 140, 141, 145, 151, 155, 243
近衛文麿内閣（第二次）　138, 161, 169
近衛文麿内閣（第三次）　138, 167
雇用機会均等法　364, 365
コンビニエンスストア　362, 363

さ行

済南事件　76, 89
在日韓国人　324, 376
在日朝鮮人　252, 376
サイパン　138, 182, 189, 196, 197, 206
サイパン陥落　138, 189, 196, 197, 206
在米日本資産凍結　167
『サザエさん』　342, 343
『細雪』　130
佐藤栄作内閣　298, 300, 302, 314, 323-328
左派社会党　260, 275, 278, 286, 292, 301
サリドマイド　298, 321
三・一五事件　76, 87
三月事件　76, 96
参議院　247, 254, 287, 347, 360
産業組合　65
産業報国会　252, 253
三公社の民営化　355, 356
三国同盟→日独伊三国同盟
三種の神器　297, 305
山東出兵（第一次）　76, 89
山東出兵（第二次）　76, 89
三派全学連　332, 338, 339
サンフランシスコ講和条約　226, 227, 261, 262, 264
参謀本部（陸軍）　32, 50, 140, 155, 193
山陽新幹線　354
GHQ　231, 235-237, 239, 245, 246, 249, 254-256, 260, 264, 266-272, 276
自衛隊　226, 264-266, 285, 352
JTB（日本旅行文化協会）　58, 128
侍従武官長　116, 236
師　団　48, 49, 120, 143, 144, 146, 147, 192, 193
私鉄疑獄　92
支那事変　141
支那駐屯軍　48, 112, 139
『支那の夜』　176-179, 270
「支那の夜」　179
シベリア　128, 233
シベリア抑留　233, 234
下山事件　226, 256
社会大衆党　117, 124
社会党→日本社会党
社会民衆党　85
社会民主連合　358
『写真週報』　145
ジャズ　132, 133, 210, 267-270
ジャズ小唄　132
『ジャパン・アズ・ナンバーワン』　352
三味線　68, 69
上海　24, 57, 60, 76, 104, 123, 129, 130, 138, 141-143, 146-148, 151, 178, 179, 189

374
『憲法義解』 25
憲法研究会 246
憲法草案要綱 246
元老 26–27, 32, 78, 81, 92, 97, 101, 103, 107, 108, 113, 121, 123, 125, 152, 156, 174, 251
言論出版集会結社等臨時取締法 237
五・一五事件 76, 77, 107
公害対策基本法 298, 320
光化学スモッグ 315
皇居 183, 200, 231, 240, 272
皇居前広場 183, 240, 272
皇室 18, 20, 33, 34, 53, 125, 245, 246, 273, 329, 331
皇室外交 329, 331
皇室典範 18, 33
公職追放 226, 239, 240, 256, 263, 274, 284
厚生運動 210
厚生省 207, 320, 321
講談 68, 343
講談社 72, 179
交通施設整備法 316
交通戦争 316, 376
公定価格 157
高等学校（旧制） 41, 42
高等学校（新制） 249, 251
高等小学校 41, 62, 250, 344
高等女学校 41, 64, 71
皇道派 119–121, 123
高度経済成長（高度成長） 135, 266, 289, 299–303, 305–307, 312, 314, 315, 317–320, 322, 323, 329, 340, 346, 352, 354, 355, 357, 361, 362, 364, 376
『紅白歌合戦』 341
後備役 45
降伏文書調印 139, 205, 226, 229
皇民化運動 184
公明党 301, 358
公労協（公共企業体等労働組合協議会） 348, 349, 357
国際反戦デー 333, 334
国際婦人年 365
国際連合（国連） 226, 227, 231, 257, 279, 345, 365
国際連盟 18, 23, 55, 56, 76, 99–102, 107, 109–112, 146, 152, 159, 172, 173, 213, 231, 243
国勢調査 24
『国体原理』 115
『国体の本義』 76, 116
国体論 114–117, 119, 164, 173, 204, 214–216, 220, 221, 236, 335, 372
国鉄（日本国有鉄道） 37, 58, 127, 128, 194, 255, 256, 287, 292, 294, 298, 305, 307, 313, 316–318, 333, 334, 348, 349, 355, 356, 364
国鉄民営化 298, 355–357
『国防の本義と其強化の提唱』 76, 118
国防保安法 165, 174, 236
国民革命軍 89
国民学校 190, 191, 250
国民義勇隊 203
国民協同党 254, 257
国民健康保険 67, 207, 290
国民社会主義ドイツ労働者党→ナチス
国民主権 245, 246, 375
国民精神総動員運動 138, 142
国民年金 282, 290
国民民主党 257, 274
国立競技場 310
黒龍会 32
国連軍 231, 257
護憲運動（第一次） 18

韓 国　18, 230, 257, 258, 263, 323, 324, 335, 358, 376
韓国併合　18, 22
環状七号線　310
艦隊派　95
関東軍　48, 90, 98-100, 104-106, 110, 123, 155
関東州租借地　22, 23, 48, 104, 106, 110
関東大震災　18, 52, 56, 80
幹部候補生　47
関門トンネル　138, 194
官吏服務紀律　38
議院内閣制　35, 247
企画院　138, 145, 168
『きけわだつみのこえ』　271
紀元二六〇〇年　183
岸信介内閣　226, 282, 285-288, 290
貴族院　29, 31-33, 36, 83, 89, 92, 98, 110, 114, 116, 121, 125
北朝鮮　230, 257, 258, 335
基本国策要綱　138, 161
『君の名は』　283
逆コース　263
九カ国条約　56, 99, 110, 146, 172, 173, 243
九七式飛行艇　183
教育委員会　250, 279
教育使節団　250
教育指導要領　250
教育勅語　18, 40
共産主義　12, 28, 32, 57, 78, 87, 88, 115, 154, 175, 212, 233, 249, 257, 261, 293, 328, 332, 334
行政査察　196
共通一次テスト　357
共同租界　24
京都帝国大学　42
協力内閣運動　101
協和会　123
玉音盤　204
玉音放送　228
極東委員会　232
極東国際軍事裁判→東京裁判
キリスト教　68
金解禁　76, 92-94
『キング』　18, 72, 110, 179
「近代の超克」　213
金融恐慌→昭和（金融）恐慌
勤労動員　190, 200
宮内省　34
宮内大臣　32, 34
『鞍馬天狗』　177, 178
軍機保護法　28
軍需景気　152, 153, 157, 175, 177, 179
軍需工業動員法　144
軍人勅諭　18, 43
軍部大臣現役武官制　123
軍令部（海軍）　32, 50, 95, 169
軍令部総長（軍令部長）　50, 95, 169
慶応義塾大学　337
『経済評論』　72
警察法　274
警察予備隊　226, 257, 261
警視総監　36
警防団　186
警保局長　36
欠陥車問題　321
決戦非常措置要綱　190
血盟団　107
検 閲　71, 150, 177, 178, 237, 247, 270
元帥　47
原水爆禁止運動　276
原水爆禁止世界大会　276
憲政会　31, 77-79, 81, 84, 85, 94
原爆　138, 200, 203, 204, 258, 276,

インスタントラーメン　362
インド　54, 109, 189, 192, 243, 262
インパール作戦　189, 192
ウーマンリブ　365
ヴェルサイユ講和条約　55
ウォークマン　13, 363
うたごえ喫茶　364
内ゲバ　334, 337
右派社会党　260, 275, 278, 286, 301
映画配給社　180
エイズ　323
NHK（日本放送協会）　38, 69, 132, 179, 182, 268, 283, 290, 311, 341
NTT　356, 359
援蔣ルート　160, 161
エンタープライズ　333
王道楽土　105
OECD（経済協力開発機構）　303
『大阪朝日新聞』　39
大阪大空襲　201
大阪万博（日本万国博覧会）　298, 299, 307, 308, 312-314, 364
『大阪毎日新聞』　39
おおぞら（特急）　306
小笠原諸島　23, 231, 262, 325, 326
沖縄　21, 23, 59, 138, 189, 193, 202, 206, 231, 262, 274, 277, 278, 298, 323-329, 332, 334, 368
沖縄海洋博覧会　328
沖縄戦　138, 202, 206, 277
沖縄振興開発計画　328
沖縄返還　298, 323-328, 332, 334
沖縄返還協定　298, 327
沖縄返還協定抗議集会　327
『おはなはん』　342
オランダ領インドシナ　156, 167
オリンピック→東京オリンピック

か行

海軍省　36, 49
海軍大学校　47
海軍兵学校　46
戒厳令　26, 121, 272
海上保安庁　257
改進党（明治時代）　31
改進党（1952-1954年）　274
『改造』　72
買い出し　211, 237
価格等統制令　157
学習院　20
学習指導要領　280
革新官僚　124
革新倶楽部　31, 36, 78, 103
学生運動　331-335, 337, 340, 365
学童疎開　191, 195
学徒出陣　190, 219
核抜き本土並み　327, 328
過激派　332-335, 337, 366, 367
下士官　48
霞が関ビル　306
華族　32, 372
ガダルカナル島徹退　138, 188, 189
学校教練　47, 48
活動弁士　72
加藤高明内閣→護憲三派内閣
歌舞伎　68, 71, 72
華北分離工作　112
神風タクシー　290
かもめ（特急）　305, 306
鷗（特急）　128
カラオケ　13, 299, 363
樺太　18, 21, 22, 23, 38, 57, 59, 60, 189, 205, 231, 233
カロリン諸島　23, 189
川西航空機　183
漢口　24

李香蘭→山口淑子
李承晩 257
リッジウェイ、マシュー 258
リットン→ブルワー＝リットン、ヴィクター
ルース、ベーブ 134
ルーズベルト、フランクリン 163, 166, 167
蠟山政道 112

わ行

若泉敬 327
若槻礼次郎 18, 76–82, 85, 92, 98, 99, 101, 103
渡辺錠太郎 120

事項索引

あ行

「愛国行進曲」 145
『愛情はふる星の如く』 271
『愛染かつら』 176–179
アイヌ 21
『青い山脈』 267
『赤穂浪士』 342
あさかぜ（特急） 291, 306
朝のテレビ小説 341
浅間山荘事件 335, 336
浅間丸 129
あじあ（特急） 76, 128
アッツ島 189
アッパッパ 284
奄美群島 324
アメリカ（米） 34, 40, 44, 52–57, 60, 70, 91, 93, 94–96, 100, 104, 109–111, 115, 117, 119, 128–130, 132–135, 138, 141, 145, 148, 150–153, 155, 156, 159–163, 166–173, 180, 181, 183, 185, 188, 193, 196, 197, 202, 203, 209, 210, 212, 214–218, 226, 228–236, 242, 248, 250, 255, 257–270, 274–278, 283–287, 289, 294, 295, 298, 303, 310, 311, 314, 321, 322, 324–330, 332–334, 345, 348, 349, 352, 358, 362, 366, 368, 375, 377, 378
阿波丸 193
『アンアン』 364
安全保障理事会 231
安保改定問題 277, 284, 285
硫黄島 23, 189
硫黄島の戦い 189
「生きてゐる兵隊」 150
イギリス（英） 22, 39, 43, 44, 52, 53, 55, 93, 95, 96, 109, 113, 122, 130, 138, 146, 150, 152, 155, 156, 159–161, 166, 170, 185, 192, 203, 209, 215, 216, 230, 231, 318, 330, 331
池田勇人内閣 288, 298, 300, 302
イスラム教 68
イタイイタイ病 319, 320
イタリア（伊） 44, 52, 55, 122, 138, 159, 161–163, 166, 173, 196
一撃講和論 196, 197, 220, 370
一世一元の制 19
一夕会 96, 118
『伊那の勘太郎』 208
委任統治領 22, 23, 111
犬養毅内閣 76, 103, 108, 118
岩戸景気 289

花菱アチャコ　131
馬場鍈一　122
馬場恒吾　246
浜口雄幸　76, 85, 92–98, 103, 123
浜田国松　123
早坂文雄　214
林銑十郎　76, 120, 124, 125, 172
林長二郎→長谷川一夫
林房雄　213
原敬　18, 81–84, 103
原田熊雄　101, 156
原嘉道　162
ハル、コーデル　169
パル、ラダ・ビノード　243
阪東妻三郎　131
東久邇宮稔彦王　234, 235
ヒトラー、アドルフ　122, 240
火野葦平　179
平泉澄　236
平沼騏一郎　138, 155, 157, 158, 234, 236, 241
広田弘毅　76, 121–123, 126, 241, 242
裕仁皇太子→昭和天皇
フォード、ジェラルド・R　348
溥儀　100, 104, 105, 230, 242
福田赳夫　351
藤山一郎　133
古川ロッパ　131, 200
古橋広之進　256
ブルワー=リットン、ヴィクター　110
細川護煕　298, 360
本庄繁　236

ま行

前田米蔵　200
牧野伸顕　91, 120
真崎甚三郎　119–121
松岡洋右　111, 161–163, 166, 167, 241
松尾尊兊　234
マッカーサー、ダグラス　226, 231, 232, 234, 235, 244, 257, 258, 260, 273
松田道一　112
マルクス、カール　293, 334, 335
三木武夫　253, 298, 347–351
水野広徳　246
美濃部達吉　114–116
美濃部亮吉　316
宮沢喜一　360
三好達治　213
牟田口廉也　192, 193
明治天皇　25, 35, 40, 117, 164, 168
森正蔵　271
諸井三郎　213

や行

矢内原忠雄　143, 174
山県有朋　34, 35, 374
山口淑子（李香蘭）　177
山村新治郎　335
山本宣治　87, 89
湯浅倉平　157, 158, 161
湯川秀樹　256
横田喜三郎　102, 174
横山エンタツ　131
吉田茂　226, 240, 248, 249, 253–255, 259–262, 264, 266, 274, 275, 282
吉田善吾　161
吉田隆子　212
吉野作造　30, 102
吉満義彦　213
吉見義明　271
米内光政　138, 158, 161

ら行

力道山　283

ジョンソン、リンドン　325
ジラード、ウィリアム・S　284, 285
末次信正　95
杉浦重剛　20
鈴木貫太郎　120, 138, 202, 234
鈴木喜三郎　85, 86
鈴木善幸　351, 355, 356
スチムソン、ヘンリー　100
ゾルゲ、リヒャルト　174, 175, 271

た行

大正天皇　17-20, 33, 78, 79
大鵬　299, 343
高橋是清　82, 83, 103, 108, 109, 118, 120, 127
高峰秀子　210
高柳健次郎　181
財部彪　95
竹下登　298, 359, 360
竹山道雄　271
立作太郎　101, 174
立花隆　348
田中角栄　298, 344-352, 355, 359
田中義一　76, 78, 79, 81-86, 89, 91, 92, 103
田中絹代　131, 177
谷崎潤一郎　130
ダレス、ジョン・フォスター　260
団琢磨　107
チャップリン、チャールズ　70
張燕京　106
張学良　91, 99, 140
張作霖　57, 76, 88-91, 102, 372
全斗煥　358
円谷英二　208
津村秀夫　213
ディック・ミネ　133
手塚治虫　342
寺内寿一　123
東郷茂徳　236, 241
東条英機　97, 118, 138, 161, 168, 169, 188, 190, 193, 196, 197, 200, 220, 222, 223, 235, 236, 238, 241, 242, 284
鄧小平　348
頭山満　32
徳田球一　256
徳富蘇峰　236
戸塚宏　357
ドッジ、ジョゼフ　256
轟由起子　210
豊田貞次郎　167, 168
トルーマン、ハリー・S　260

な行

永井荷風　200
中曽根康弘　298, 355-359
永田鉄山　76, 97, 118-120
中野正剛　124, 186, 187
中村光夫　213
ニクソン、リチャード　329, 330, 345
西谷啓治　213

は行

ハーター、クリスティアン・アーチボルド　286
灰田勝彦　210
朴春琴　30
朴正煕　324
長谷川一夫（林長二郎）　131, 177, 208, 209
長谷川町子　342
服部富子　179
服部良一　133, 267
鳩山一郎　159, 186, 187, 223, 238, 240, 274-276, 278, 279, 290, 302

か行

海部俊樹　360
笠置シヅ子　267
片岡千恵蔵　131
片岡直温　80
片山哲　226, 253, 254
加藤高明　18, 77, 78, 85, 92
加藤寛治　95
亀井勝一郎　213
河上徹太郎　213
川上哲治　299, 343
韓雲階　106
樺美智子　288
キートン、バスター　70
キーナン、ジョセフ　242
菊池正士　213
岸信介　105, 223, 226, 235, 274, 275, 282, 284-288, 290
北一輝　119, 121
木戸幸一　104, 161, 168, 200, 234, 236, 241
木戸孝允　161
金日成　257
清沢洌　112, 143, 154, 163, 174, 212, 246
清瀬一郎　287
桐生悠々　152, 174, 251
久我美子　249
黒澤明　214
小磯国昭　138, 197, 200, 202
香淳皇后（久邇宮良子）　19, 20, 232, 306, 330
皇后美智子（正田美智子）　290
小唄勝太郎　133
河本大作　90, 97
古賀政男　133
近衛文麿　76, 109, 110, 121, 125, 126, 138-144, 151, 154, 155, 157, 160-164, 166-169, 174, 224, 234, 236, 238, 243
小林多喜二　88

さ行

西園寺公望　26, 27, 78, 81, 92, 97, 101, 103, 107, 108, 113, 121, 123-125, 152, 156, 161, 174, 251
斎藤隆夫　138, 158, 159, 186, 187, 238
斎藤実　76, 108, 109, 113, 118, 120
向坂逸郎　292, 293
笹川良一　186, 187
佐藤栄作　255, 274, 298-302, 314, 320, 323, 325-328, 332, 334, 338, 345
佐藤千夜子　133
佐藤尚武　125, 172
ザ・ドリフターズ　342
重光葵　241
幣原喜重郎　81, 92, 93, 96, 99, 100, 112, 236, 238, 245
品川主計　106
島田叡　202
嶋田繁太郎　241
下村定　238
下村寅太郎　213
下山定則　226, 256
蔣介石　57, 76, 89, 138, 140, 141, 150, 151, 153, 154, 160, 167, 170, 173, 229, 230, 233
正田美智子→皇后美智子
昭和天皇（裕仁皇太子）　18-20, 32, 33, 44, 81, 86, 87, 91, 92, 95, 96, 101-104, 108, 110, 112, 113, 115, 116, 119, 120, 123, 152, 155-158, 161, 162, 166-169, 174, 184, 186, 188, 200, 202, 204, 220, 221, 223, 226, 232, 234, 235, 237, 242, 272, 273, 298, 306, 307, 330, 331, 348, 368-370, 372

人名索引

あ行

相沢三郎　120
アイゼンハワー、ドワイト・D　285, 287, 288
赤尾敏　186, 187
秋田清　251
明仁（今正天皇）　243, 290, 291
朝倉毎人　144
芦田均　110, 159, 186, 187, 212, 226, 236, 254, 255
飛鳥田一雄　316
安達謙蔵　101
阿南惟幾　202, 204
阿部信行　138, 157, 158
天羽英二　112
荒木貞夫　118, 119, 121
嵐寛寿郎　70, 131, 177, 178
淡谷のり子　133
池田勇人　255, 288, 298, 300, 302, 325
池部良　249
石井菊次郎　200
石川達三　150
石橋湛山　282, 290
石原莞爾　97, 98, 100, 102, 140
板垣征四郎　97-99, 106, 152, 155, 241
一ノ瀬俊也　228
伊藤博文　25, 34, 35, 374
伊東巳代治　80, 81
犬養健　274
犬養毅　76, 78, 103, 104, 107-109, 118
井上準之助　94, 101, 107
井上日召　107
伊福部昭　214
今泉定助　115
ウエッブ、ウィリアム　242
上原謙　131, 177
ヴォーゲル、エズラ　352
宇垣一成　76, 96, 123
宇垣纏　205
宇野宗佑　360
梅津美治郎　202
榎本健一（エノケン）　131, 177, 209, 270
エリザベス女王（エリザベス二世）　330
エンタツ・アチャコ→横山エンタツ、花菱アチャコ
王貞治　299, 343
汪兆銘　153, 154, 230
大岡昇平　197
大川周明　242
大久保利通　35
大隈重信　35, 374
大達茂雄　106
大平正芳　351
岡田啓介　76, 95, 113, 121
緒方竹虎　279
小川平吉　92
小熊英二　331
奥村喜和男　216
尾崎秀実　174, 175, 271
尾崎行雄　159, 187, 246
小沢一郎　287
小沢佐重喜　287
尾上松之助　70

ちくま新書
1184

昭和史《しょうわし》

二〇一六年五月一〇日　第一刷発行

著　者　古川隆久（ふるかわ・たかひさ）
発行者　山野浩一
発行所　株式会社 筑摩書房
東京都台東区蔵前二-五-三　郵便番号一一一-八七五五
振替〇〇一六〇-八-四一二三
装幀者　間村俊一
印刷・製本　株式会社 精興社

乱丁・落丁本の場合は、左記宛にご送付ください。
送料小社負担でお取り替えいたします。
ご注文・お問い合わせも左記へお願いいたします。
〒三三一-八五〇七　さいたま市北区櫛引町二-六〇四
筑摩書房サービスセンター　電話〇四八-六五一-〇〇五三

ISBN978-4-480-06887-3 C0221

ちくま新書

948
日本近代史
坂野潤治
この国が革命に成功し、わずか数十年でめざましい近代化を実現しながら、やがて崩壊へと突き進まざるをえなかったのはなぜか。激動の八〇年を通観し、捉えなおす。

1096
幕末史
佐々木克
日本が大きく揺らいだ激動の幕末。そのとき何が起き、何が変わったのか。黒船来航から明治維新まで、日本の生まれ変わる軌跡をダイナミックに一望する決定版。

935
ソ連史
松戸清裕
二〇世紀に巨大な存在感を持ったソ連。「冷戦の敗者」「全体主義国家」の印象で語られがちなこの国の内実を丁寧にたどり、歴史の中での冷静な位置づけを試みる。

1082
第一次世界大戦
木村靖二
第一次世界大戦こそは、国際体制の変化、女性の社会進出、福祉国家化などをもたらした現代史の画期である。戦史的経過と社会的変遷の両面からたどる入門書。

846
日本のナショナリズム
松本健一
戦前日本のナショナリズムはどこで道を誤ったのか。なぜ東アジアは今も一つになれないのか。近代の精神史の中に、国家間の軋轢を乗り越える思想の可能性を探る。

1132
大東亜戦争　敗北の本質
杉之尾宜生
なぜ日本は戦争に敗れたのか。情報・対情報・兵站の軽視、戦略や科学的思考の欠如、組織の制度疲労――多くの敗因を検討し、その奥に潜む失敗の本質を暴き出す。

863
鉄道と日本軍
竹内正浩
いつの時代も日本の急成長を支えた鉄道。その黎明期に、国内から半島、大陸へ、大日本帝国の勢力拡大に果たした役割とは。軍事の視点から国策鉄道の発展をたどる。

ちくま新書

1161
皇室一五〇年史
浅見雅男
岩井克己

歴代天皇を悩ませていたのは何だったのか。皇位継承、宮家消滅、結婚トラブル、財政問題――様々な確執やスキャンダルを交え、近現代の皇室の真の姿を描き出す。

957
宮中からみる日本近代史
茶谷誠一

戦前の「宮中」は国家の運営について大きな力を持っていた。各国家機関の思惑から織りなされる政策決定を見直し、大日本帝国のシステムと軌跡を明快に示す。

791
日本の深層文化
森浩一

稲と並ぶ隠れた主要穀物の「粟」。田とは異なる豊かさを提供してくれる各地の「野」。大きな魚としてのクジラ。――史料と遺跡で日本文化の豊穣な世界を探る。

1036
地図で読み解く日本の戦争
竹内正浩

地理情報は権力者が独占してきた。地図によって世界観が培われ、その精度が戦争の勝敗を分ける。歴史の転換点を地図に探り、血塗られたエピソードを発掘する！

983
昭和戦前期の政党政治
――二大政党制はなぜ挫折したのか
筒井清忠

政友会・民政党の二大政党制はなぜ自壊したのか。軍部台頭の真の原因を探りつつ、大衆政治・劇場型政治が誕生した戦前期に、現代二大政党制の混迷の原型を探る。

1002
理想だらけの戦時下日本
井上寿一

格差・右傾化・政治不信……戦時下の社会は現代に重なる。その時、日本人は何を考え、何を望んでいたのか？体制側と国民側、両面織り交ぜながら真実を描く。

1136
昭和史講義
――最新研究で見る戦争への道
筒井清忠編

なぜ昭和の日本は戦争へと向かったのか。複雑きわまる戦前期を正確に理解すべく、俗説を排して信頼できる史料に依拠。第一線の歴史家たちによる最新の研究成果。

ちくま新書

601 法隆寺の謎を解く　武澤秀一
世界最古の木造建築物として有名な法隆寺は、創建・再建の動機を始め多くの謎に包まれている。その構造から古代史を読みとく、空間の出来事による「日本」発見。

618 百姓から見た戦国大名　黒田基樹
生存のために武器を持つ百姓。領内の安定に配慮する大名。乱世に生きた武将と庶民のパワーバランスとは――。戦国時代の権力構造と社会システムをとらえなおす。

650 未完の明治維新　坂野潤治
明治維新は〈富国・強兵・立憲主義・議会論〉の四つの目標が交錯した「武士の革命」だった。それは、どう実現されたのだろうか。史料で読みとく明治維新の新たな実像。

692 江戸の教育力　高橋敏
江戸の教育は社会に出て困らないための、「一人前」になるための教育だった！　文字教育と非文字教育が一体化した寺子屋教育の実像を第一人者が掘り起こす。

698 仕事と日本人　武田晴人
なぜ残業するのか？　勤勉は人間の美徳なのか？　江戸時代から現代までの仕事のあり方を辿り、「近代的な」労働観を超える道を探る。「仕事」の日本史200年。

734 寺社勢力の中世　伊藤正敏
――無縁・有縁・移民
最先端の技術、軍事力、経済力を持ちながら、同時に、国家の論理、有縁の絆を断ち切る中世の「無縁」所。第一次史料を駆使し、中世日本を生々しく再現する。

859 倭人伝を読みなおす　森浩一
開けた都市、文字の使用、大陸の情勢に機敏に反応する外交。――古代史の一級資料「倭人伝」を正確に読みとき、当時の活気あふれる倭の姿を浮き彫りにする。

895
伊勢神宮の謎を解く
――アマテラスと天皇の「発明」
武澤秀一
伊勢神宮をめぐる最大の謎は、誕生にいたる壮大なプロセスにある。そこにはなぜ、二つの御神体が共存するのか？神社の起源にまで立ち返りあざやかに解き明かす。

1034
大坂の非人
――乞食・四天王寺・転びキリシタン
塚田孝
「非人」の実態は、江戸時代の身分制だけでは捉えられない。町奉行所の御用を担っていたことなど意外な事実を明らかにし、近世身分制の常識を問い直す一冊。

933
後藤新平
――大震災と帝都復興
越澤明
東日本大震災後の今こそ、関東大震災からの復興を指揮した後藤新平に学ばねばならない。都市計画研究の第一人者が、偉大な政治家のリーダーシップの実像に迫る。

1093
織田信長
神田千里
信長は「革命児」だったのか？ 近世へ向けて価値観が大転換した戦国時代、伝統的権威と協調し諸大名や世間の評判にも敏感だった武将の像を、史実から描き出す。

1127
軍国日本と『孫子』
湯浅邦弘
日本の軍国化が進む中、精神的実践的支柱として利用された『孫子』。なぜ日本は下策とされる長期消耗戦を辿り、敗戦に至ったか？ 中国古典に秘められた近代史！

1144
地図から読む江戸時代
上杉和央
空間をどう認識するかは時代によって異なる。その違いを象徴するのが「地図」だ。古地図を読み解き、日本の形を作った時代精神を探る歴史地理学の書。図版資料満載。

888
世界史をつくった海賊
竹田いさみ
スパイス、コーヒー、茶、砂糖、奴隷……歴史の陰には、常に奴らがいた。開拓の英雄であり、略奪者で厄介者でもあった〝国家の暴力装置〟から、世界史を捉えなおす！

ちくま新書

1099 日本思想全史 清水正之

外来の宗教や哲学を受け入れ続けてきた日本人。その根底に流れる思想とは何か。古代から現代まで、この国のものの考え方のすべてがわかる、初めての本格的通史。

294 デモクラシーの論じ方 ――論争の政治 杉田敦

民主主義、民主的な政治とは何なのか。あまりに基本的と思える問題について、一から考え、デモクラシーにおける対立点や問題点を明らかにする、対話形式の試み。

465 憲法と平和を問いなおす 長谷部恭男

情緒論に陥りがちな改憲論議と冷静に向きあうには、そもそも何のための憲法かを問う視点が欠かせない。この国のかたちを決する大問題を考え抜く手がかりを示す。

594 改憲問題 愛敬浩二

戦後憲法はどう機能してきたか。改正でどんな効果が期待できるのか。改憲論議にはこうした実質を問う視角が欠けている。改憲派の思惑と帰結をクールに斬る一冊！

655 政治学の名著30 佐々木毅

古代から現代まで、著者がその政治観を形成する上でたえず傍らにあった名著の数々。選ばれた30冊は混迷を深める時代にこそますます重みを持ち、輝きを放つ。

722 変貌する民主主義 森政稔

民主主義の理想が陳腐なお題目へと堕したのはなぜか。その背景にある現代の思想的変動を解明し、複雑な共存のルールへと変貌する民主主義のリアルな動態を示す。

803 検察の正義 郷原信郎

政治資金問題、被害者・遺族との関係、裁判員制度、検察審査会議決による起訴強制などで大きく揺れ動く検察の正義を問い直す。異色の検察ＯＢによる渾身の書。

ちくま新書

847
成熟日本への進路
――「成長論」から「分配論」へ
波頭亮
日本は成長期を終え成熟フェーズに入った。旧来の成長モデルの政策も制度ももはや無効であり改革は急務である。国民が真に幸せだと思える国家ビジョンを緊急提言。

905
日本の国境問題
――尖閣・竹島・北方領土
孫崎享
どうしたら、尖閣諸島を守れるか。竹島や北方領土は取り戻せるのか。平和国家・日本の国益に適った安全保障とは何か。国防のための国家戦略が、いまこそ必要だ。

925
民法改正
――契約のルールが百年ぶりに変わる
内田貴
経済活動の最も基本的なルールが、制定から百年を経て抜本改正されようとしている。なぜ改正が必要とされ、具体的に何がどう変わるのか。第一人者が平明に説く。

943
政治主導
――官僚制を問いなおす
新藤宗幸
なぜ政治家は官僚に負けるのか。機能麻痺に陥っている行政組織をどうするべきか。政策決定のプロセスから人事システムまで、政官関係の本質を問いなおす！

945
緑の政治ガイドブック
――公正で持続可能な社会をつくる
デレク・ウォール
白井和宏訳
原発が大事故を起こし、グローバル資本主義が行き詰まった今の日本で、私たちはどのように社会を変えていけばいいのか。巻末に、鎌仲ひとみ×中沢新一の対談を収録。

960
暴走する地方自治
田村秀
行革を旗印に怪気炎を上げる市長や知事、地域政党。だが自称改革派は矛盾だらけだ。幻想を振りまき混乱に拍車をかける彼らの政策を分析、地方自治を問いなおす！

984
日本の転機
――米中の狭間でどう生き残るか
ロナルド・ドーア
三〇～四〇年後、米中冷戦の進展によって、世界は大きく変わる。太平洋体制と並行して進展する中東の動きを分析し、徹底したリアリズムで日本の経路を描く。

ちくま新書

997
これから世界はどうなるか
――米国衰退と日本
孫崎享
経済・軍事・文化発信で他国を圧倒した米国の凋落が著しい。この歴史的な大転換のなか、世界は新秩序を模索し始めた。日本の平和と繁栄のために進むべき道とは。

1005
現代日本の政策体系
――政策の模倣から創造へ
飯尾潤
財政赤字や少子高齢化、地域間格差といった、わが国の喫緊の課題を取り上げ、改革プログラムのための思考を展開。日本の未来を憂える、すべての有権者必読の書。

1049
現代語訳 日本国憲法
伊藤真
憲法とは何か。なぜ改憲が議論になるのか。明治憲法と、日本国憲法。「二つの憲法」の生き生きとした現代語訳から、日本という国の姿が見えてくる。

1050
知の格闘
――掟破りの政治学講義
御厨貴
政治学が退屈だなんて誰が言った？　行動派研究者の東京大学最終講義を実況中継。言いたい放題のおしゃべりにゲストが応戦。学問が断然面白くなる異色の入門書。

1055
官邸危機
――内閣官房参与として見た民主党政権
松本健一
尖閣事件、原発事故。そのとき露呈した日本の統治システムの危機とは？　自ら推進した東アジア外交への反省も含め、民主党政権中枢を内部から見た知識人の証言。

1059
自治体再建
――原発避難と「移動する村」
今井照
帰還も移住もできない原発避難民を救うには、江戸時代の「移動する村」の知恵を活かすしかない。バーチャルな自治体の制度化を提唱する、新時代の地方自治再生論。

1107
死刑肯定論
森炎
元裁判官が、死刑廃止論の大きな錯誤を暴き、その究極的な論拠を探る。従来あるすべての議論と主張を俎上に載せ整理、あらたな視点から本質をえぐりだす。

ちくま新書

1111
平和のための戦争論
——集団的自衛権は何をもたらすのか？
植木千可子
「戦争をするか、否か」を決めるのは、私たちの責任になる。集団的自衛権の容認によって、日本と世界はどう変わるのか？　現実的な視点から徹底的に考えぬく。

606
持続可能な福祉社会
——「もうひとつの日本」の構想
広井良典
誰もが共通のスタートラインに立つにはどんな制度が必要か。個人の生活保障や分配の公正が実現され環境制約とも両立する、持続可能な福祉社会を具体的に構想する。

736
ドキュメント 死刑囚
篠田博之
児童を襲い、残虐に殺害。死刑執行された宮﨑と宅間。そして確定囚の小林。謝罪の言葉を口にすることなく、むしろ社会を挑発した彼らの肉声から見えた真実とは。

800
コミュニティを問いなおす
——つながり・都市・日本社会の未来
広井良典
高度成長を支えた古い共同体が崩れ、個人の社会的孤立が深刻化する日本。人々の「つながり」をいかに築き直すかが最大の課題だ。幸福な生の基盤を根っこから問う。

914
創造的福祉社会
——「成長」後の社会構想と人間・地域・価値
広井良典
経済成長を追求する時代は終焉を迎えた。「平等と持続可能性と効率性」の関係はどう再定義されるべきか。日本再生の社会像を、理念と政策とを結びつけ構想する。

923
原発と権力
——戦後から辿る支配者の系譜
山岡淳一郎
戦後日本の権力者を語る際、欠かすことができない原子力。なぜ、彼らはそれに夢を託し、推進していったのか。忘れ去られていた歴史の暗部を解き明かす一冊。

992
「豊かな地域」はどこがちがうのか
——地域間競争の時代
根本祐二
低成長・人口減少の続く今、地域間の「パイの奪いあい」が激化している。成長している地域は何がちがうのか？北海道から沖縄まで、11の成功地域の秘訣を解く。